智媒时代网络评论丛书

网络评论：流变与归向

ONLINE COMMENTARY: CHANGE AND TREND

王溥　熊爱玲　主编

武汉大学出版社
WUHAN UNIVERSITY PRESS

图书在版编目(CIP)数据

网络评论:流变与归向/王溥,熊爱玲主编 .—武汉: 武汉大学出版社,2021.7

智媒时代网络评论丛书

ISBN 978-7-307-22390-5

Ⅰ.网… Ⅱ.①王… ②熊… Ⅲ.互联网络—舆论—中国—文集 Ⅳ.G219.2-53

中国版本图书馆 CIP 数据核字(2021)第 143693 号

责任编辑:聂勇军　　责任校对:李孟潇　　版式设计:韩闻锦

出版发行: **武汉大学出版社**　(430072　武昌　珞珈山)

(电子邮箱: cbs22@ whu.edu.cn　网址: www.wdp. com.cn)

印刷: 武汉中科兴业印务有限公司

开本:720×1000　1/16　印张:17　字数:267 千字　插页:2

版次:2021 年 7 月第 1 版　2021 年 7 月第 1 次印刷

ISBN 978-7-307-22390-5　定价:52. 00 元

序　言

赵洪松

智媒时代新技术新应用层出不穷，互联网以其开放性、交互性、移动性的特点，正在重塑舆论生态和传媒格局，在更广范围内推动着思想、文化、信息的传播和共享，越来越成为新闻热点的生成地、舆论发酵的策源地、信息传播的主阵地。当前互联网上，人人都是“麦克风”，消息真假莫辨，观点鱼龙混杂，受众缺少的并不是信息，而是对信息的准确分析和权威解读。这就迫切需要主流媒体想在前面，写在前面，在众说纷纭中一锤定音。

网络评论是建设网络强国的重要抓手，也是提升网络舆论传播力、引导力、影响力、公信力的关键阵地之一。作为主流媒体，应主动适应互联网时代舆论生态的新变化，把网评工作作为进军网络空间、占领网上阵地的重要手段，不断拓展思想深度，丰富表达方式，充分发挥“互动、体验、分享”的网络传播优势，增强网络评论的贴近性和共情力，澄清网民模糊认识，理性引导社会情绪，从而牢牢掌握网上舆论引导的主动权和主导权。

在媒体融合深度发展的时代，媒体不仅是信息的提供者和传播者，更可以有效融合到治理的过程中，实现治理效能和水平的优化提升。摸清信息传播规律，用好新技术新手段，能更好地占据治理现代化的主动权。正所谓“法与时转则治，治与世宜则有功”，我们要顺应智媒时代新要求，用新媒体的优势来提升治理水平，用媒体融合助力治理现代化。每一次传播革命，都极大拓展了人类的认知边界，对人类社会生活产生了深刻影响。媒体融合大潮已起，主流媒体顺势而行，主动作为，才能挺立时代发展最前沿，赢来新的更好的发展。

2020 年 4 月 8 日，荆楚网(湖北日报网)线上成立楚天网络评论研究院，打造从主流媒体角度专注网络评论写作、研究的省级研究机构和复合型智库。

截至目前，研究院汇聚了来自全国学界、业界和垂直行业领域专家、研究员100余人。2021年2月25日，荆楚网(湖北日报网)与华中科技大学新闻与信息传播学院达成战略合作关系，挂牌成立楚天网络评论培训基地，开启了业界、学界的深度融合，为各级党政机关、企事业单位开展网评舆论引导，新媒体传播，网评员、新闻发言人培训等业务提供了平台。这样的创新探索、跨界合作正发生正向效应。

《网络评论：流变与归向》一书是楚天网络评论研究院系列丛书的开篇之作，充分依托华中科技大学强大的师资力量。本书既有扎实的理论支撑，详解阐述了网评的源流和演变，以及社会作用，同时又有典型的案例分析，将微博用户评论、短视频评论、《人民微评》等作为重点研究对象。此外，还重点探讨了网评群众工作机制创新，具有较强的实践指导意义。本书同时还为网评作者打开了一扇窗，跳出文字写作本身，眺望和思考更深远的意义，更为媒体拓展网评平台，加大网评建设提供有益借鉴。

“浩渺行无极，扬帆但信风。”尽管媒介平台更迭频繁，但内容依然为王，变的是传播平台，不变的是受众对优质内容的期待，好的网评作品依然有着巨大的社会需求。主流媒体要正视现状并与时俱进，在网络评论创作与传播的主体、客体、载体等方面积极变革与探索，生产出适合智媒时代传播的好作品，深信网络评论必将在新时代的舆论引导中大有作为！

(作者系湖北日报传媒集团党委委员、副总编辑)

目　　录

网络评论的源流与演进

王　溥　张瑞希　王　升

一、网络评论概念溯源与形态演变

（一）网络评论概念溯源

网络媒介是继报刊、广播、电视之后出现的“第四媒介”，是相对于现实世界而存在的人类精神交往的第二世界，为信息传播提供了一个崭新的空间。随着人们对互联网的深度使用，网络评论作为一种线上交流方式，成为大众生活的重要组成部分，成为人们在网络空间进行精神交往不可或缺的途径，“网络评论”的概念被广泛应用。

网络评论是指由网络媒介传递的具有评论性质的观点性信息，包括通过互联网发表的新闻评论，以留言、弹幕等多种形态存在的跟帖评论，以及在微博、微信、论坛、贴吧等社交媒体或其他新媒体平台上以多媒体形态表达的网民意见等。

网络评论从内容角度可以分为政府媒介评论、商业媒介评论和网络论坛跟帖评论；从形式角度可以分为网络新闻评论专栏、留言板跟帖和网络论坛评论。目前，我们已经进入“互联网评论时代”，网络评论方兴未艾，占领了大部分评论市场，并仍然具有很大的发展空间。

网络评论依托网络为基础载体，可根据网络发展阶段将其划分为网络评论发布、聚合、搜索的 Web1.0 阶段，用户分享、社交和生产网络评论的 Web2.0 阶段，以及人工智能、大数据、算法技术广泛应用的个性化推荐网络评论 Web3.0 阶段。① 网络评论主体包括媒体把关人、机构和普通网民等。

① 赵曙光. 中国网络评论：概念、发展与特点[J]. 青年记者，2019(9)：9-12.

当前的网络评论包含文字、声音、图像、视频、符号等多种信息形式。

网络评论的中心依然是评论。评论指人们针对事物进行主观或客观的自我印象阐述。《现代汉语词典》中“评论”有5种涵义：批评、议论；批评、议论的文章；斟酌、考虑；商议、商量；犹言商榷之处。严格的新闻评论或文艺评论是有较高要求的，如王进玉在《文艺评论不能轻评重论》中所说，“评”是“论”的前提和基础，它为“论”提供必要的价值判断。“论”则是“评”的补充和延展，它是为“评”服务的，为其寻找一定的理论参考或事实依据。评论最重要的方面在于“评”，只有“评”得准确、精彩，“论”才有价值，才有可能出彩。评得不深入、不到位，则很难具有说服力，也自然失去了评论的真正功能和意义。① 但网络评论不同于传统的新闻或文艺评论，网络评论的主要参与者是普通网民，绝大多数网络评论围绕非严肃性话题，网络评论重在交流，而非教化。

2018年11月30日，国家互联网信息办公室网络评论工作局、社会科学文献出版社在北京共同发布了《网络评论蓝皮书：中国网络评论发展报告(2018)》。蓝皮书从中国网络评论发展态势、政策法规、理论等方面开展了研究。报告显示，当前网络评论空间生态向好，网络评论已经成为高频基础应用，微信、新闻客户端、微博是当前网络评论三大接触渠道。网络评论是建设网络强国的重要抓手，也是提升网络舆论传播力、引导力、影响力、公信力的关键阵地之一。习近平总书记强调：做好网上舆论工作是一项长期任务，要创新改进网上宣传，运用网络传播规律，弘扬主旋律，激发正能量，大力培育和践行社会主义核心价值观，把握好网上舆论引导的时、度、效，使网络空间清朗起来。调查数据显示，91.3%的用户认为党的十八大以来，网络评论空间生态持续向好，其中53.2%的用户认为网络评论空间生态显著变好，38.1%的用户认为网络评论空间生态有所变好(图1)；63%的用户认为网络评论只能够反映一部分社会现实问题，34%的用户认为网络评论能够反映很多社会现实问题(图2)；网络评论的深度用户占网民总数的60.2%，其中经常关注网络评论的用户占比为48.0%(图3)；82.8%的用户对网络评论内容表示“满意”，其中表示“非常满意”和“比较满意”的比例分别为

① 杨新敏. 重新认识新闻评论[J]. 现代传播，2002(4)：48-51.

21.0%和61.8%(图4)。①

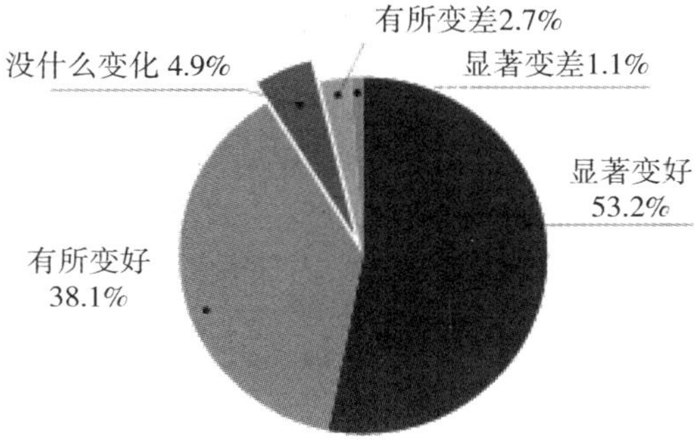

图1　党的十八大以来网络评论空间生态评价

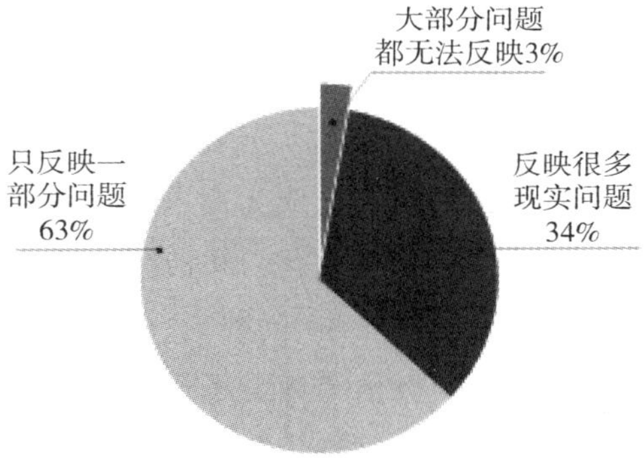

图2　用户认为网络评论反映社会真实情况的程度

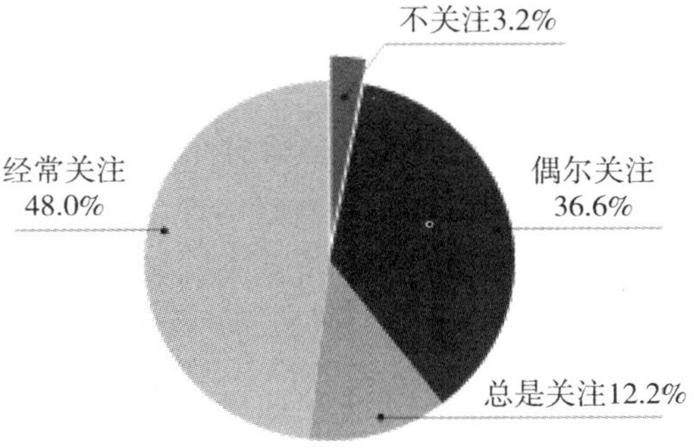

图3　网络评论的用户关注比例

① 网络评论蓝皮书：中国网络评论发展报告(2018)[M]. 北京：社会科学文献出版社，2018：45-66.

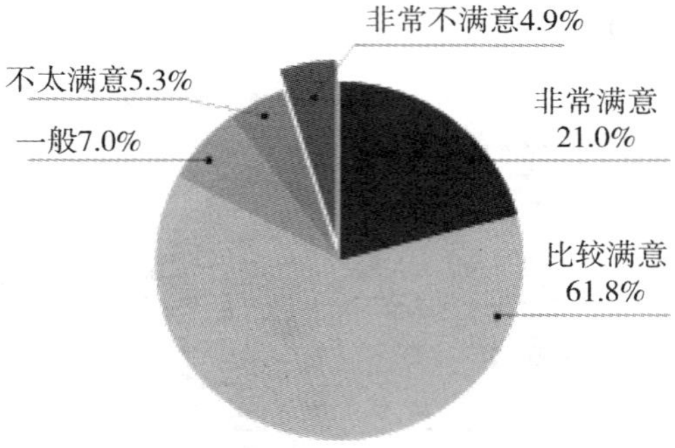

图 4　网络评论的用户总体满意度

近年来，网络立法速度明显加快，随着《中华人民共和国网络安全法》《互联网新闻信息服务管理规定》《互联网直播服务管理规定》《关于加强网络视听节目直播服务管理有关问题的通知》等文件的实施，在法律与道德约束下发表言论，依法营造网络清朗空间已成为网民的共识。网络评论随同网络文化一道从“野蛮生长”阶段迈入了规范化、法治化阶段。

在经历了早期简单的传统媒体评论“上网”，各类新闻网站和门户网站设立评论栏目、频道，以及微博、微信等社交平台网络评论和移动新闻客户端网络评论快速发展的各个阶段后，网络评论已成为一种高频基础应用，浏览网络评论已成为网民上网的重要目的。同时在近年系列网民关注的热点事件中，网络评论也是官方机构与网民进行沟通的重要渠道。网络评论拓展了人们的言论空间，为真实而自由的民意表达与大范围的交流提供了平台。观点的碰撞促进了意见的多元化局面的形成。媒体的舆论监督功能也因为网络的匿名性与便捷性得到了更好的显现。随着网络评论生态的发展，市场在网络评论资源中的配置作用日益凸显，资金与技术的双重作用推动网络评论生态创新加速迭代。

发展好网络评论事业是信息网络化快速发展新形势的要求。当前网络已经成为争夺舆论优势和意识形态领导权最重要的阵地，掌握网络话语权是维护国家长治久安的需要。网络评论是网民实现话语权的重要途径，也是舆论争夺的重要领域。做好网络评论工作，能够及时化解社会矛盾，维护社会团结稳定，发挥网络的正能量效应。

(二)网络评论形态演变

2003年之前的互联网模式一般被称为Web1.0模式。Web1.0模式基本采用的是技术创新主导模式，信息技术的变革和使用对于网站的新生与发展起到了关键性的作用。在Web1.0阶段，用户通过浏览器获取信息，信息传播多为单向的，这一时期各类门户网站、社区论坛成为网络评论的主阵地。人民日报、新华社、中央电视台等主流媒体纷纷建立网站，同时商业性社区论坛也得到蓬勃发展。专业网络新闻评论与社区论坛评论共同构成这一阶段的网络评论景观。网民发布言论的积极性被培养与激发，但这一阶段信息还是以从网络到人的单向流动为主。

Web2.0阶段是相对Web 1.0阶段的新的一类互联网应用的统称，是一次从核心内容到外部应用的革命。Web2.0阶段是以网络为渠道进行人与人沟通的阶段，更注重用户的交互作用。相对于Web1.0阶段，Web2.0阶段最明显的特征是多人参与和可读可写。互联网内容不再由少数编辑人员定制，每个人都是内容的提供者。互联网由“阅读式互联网”进化为“可写可读互联网”。在这一阶段，单纯通过网络浏览器浏览html网页模式向内容更丰富、交互性更强、工具性更强的方向发展。在第二代互联网时期，用户既是信息获取者，也是信息的生产者。维基、博客都是这一时期的代表性应用产品。Web2.0阶段是由专业人员织网到所有用户参与织网的创新民主化进程的典型注释，是面向未来、以人为本的创新2.0模式在互联网领域的体现。这一时期网民发表评论开始成为一种普遍习惯，“所有用户参与织网”正是依靠网民不断发布信息与反馈信息来进行的。如博客之间的交流主要是通过反向引用和评论的方式来进行的。借助网络的力量，利用集体智慧是Web2.0时代的重要特征，这种集体智慧的累积很多时候是通过网络评论来进行的。在这一时期，RSS技术导致“增量的互联网”的诞生，“动态网站”取代了“静态网站”。RSS使人们不仅能链接到一个网页，而且可以订阅这个网页，这将博客等产品从一个发布信息的平台转变为互相交叉的社区的一种对话式的参与，它使得对网站上的信息进行评论变得简单便捷。人们不仅可以相互订阅网站并方便地链接到一个页面上的特定评论，而且通过引用通告机制，人们可以得知其他人链接到了他们的页面，并且可以用相互链接或者添加评论的方式来做出回应。Web 2.0 的世界也正是丹·吉尔默所谓的“个人媒体”世界。在这个世界中，是所谓“原本的听众”，而不是少数几个人，来决定着什么是重要的，而这些“原本的听众”正是通过网络评论来进行反馈的。

在 Web3.0 阶段，人工智能、关联数据和语义网络构建等技术，带来了人和网络以及网络与人的沟通，实现了更加“智能化的人与人和人与机器的交流”功能的互联网模式。2012 年，基于个性化推荐引擎技术的移动新闻客户端今日头条上线，标志着网络评论进入了人工智能、大数据、算法技术广泛应用的个性化推荐 Web3.0 阶段。相对于 Web 2.0 阶段的个性解放，Web 3.0 阶段的重要特征是解决信息社会供应机制，即每个人的信息需求都被尽可能关注到，最优化信息聚合成为重要目的。Web 3.0 阶段通过有效和有序的数字新技术，实现了微内容的自由整合与有效聚合，实现了信息服务在各种终端平台上的普适性，并注重良好的人性化用户体验以及基础性的个性化配置。① Web 3.0 阶段提出了“可控”的概念，使得信息的发布与使用连接起来，通过对信息可信度的判断，将可信度高的内容生产者与信息推向更多的人。这样能够发挥信息的最大效力，提高信息的使用率，降低信息查找的时间损耗。

Web 3.0 阶段跟 Web 2.0 阶段一样，是一种思想的创新，是本体技术以及知识组织观念在网络空间中的延伸和深入发展。Web 3.0 阶段提供了基于不同需求的过滤器，实现了信息的高度整合和高度的智能化服务。在此阶段，伴随着微博、微信的兴起，自媒体平台成为网络评论平台的主场地，网民在相对公共化的微博平台与半私人化的微信平台针对某一话题或事件进行讨论，形成了当前涵盖面广、观点多元、交互性强的网络评论网络。

几代互联网模式并不是严格按照时间进行新旧替换的，而是按照莱文森所言的媒介进化路径相互交叉在一起。在这三个阶段中，网络的角色由信息提供者，转变为信息平台，进而发展成为用户需求理解者和提供者。网络评论也从人与人之间的信息反馈、信息互动社会化媒体传播阶段，过渡到机器

① 李湘媛. Web3.0 时代互联网发展研究[J]. 中国传媒大学学报(自然科学版)，2010，17(4)：54-56+62.

间交互甚至人机交互的人工智能阶段。网络评论发展的不同阶段呈现出叠加关系，Webl.0 阶段的门户网站网络评论、Web2.0 阶段的社交媒体网络评论和 Web3.0 阶段的基于个性化算法推荐的网络评论并存，共同构成了当前的网络评论生态。

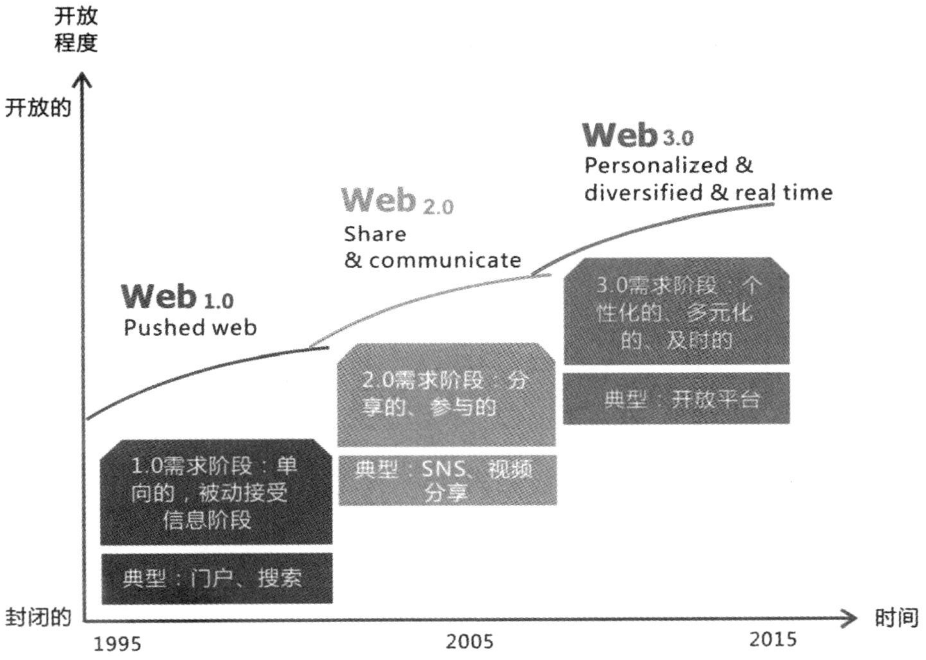

图 5　互联网发展的三个阶段

网络论坛是从 Web1.0 时代就出现的应用，当前许多精细化应用的功能都起源于网络论坛，如新闻应用建立在发布新闻功能的基础上，电子商务应用建立在发布交易信息功能的基础上，而人际交流与聊天功能被专业即时性通信应用所分化。网络论坛也是网络评论最初的依附平台，当前新闻评论主要分布在新闻网站与应用中，购物评论集中在网购应用中，人际交往的评论分布在即时性通信与异时性通信应用中。

早期网络评论是印刷时代的评论思维在网络空间的延伸，而后我国的网络评论事业进入了新时代，迎来了网络评论渠道的拓宽、评论内容的精细化、评论逻辑的特色化。在这期间，不仅网络评论技术在更新迭代，相应的网络逻辑思维更是有了颠覆性创新。

从论坛到博客再到微博，这不仅仅是网络评论的普及过程，同时也是网络评论的成熟过程。随着即时沟通工具的迅速流行，即时滚动性的网络评论平台微博成为主流。微博从博客孵化而来后，便以140字内容量的简单随意性、实时更新发布的时效性、发散式传播的快捷性等优势，几乎让网民都席卷其中。而随着智能手机的崛起，更助长了微博对博客用户的席卷式掠夺。这一点在网络评论中充分体现了出来。

媒介在一定状态下持续积累和蓄积的元素会形成积势。积势包含技术、文化等要素，在媒介形态演进过程中会成为媒介不断发展演进的潜在基础。网络时代思维的演进也可以视为一种积势，积势既表现出技术本身的积累和递进，也包含着社会文化沉淀对于新技术影响的消解。

二、媒介生态与网络评论产品的更替

（一）媒介生态变迁阶段

马克思认为，媒介和传播发展的终极目标应当是使人类的表达与传播更平等、更自由、更加人性化，即在实现每个人自由、平等表达权和传播权的基础上的高度自由与互动，其最终目的是实现人的全面自由发展。① 网络评论正是使人类的表达与传播更平等、自由、人性化的一种形式。

互联网自诞生以来，已经经历了多次进化。在我国，互联网经历了三次大浪潮式发展。从三大门户时代、社交化网络时代发展到移动互联网时代，媒介形态相应地也在不断更新迭代，网络评论随媒介形态的发展而不断改变其形态与内容。每一时期的网络评论必然带上这一时期主流媒体形态的技术特征，产生具有时代特色的文本形式。网络评论的文本形式一直较为自由，且越来越有碎片化的趋势。这些言论基本上是即兴的，并不追求严密的逻辑

① 王华生. 媒介形态嬗变与出版方式创新[J]. 河南大学学报(社会科学版)，2016，56(3)：138-148.

和论据。自由随意性、即时互动性和信息的记录性是网络评论的重要特征。当前的网络评论依然是以文字形式为主，但图片和声音评论也渐渐成为主流形式。当前的微博、微信、博客与聚合客户端的平台特性各有差异，共同构成了网络评论的生存环境(图6)。

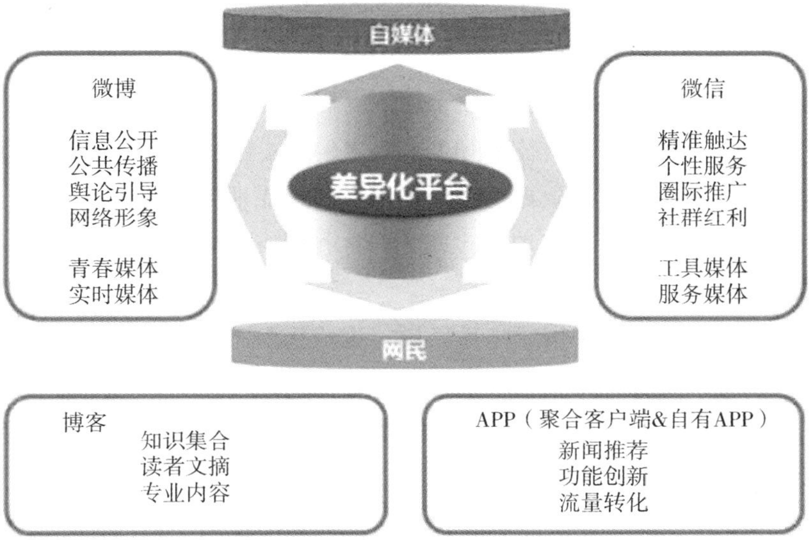

图6　平台特性差异

现代印刷术、无线电传播技术、图像传播技术和网络传播技术等媒介基本技术的发展，带来了新的传播手段和形式，进而导致新媒介形态的出现。网络技术出现后，关于媒介形态替代问题的讨论变得越发热烈，但到目前为止，一种新的媒介形态的出现并没有导致旧的媒介形态的消亡，而是走向了联合发展、媒介融合的方向。媒介形态的演变与丰富改变了媒介的组织与运行方式，评论功能在媒介中的地位与作用也在不断变化。

网络有三个基本特性，分别是非地域性、信息容量的无限性和信息链接的无限性，这三个特性也构成了网络评论的基本特征。跨地域的世界性媒体在互联网诞生后才真正得以出现，由此网络评论也可以在世界范围内进行交流与传播；无限的信息容量使得尽可能多的信息内容都在网上发布与传播，造成了网络评论规模的庞大和内容的多样性；信息链接无限性为网络评论的聚类、延展提供了便利条件。

媒介生态是指在一定社会环境中媒介各构成要素之间、媒介之间、媒介与外部环境之间关联互动而达到的一种相对平衡的和谐的结构状态，媒介生态决定了媒介的生存发展状态。① 尼尔·M. 波兹曼认为媒介生态是“将媒介作为环境的研究”，在研究网络评论时，必定要将其放入媒介大环境中进行探讨。大众媒介可以被看做社会生态系统中的一个子系统，媒介生态可分为宏观生态、中观生态和微观生态三个层次。媒介宏观生态指的是媒介外部环境，由政治、经济、文化、技术等多个要素构成；媒介中观生态是媒介之间的相互作用关系，而媒介微观生态是指媒介内部要素之间的相互关系。随着媒介外部环境的变化，媒体之间的关系从学习模仿到竞争合作，再到当前的媒介融合。

我国媒介生态在新中国成立后经历了政治化生态、市场化生态和数字化生态三个变迁阶段。中华人民共和国成立后到改革开放前为政治化生态阶段，改革开放到1990年代末为市场化生态阶段，在互联网普及后进入了数字化生态阶段。在数字化生态阶段，技术是媒介生态中最重要的影响因子，但技术在异化的同时成为导致意义逻辑丧失的重要元素。意义逻辑的丧失在网络评论内容中也有所显现。尼尔·M. 波兹曼的技术批判思想就从技术的主要特征、技术的深层本质和技术的思维方式等方面对技术进行了深刻反思。波兹曼认为有许多美国人已经看不到技术的阴暗面，他们因为想要获得技术，就越来越多地想要获得信息，而越来越多的信息将导致出现越来越多的信息垃圾。

不断进化的网络新媒体颠覆了传统的传播方式，改变了人们的信息接收逻辑，成为人们主要的信息来源。中国互联网网络信息中心(CNNIC)第44次调查显示，截至2019年6月，我国网民规模为8.54亿人，互联网普及率达61.2%。新媒体融合了报纸、广播、电视等传统媒体的内容，媒体界限逐渐模糊。新媒体内容的丰富性与网络的便捷性培养了人们从网上获取信息、交流意见的习惯，网络评论成为人们发布信息、发表观点最便捷的渠道。新一

① 邵培仁. 媒介生态学[M]. 北京：中国传媒大学出版社，2008：2-3.

代互联网技术还带来了信息传播者和受众界限的模糊，信息发布者不再是信息的掌控者，信息评论者地位提升明显。

网络评论一面为人类的平等、自由传播提供了支持，另一面这种自由又成为新的“奴役机制”。伴随着网络数字平台的勃兴和媒介生态演变，传统的工作与闲暇、劳动与玩乐、生产与消费的边界不断被消解，蒂齐亚纳·特拉诺瓦(Tiziana Terranova)认为“数字劳动”是互联网用户无偿、自愿的网络行为所提供的“免费劳动”。在这一视角下，网络评论行为也可以被看成是一种“数字劳动”，数字劳动在空间和时间上都是分散的，网民可以在任何时间和任何地点进行数字劳动。网民进行网络评论，释放了个人的表达欲，同时也为平台创造价值和利润。

在数字化生态阶段，传统媒体和新媒体都面临着巨大的生存压力，在这种情况下，激起用户的互动成为媒体提升关注度的重要手段。数字化生态对媒介发展具有极其重要的影响，一方面，新媒体相关技术的快速发展将人们在现实生活中的所有信息需求，如信息传播、信息搜索、人际沟通、信息分享等，都“搬运”到了网络之中，各种新媒体、新业务层出不穷。相应地，网络评论内容也涉及人们生活的绝大多数方面。另一方面，数字化媒介生态促进了传媒产业化发展，网络评论成为传媒产业竞争中的重要内容。

(二)网络评论产品更迭

每一阶段的媒介形态都产生了许多相应的媒介产品。互联网中的网络互动方式可根据信息互动的“时滞”分为异时性互动与共时性互动。本书的研究对象为网络评论，由于网络评论属于依托网络进行的一种异时性互动行为，故本研究通过选取剖析各阶段最有代表性的异时性互动产品来阐述网络评论的流变与影响因素。这里所说的异时性互动指的是非面对面、非口语、有“时滞”，并以计算机和网络为中介的互动形式。依据异时性与代表性的标准，本研究选取了 BBS、博客以及微博作为媒介形态变化的每个阶段最有代表性的网络评论产品，舍弃了 QQ、微信等以共时性互动为主要功能的产品。

清华大学新闻与传播学院沈阳教授团队发布的《中国自媒体发展报告》围绕“自媒体进入到群化生长阶段、自媒体产业生态版图扩张、自媒体数据全景图、自媒体生存四大痛点、媒介生态冲击、自媒体的八个未来”六大议题展开，其中将微博平台、微信平台、客户端平台、博客社区平台的功能保障都进行了分类分析，各平台的功能侧重点各有不同(图 7 至图 10)。

图 7　微博平台保障

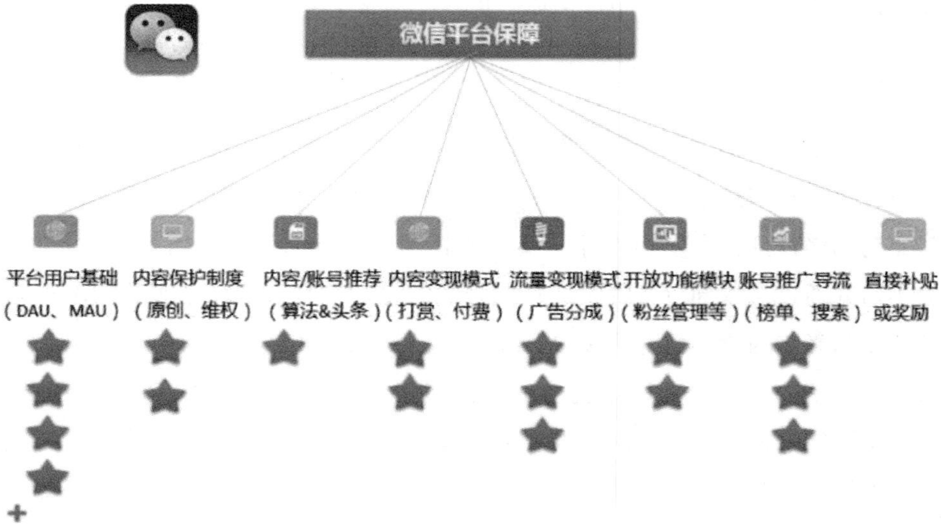

图 8　微信平台保障

图 9　客户端平台保障

图 10　博客社区平台保障

在网络评论产品的流变中，BBS、博客、微博渐次出现，依次席卷市场，网络评论产品的更迭往往是替代性的，并对人们的思想与行为产生不容忽视的影响。网络思维具有共通的特点，如透明、自由、平等，同时每一代互联网也有其思维特性。在使用 BBS、博客、微博等互联网服务发布信息时，用户生产了信息，同时被信息所影响与改变。技术与资本的深度合作不断创新人类的信息传递与沟通方式，改变传递文化的手段。

BBS具有专业性、主题性、开放性，博客具有个人性、记录性，微博具有实时性、互动性。对比来说，BBS中专业性主题的比例相对高于微博与博客，有一定互动性和实时性。博客比较个性化，每个博客有自己的特性，互动性和实时性最差。而微博记录则更加琐碎，更具娱乐性、互动性和实时性。所以BBS中的评论更具专业性，博客中评论的讨论性、开放性和互动性要低于BBS，而到了微博时代，网络评论极具娱乐性、互动性和开放性，相关内容正是通过评论、转发、点赞引起更多网民关注。在BBS成为网络评论主要平台的时期，网站新闻评论也是网络评论的一种重要形式。网站新闻评论往往围绕新闻话题进行，话题范围没有BBS广。

在博客兴起的时期，QQ等即时通信工具也在蓬勃发展，但评论并不是QQ的主要功能，QQ中的评论更具私人性、半封闭性、随意性，是基于已经存在的人际关系网络进行的。在当前微博占领市场的时期，淘宝、微信、抖音等平台也将网络评论作为重要功能。但淘宝以购物信息的交流为主，微信则是即时通信工具，其朋友圈评论更加私人化、封闭化，需要发布者给予权限才能查看到，微信公众号文章中的评论也需要文章发布者给予权限才能公布。QQ、淘宝、微信等平台中的网络评论没有同时具备公开化、讨论内容多元化等特征，所以不属于最具代表性的网络评论产品。

网络评论包括专家评论、编辑评论和网民评论等。网络评论体现了网民的基本需求：一是“交流性”，互联网提供了一个网民交流的公共场所，大量意见和观点通过网络媒介汇集、交换和传播。二是“参与性”，网民通过网络传媒发表自己的观点，享受作为一个社会成员的权利和义务。网民的不同视角、不同见解、不同声音、不同意见在评论区得到了集中显现。传统媒体的评论有其规范和标准，一般是一篇完整的文章或者是一期完整的节目。留言板跟帖和论坛评论则要自由和随意得多，基本上都是网民的即兴发挥。网络评论将私人领域的聊天和公共领域的讨论相结合，碰撞出了更多的可能性。

当前手机成为网民的主要使用终端，更加助长了微内容成为网络评论的主要形式。及时性、开放性、交互性、思想性、草根性成为网络评论的新特征，其改变了社会舆论生成演变与聚合的机制，拓展了社会舆论的传播空间。虽然网络评论内容的体量越发不可估量，但人们普遍感到，获得观点已经与获取信息同等重要，但要获得有价值的观点信息却变得越来越困难。社会舆论平台除了原有的形式外，在每个时期又会涌现出多种新形式，使得网络当中的评论信息量得到了指数级增长。《网络评论蓝皮书：中国网络评论发展报告(2020)》显示，截至2020年6月，我国网民规模达到9.4亿人，其中手机网民规模为9.32亿人，占网民比例达到99.2%。及时研判网络评论传播规律，提高网络评论引导效果，促进网络评论深度融合发展，积极发挥网络评论助力国家治理体系现代化的意义重大。

三、论坛初兴：基于公共话题的社群互动

(一)多对多异时性互动的诞生

BBS (Bulletin Board System)网络论坛(电子公告系统)，是网络信息及服务提供商为网民提供的信息交流、观点讨论的线上空间。1978年美国芝加哥开发出CBBS/Chicago(computerized Bulletin Board System/Chicago)，这是全世界最早的一套BBS系统。①

网络论坛上网民的交流可以是不同时的，它属于“异时性互动”。大众传播时代的传播结构是以主流大众传媒为主导的、受众被动接受的“一对多”形式，后来诞生的电子邮件传播方式主要针对个人之间的“一对一”传播，而网络论坛则更多地具备“多对多”社群传播的特质。网民在论坛上可以讨论体育、政治、经济、技术等任何自己感兴趣的话题，因此，网络论坛按照内容可以分为政治论坛、情感论坛、专业论坛、实用性论坛等。根据开设主体的不同则可以分为门户网站论坛、媒体论坛、高校论坛等，门户网站论坛如天涯、猫扑，媒体论坛如强国论坛、凤凰论坛，高校论坛如水木清华等。

BBS互动是异时性互动中早期较具典型性的一种交往模式。1994年5月，我国第一个BBS站“曙光BBS站”由国家智能计算机研究开发中心开通。在此之后的十年间，论坛逐渐发展成为中国网民信息获取与意见沟通的重要舞台，网络评论伴随着网络论坛平台正式登上中国互联网的舞台。中国

① 徐涌，燕辉. 博客与BBS的差异研究[J]. 现代情报，2005(5)：198-200.

第一批网络论坛中，比较出名的高校论坛是1995年开设的“水木清华”，影响力较大的社会上的网络论坛则以四通利方体育沙龙为代表。1998年至1999年，“西祠胡同”“天涯社区”“强国论坛”等诞生，它们的论坛定位、特色优势各有不同，各自发展出了一批忠实用户。①

早期的BBS与街头的公告板性质相同，只不过场所由线下转到线上。在私人计算机普及后，BBS也逐渐普及，并具有了越来越多的功能。在20世纪90年代，BBS站在我国出现，并在1995年随计算机的私人化而普及。从2002年开始，BBS用户数持续上升。1999年7月，中国互联网络信息中心（CNNIC）发布的第5次互联网络发展报告正式出现了“BBS电子公告栏”的说法，自此“BBS电子公告栏”成为我国官方关注的对象。国内的BBS站可分为商业BBS站和业余BBS站两类，各地用户都可以通过本地业余BBS站与网友互通信息。BBS中的学习互动交流主要通过跟帖评论的方式进行，许多话题都与知识的交流和学习有关。BBS可以被看做介于Web1.0阶段和Web2.0阶段之间的应用，它既是单项发布信息供用户查看的电子“公告栏”，也是一个围绕主题双向互动交流的平台。

在互联网诞生初期，网络论坛促进了公共信息的流通，为民意表达提供了便捷的网络通道，促进了网络社群的形成。同时，网民在论坛的一切信息生产及传播行为从宏观上来讲都是一种社会记录行为，促进了社会整体思想文化在互联网世界的留存。直到2005年以后，博客、微博等平台兴起，成为网络论坛的竞争对手，网络论坛传播形式在互联网技术发展的车轮中逐渐衰落。

（二）论坛内部公共领域的雏形

根据CNNIC发布的第17次《中国互联网络发展状况统计报告》，截至2005年12月31日，中国网民经常使用的网络服务/功能（多选题）调查中，网民使用论坛/BBS/讨论组等服务占比41.6%。② 由此可见，在互联网发展

① 胡泳. 中国网络论坛的源与流[J]. 新闻战线，2010(4)：15-18.

② 中国互联网络信息中心（CNNIC）. 第17次《中国互联网络发展状况统计报告》[EB/OL]，http://www.cnnic.net.cn/hlwfzyj/hlwxzbg/200906/P020120709345358064145.

初期网络论坛的使用较受网民欢迎。网络论坛时期，网民的跟帖评论呈现如下特点：讨论内容广泛且以热点社会新闻为主、多元意见势均力敌且暗含新闻线索、发言机会均等且以人际互动传播方式为主、论坛管理者会进行内容管理和舆论引导。

BBS 中的互动具有较强的社群性，信息发布者将信息和观点“张贴”在网上，吸引话题的关注者进行讨论，从而形成了不同于以往线下交流的一种新的互动关系。人们在电子空间的新型互动也让我们重新审视与理解人与人的交流方式，一个新的与现实社会并存的交流空间被建立起来了。正如前文所述，网络不只是“第四媒体”，更是基础性的、改变所有媒体运行思维的一种颠覆性技术。与现实社会的面对面互动相比，BBS 互动主要以网络评论的形式进行，这种互动的非面对面性、非口语性、时滞性造就了早期网络评论的一些重要特征。正因为不用面对面，人们可以较为自由地表达自己的真实想法，而“时滞”虽延缓了交流过程，但却使信息发布者与评论者能够“三思而后行”，进而使得 BBS 站中交流知识与观点的内容占主导地位。在以 BBS 为代表的网络评论时期，人们进行网络评论活动时，还受印刷评论时代思维的影响，BBS 从某些方面可以被看做从线下到线上、从纸质页到电子屏的一个开创性产品。

BBS 作为互联网初期的开创性新媒介产品，为网民讨论社会问题提供了全新渠道，BBS 上的评论相较于传统媒体单向主导的时代，更加多元，涵盖内容广泛。这一阶段的网民延续了印刷媒体时代公众对于社会事务的关心，偏好对一些社会新闻的探讨。BBS 上多元意见平等表达，且能够在短时间内通过不同意见的聚合产生较强的意见交锋，有时甚至能够形成较强的舆论倾向，成为主流媒体的新闻来源。早在大众传播时代，建立公众“观点的自由市场”就是许多政治民主人士的心声，但受限于媒介特性，彼时意见的自由流通很难实现。而作为第四种传媒的电子论坛可以说正在接近这个社会交往的理想状态。①

① 闵大洪．在理想与现实的冲突中——新闻媒体网站电子论坛刍议[J]．新闻与传播研究，1998(3)：15-23+93.

德国哲学家尤尔根·哈贝马斯在其著作《公共领域的结构转型》一书中，首次提出“公共领域”的概念，它介于私人领域和公共权威之间，在公共领域，人们自由地、理性地讨论社会公共问题。① 公共领域在不同国家、不同时代有着不同的发展程度和表现形式，但至少应该涵盖三个基本因素：具有独立人格的社会公众、具有开放性的公共信息论坛、具有理性批判精神的公众舆论。② 而 BBS 论坛总体上讲是满足这三个基本因素的，堪称中国互联网初期公共领域的雏形。

BBS 的传播主要以人际传播为主，网民在人际互动过程中，受到“群体压力”“沉默的螺旋”传播机制等因素的影响，会逐渐形成相对一致的情绪感知和观点趋向。在强国论坛里，曝光重要新闻事件的新帖一经发布，网民群体便会表达自己的观点看法，各式各样的观点往往是从不同维度看待同一问题，并且都能够为自己的观点找到一定的理论及事实依据。在论坛跟帖评论这种纵向的讨论过程中，网民之间相互影响，进行异时性人际互动，并因所持观点的不同自觉归入不同的意见方。网络空间由此成为公开透明的“意见场”，网民在 BBS 上充分利用各自的理性思考能力，针对同一社会公共事务各抒己见，为公共信息空间注入多元化的信息及意见，助推网络公共领域雏形的诞生。

有学者对人民网强国论坛的“深入讨论区”(俗称深水区)关于 2003 年 10 月发生的“哈尔滨宝马撞人案”的帖子进行内容分析发现，主帖中的理性帖子占主帖总量的 79%(表 2)。理性类(事实类、质疑类、评论类、延伸评论类)帖子的跟帖数是总跟帖数的 84%，点击数是总点击数的 8%；而非理性类帖子(情绪类、传言类)的跟帖数仅为 8.5%。③ 这便是对早期论坛跟帖评论的积极互动、理性思考特征的彰显。

① 哈贝马斯. 公共领域的结构转型[M]. 上海：学林出版社，1999：32-35.

② 钟瑛，刘海贵. 论网络 BBS 的议题特征及议题建构[J]. 新闻与传播研究，2004(4)：47-52+95.

③ 陈红梅. 网络 BBS 里的“宝马撞人案”[J]. 新闻与传播研究，2005(2)：28-34+95.

表 1　强国论坛深入讨论区关于“哈尔滨宝马撞人案”的主帖分类

类别	主帖数	百分比
评论类	83	32.67%
质疑类	59	23.23%
延伸评论类	37	14.57%
情绪类	35	13.78%
事实类	21	8.27%
媒介批评类	9	3.54%
传言类	3	1.18%
其他类	7	2.76%

表格来源：陈红梅. 网络 BBS 里的“宝马撞人案”

(三)形成多元意见互动的因素

网络论坛时期的评论之所以呈现出上述特点，与其背后的网民学历结构、论坛管理者的介入、论坛讨论形式的设置、论坛与传统媒体及现实社会的互动等因素密切相关。

第一，论坛时期，网络评论的关键影响因素是网民的学历结构及知识水平、媒介素养。由图 11 和图 12 对比可知，在中国互联网发展初期的 1999 年

高中（中专）以下	高中（中专）	大专	本科	硕士	博士及以上
3%	13%	32%	45%	6%	1%

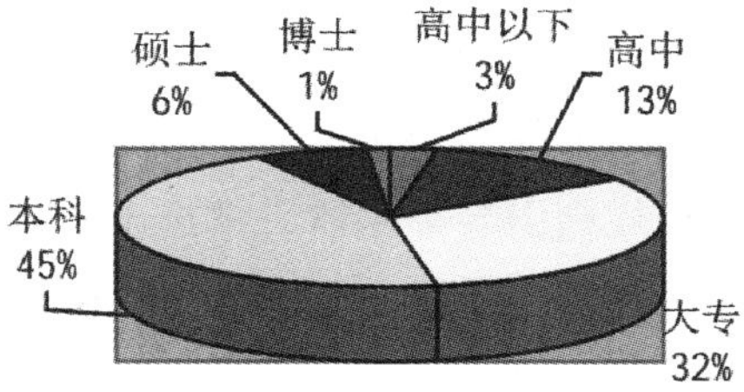

图 11　1999 年底中国网民学历结构

图片来源：CNNIC 第 7 次《中国互联网络发展状况统计报告》

底，网民学历结构中高中以下学历占比仅为 3%，本科及以上学历占比达到 52%。随着互联网的普及，到 2011 年底，网民学历结构中高中以下学历占比达到 44.2%，本科及以上学历占比下降至 11.9%。可以看出互联网初期与后期网民学历差异明显，在网络论坛盛行的 1995—2004 年间，中国网民普遍学历较高，这对网络论坛的讨论话题、观点是否有事实依据和逻辑论证、是否有自己的独立思考等产生了重要影响。

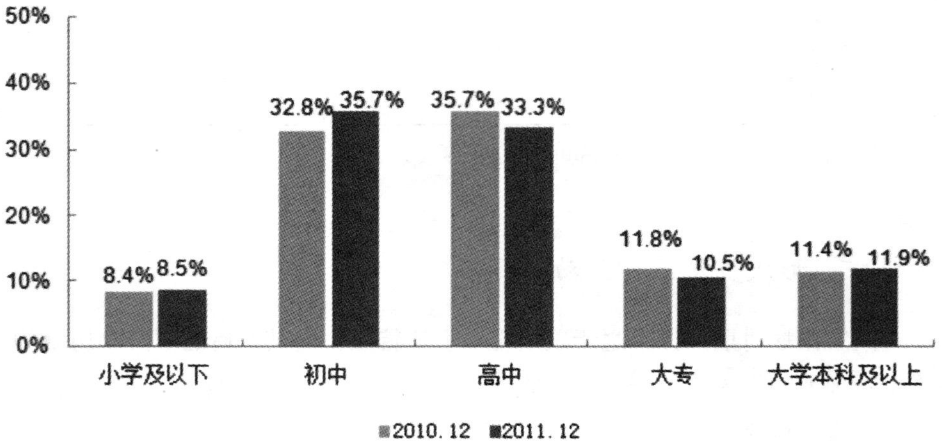

图 12　2010 年 12 月及 2011 年 12 月中国网民学历结构

图片来源：CNNIC 第 29 次《中国互联网络发展状况统计报告》

第二，网络论坛管理者的介入影响某些评论跟帖是否被封禁或置顶，影响整体评论跟帖的走向，影响网民评论的力度。比如，强国论坛作为央级官媒人民网开设的社会问题讨论平台，在论坛的结构与功能设置、论坛管理等方面对网民的评论跟帖进行内容管理和舆论引导。通过精华帖置顶、邀请专业嘉宾开展访谈、版主的论坛规则引导等手段，精选出主流媒体标准之下的正确的、有价值的评论呈现给网民。同时也会删除一些不符合主流价值观的、可能带来负面社会影响的跟帖评论。比如 2001 年 4 月 1 日，美国军用侦察机在中国海南沿海空域撞毁我国军机，未经允许降落在海南陵水机场。这起涉及国防安全、民族利益的国际热点事件发生后，强国论坛邀请国际法专家周建海、人民日报驻美记者任毓骏等专业人士到强国论坛与网友探讨撞机事件中涉及的国家利益、国际法律、应对之策等问题。再如论坛中，任何发往深水区的帖子都要经过审核后才能被张贴。通过这些手段，强国论坛对于社区内的跟帖评论进行管控，保证信息总体真实、舆论导向正确，促进论坛生态健康。同样，其他的媒体论坛、高校论坛、门户网站论坛等也有类似的论坛管理手段。

事实上，这一时期网络论坛管理者的一些管控手段以及政府颁布的一些互联网管理规章，不单纯是政策层面、管理层面的问题。网络论坛盛行于互联网发展初期，整体社会环境、思想文化境况延续了印刷媒体时代的权威崇拜、精英崇拜，网民评论会受到传统的唯上思想的束缚，政府及平台管理者也比较多地采用硬性约束手段，从而导致论坛评论的开放性、自由性受到一定的影响。

第三，由于网络论坛的讨论形式设置，网民的评论是在同一主题之下根据发表时间、顶帖等因素纵向排列的，一般聚焦于同一主题，呈现出主帖以及其他网民对主帖的跟帖回复。与后来的微博离散化的横向评论相比，这种形式使得 BBS 的讨论能够聚焦主题，更有针对性。

第四，由于网络论坛讨论的虚拟性，论坛用户规模的有限性，论坛评论仅停留在符号文本互动层面，缺少现实的组织和制度保障，论坛虚拟社群与现实社会尚存在一定距离，网络论坛中热议的事件往往需要传统媒体的跟进才能够产生较大的现实社会影响。在“哈尔滨宝马撞人案”中，经过事件初期的论坛热议期、传统媒体沉默期之后，全国各大媒体在不久重新介入此案的报道，权威媒体报道为论坛讨论提供新的事实证据和意义阐释，强国论坛关于此案的跟帖评论数量也随之激增，并且研究证实在论坛讨论中来自传统媒体的权威消息更受网民信任。① 传统媒体的大规模报道促使相关机构重审案件并出面调查澄清，最终促进现实问题的解决。没有大众传媒的传播，网络论坛中的议题实际上处于潜在的状态，并不能成为真正显在的公共议程并在现实社会激起波澜。

① 陈红梅. 网络 BBS 里的“宝马撞人案”[J]. 新闻与传播研究，2005(2)：28-34+95.

四、博客时代：基于个体表达的意见领袖

(一)博客个人出版概念的突破

从表现形式来看，我们可以将博客定义为：它是可供网民个人表达看法、进行知识输入输出的网络传播方式。一个博客主页通常由经常更新的、按年份和日期有序排列的 post(即帖子)所构成。① 从技术逻辑来看，也可以将博客定义为：博客是建立在分布式互联网络之上的，以网民个人为传播主体的一种传播机制，具有自组织性质，可以为网民带来一定的社会资本报偿。②

综合来讲，博客的概念包括三个基本要素：一是内容上，主要是个人化表达，包括私人生活记录、个人对于社会问题的看法或个人对于某一专业领域的知识积累等；二是形式上类似纸质版的个人日记本，将博客信息按时间顺序排布构成个人主页，并时常更新；三是会利用链接来扩充自己的评论，提供相关的背景知识，提供其他博客用户的意见等。

而“博客空间”(Blog)的概念则是指涉一种技术实体，是指由网络服务提供商提供的一种网络空间，网民通过注册就能够在此博客空间拥有自己的博客账号；或者由网民单独申请域名和空间，通过博客程序的架设，网民可以在上面发表自己的观点。③

在国际范围内，1998 年，德拉吉在自己的网页上发布了世界独家新闻：《总统克林顿与白宫实习生莱温斯基的性丑闻》，这条消息在世界范围内被疯狂转发。2001 年“9 · 11”事件发生后，博客是传递相关信息的一大战场。这都证明了博客在公开信息、引发讨论上影响力极强。2002 年“博客中国”网站开通，博客开始在中国起步，2005 年被称为“博客大众化元年”，博客由最初的网络日志工具演化为一种影响深远且广泛的崭新的传播方式。根据 CNNIC

① 徐涌，燕辉. 博客与 BBS 的差异研究[J]. 现代情报，2005(5)：198-200.

② 方兴东，胡泳. 媒体变革的经济学与社会学——论博客与新媒体的逻辑[J]. 现代传播，2003(6)：17.

③ 中国互联网络信息中心(CNNIC). 2008—2009 中国博客市场及博客行为研究报告[EB/OL]，http://www.cnnic.net.cn/hlwfzyj/hlwxzbg/200907/P020120709345312938499.

的《2008—2009 中国博客市场及博客行为研究报告》，截至 2009 年 6 月底，中国博客用户规模已经达到 1.81 亿人，博客空间超过 3 亿人。① 这一数据显示，2005—2010 年，博客在中国迎来了它的黄金时代，吸引了庞大规模的用户。

CNNIC 报告显示，从 1999 年开始，博客的使用人数呈增长趋势。21 世纪初，博客与 BBS 的用户群存在较大部分的重合，2008 年后，BBS 用户的增长明显放缓，而后网络论坛的主题相对固定，用户群也进入相对稳定的状态。作为 Web2.0 阶段的代表性应用，博客在普及阶段具有强大的传播力，并迅速占领市场。博客的正式名称为网络日记，是一种通常由个人管理、不定期更新文章的网站。部分博客专注提供评论或新闻，其他则更多是个人的记录。博客文章本身就带有评论性质，博客同时又开放了评论文章的功能。博客结合了文字、图片、其他博客或网站的链接及与主题相关的媒体，能够让受众以评论的方式留下观点和意见。

博客的出现使人们的数字化应用由粗放走向精确与个人化。信息发布者通过博客写下自己的所思所想，并供网民查看与评论。Blog 中最简单的形式就是单个的作者对于特定的话题提供相关的资源，发表简短的评论，这些话题涵盖面十分广泛。博客操作简单，开放性和互动性强，是个人自由表达和出版的重要形式，有利于知识的积累与交流，是一种进行深度交流沟通的网络新方式。博客传播带来了从“信息共享”到“思想共享”的转变，使得网络评论开始有了更加日常化、个人化的主题。博客与 BBS 相比更具全民性，同时由于进入门槛低和监管的相对落后，博客中的信息也更加良莠不齐。

博客使得用户可以自由地表达观点，与其他网民共享知识，逐步确立起网民个人的主体地位。相比于网络论坛需要凭借社会公共话题和论坛群体关系来维持运作，博客更加个人化，鼓励个体表达。网络论坛 BBS 中的讨论是“多对多”的社群互动，而博客中其他网民都是围绕博主的帖子展开讨论交流的，是“一对多”传播形式的再现，只是博客的互动性要强于传统大众传播时代单向的一对多传播。可以说，博客是用户个体自我呈现的舞台，博客传播

① 中国互联网络信息中心（CNNIC）. 2008—2009 中国博客市场及博客行为研究报告[EB/OL]，http://www.cnnic.net.cn/hlwfzyj/hlwxzbg/200907/P020120709345312938499.

始终以用户个体为中心，满足其传播需求。有学者就博客与 BBS 的关系作了问卷调查后发现：博客和 BBS 都能够为网民提供公开发表意见、与他人讨论交流的空间，但博客相比 BBS，其私人性特征更明显，博客为用户在互联网世界塑造完整的自我、获得认同与尊重提供了可能。① 图 13 选自 CNNIC 的《2007 年中国博客市场调查报告》，由图可知，在博客作者的日志内容当中，私人性质的日常生活内容占比最高，而评论社会热点、学术问题探讨、知识普及、经济行情分析等知识内容也占到一定比例。这说明博客的“个人表达”特性突出，但也具备知识生产的潜力。

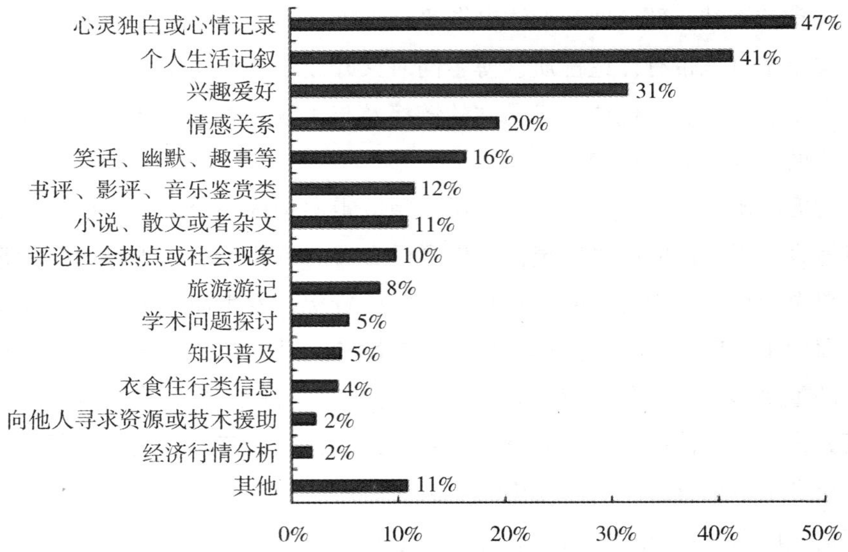

图 13　博客作者日志内容分布

图片来源：CNNIC《2007 年中国博客市场调查报告》

博客的传播模式极大地突出了博主个人主体地位，博客内容自由度较高，适合博主进行充分的、专业化的深度表达与交流。相较于当下移动社交媒体上的碎片化、跳跃式、图片偏向的表达，博客是一种基于内容的门槛更高的

① 莫颖怡. 博客与网络身份建构[J]. 国际新闻界，2006(5)：48-52.

表达平台。正如图 14 所示，博主以内容表达吸引“观众”，“观众”也可以自由选择自己感兴趣的内容，可以和博主直接互动。

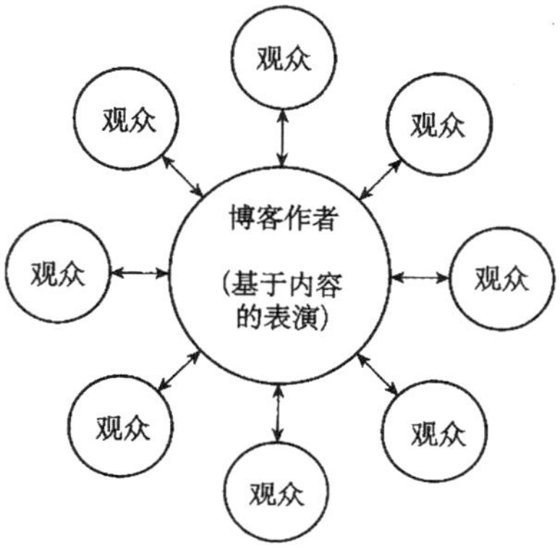

图 14　博客的传播模式①

(二)全新知识生产体系的建构

如果说，BBS 论坛的跟帖评论彰显出的最大的社会意义是促进早期中国公共领域雏形的诞生，那么，博客上的评论其最深刻的意义便是促进了全新的知识生产和传播体系的建构。正如美国互联网专家帕金斯所说：互联网对媒体业产生的主要影响就是迫使媒体变得越来越趋于与人分享和参与。博客从某种程度上讲，就是一种知识生产、整合、分享、管理平台。

在博客创作中，不论博客的话题是什么，呈现出来的博客文本都必须是完整的、有逻辑的，中心论点明确、论证材料之间相互关联、表达准确甚至需要有文采。另外一点是博客对于链接的利用。链接能够将不同创作主体在不同时间和空间中所生产的知识联系起来，更加完整地呈现一组信息和知识，将自己的生产与他人的知识整合起来呈现。当个体网民的博客主页通过开放的互联网连接起来，便能促进同一主题、话题、领域的信息和知识共享，博客社交网络便成为知识共享网络。博客就这样促进个体与社会间的能量交换，

① 彭兰. 网络传播概论(第四版)[M]. 北京：中国人民大学出版社，2017：96.

每一个个体作为知识生产的一环，联合起来就会产生广泛的社会影响，重构整个知识生产体系。知识分享会带来正向反馈，带来知识的增值，这就是博客生态中知识生产的动力。博客具有知识性、自主性，是共享与分享精神的体现，而评论是这种分享的最重要的激励形式。积极回应评论也是博客发布者提高关注度的重要手段，回应关注者的意见，形成交流更能使自己的观点得到传播。

虽然现实世界的知识生产也具有社会化分工的特征，不过现实世界的知识生产成果若想公之于众，需要经过繁琐的把关规则和程序的检验，转化规模有限。而在博客世界中，知识生产与分享的速度、规模、范围都大大超出现实世界。博客的知识生产体现出平民化、自由性、共享性等全新特征。

图 15 所示的博客价值链展示了博客的商业运作模式，正是通过这一链条，部分博主能够实现个人出版的理想并获得实际收益。图 16 选自 CNNIC 发布的《2006 年中国博客市场调查报告》，报告显示在该次调查中有 26. 4%的人对于博客出版持赞同态度(含非常赞同、比较赞同)，而赞同对博客进行“增值收费”的比例仅为 9. 6%，可见虽然很多人抱着博客个人出版的愿望，但却不看好博客增值服务，这之间存在着潜在机会与博客商业模式实现、实际收益获得之间的矛盾。

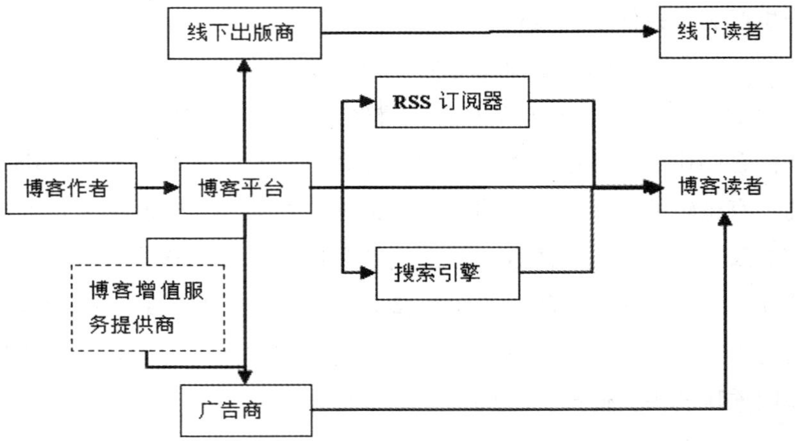

图 15　博客价值链

图片来源：CNNIC《2007 年中国博客市场调查报告》

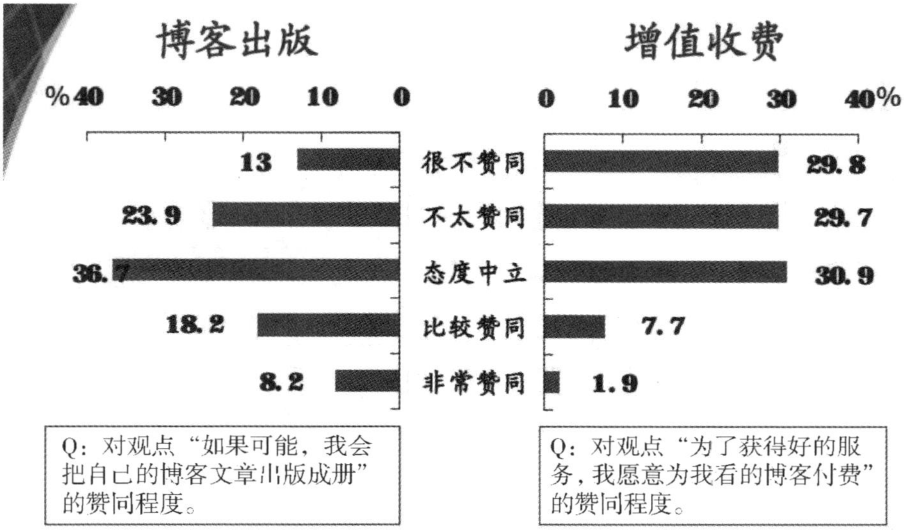

图 16　博客用户对于博客出版和增值收费的态度

图片来源：CNNIC《2006 年中国博客市场调查报告》

(三)激励博客作者创作的因素

中国著名的博客网站 Blogger. com 的共同创始人方兴东认为博客可以作为企业、政府等机构的知识管理工具。这说明博客上的知识分享行为可以从个人拓展到机构，拓展到社会，进而对整个社会的知识生产与管理产生影响。姜奇平在《论博客知识经济 2.0 版》中，总结了五种人在非物质利益驱使下创造知识的动机：满足好奇心；释放与人交流、互动的欲望；提升并展示自我，赢得他人尊重的欲望；思想自由基础上的表达自由；自我实现需要。① 这其中，有很大一部分需要属于马斯洛需求层次理论的中级阶段、高级阶段的需要(图 17)。

① 金兼斌. 博客——个人网络出版的理想、现实与未来[J]. 新闻与传播研究，2004(4)：53-61+96.

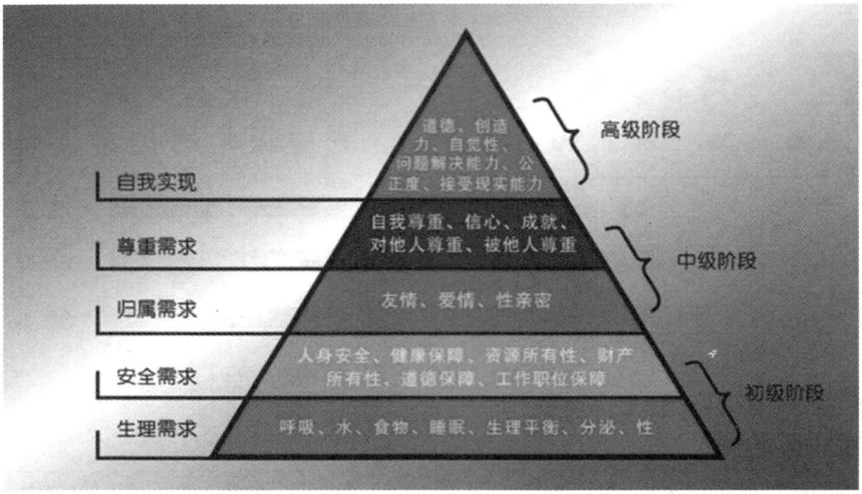

图 17　马斯洛需求层次理论

第一，深入探究博客用户在博客空间的自我表达、评论跟帖行为，可以发掘其背后的动机。受众之所以选择使用某种媒介，是基于其自身的相关需求，而某种媒介具有的功能与特性能够满足受众的某些需求。网民的博客使用行为，在博客上的一切行为表现、评论内容等都受其“使用与满足”的影响。

对于活跃于博客、坚持进行内容创作的博主（大部分是专业的知识型意见领袖）而言，在博客上发表个人意见是一种自我记录与表达，能够让自己在某一话题上的知识积淀和独特见解得到广泛传播并被认可，能够满足获得他人尊重、自我实现的需要。博主的个人日志被点击浏览、被转发、引发评论互动，这种正向反馈便是博主坚持创作的动力。再者，博主发布的博文，以及与其他网民的互动交流，无时无刻不在进行自我形象塑造，这可以说是在建立个人品牌，能够为自己带来一定的社会报偿（一般是社会名誉等无形资产）。对于经常阅读他人博客的观众而言，通过博客能够满足自己的环境认知、社会归属感等需求，促进个体与外部世界的思想及情感交流。

从图 18 博客使用者注册博客的目的中便可以看出博客用户的需求，以及其创作的评论内容的偏向，记录心情、分享资源、结交朋友、时事评论都在博客评论中占据了较大的比重。

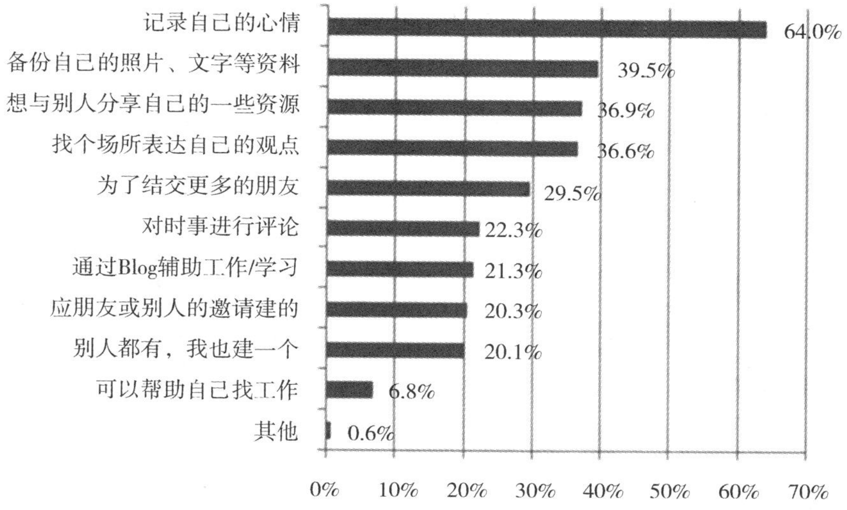

图 18　博客使用者注册博客的目的

图片来源：CNNIC《2008—2009 中国博客市场及博客行为研究报告》

第二，图 19、图 20 反映了 2002—2009 年中国博客市场用户规模、活跃

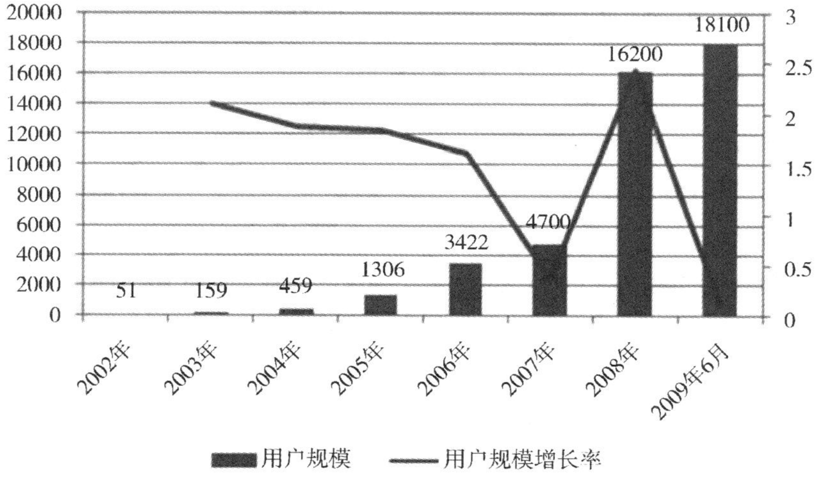

图 19　2002—2009 年中国博客市场用户规模

图片来源：CNNIC《2008—2009 中国博客市场及博客行为研究报告》

博客规模的变迁，可以看出两者在绝对数量上一直呈增长趋势，不过增长率在2007—2008年达到顶峰之后急速下降。这印证了博客评论的影响因素之一：博客用户活跃度与一段时间内是否发生大量社会热点事件有关。

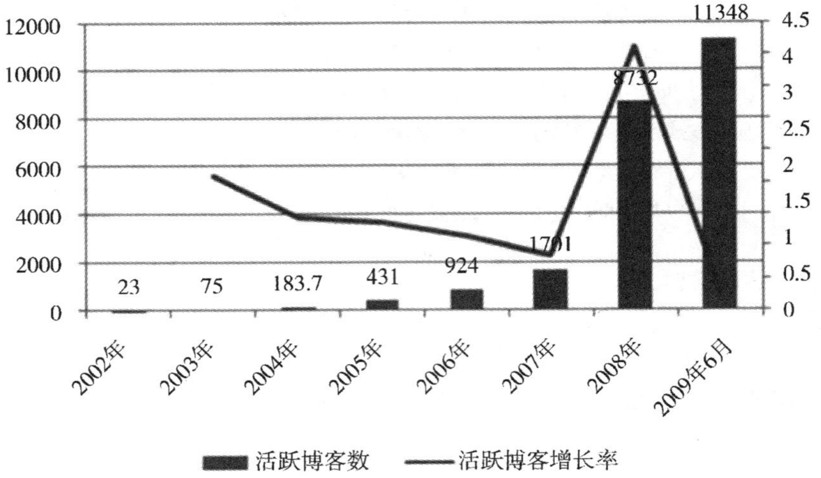

图20　2002—2009年中国活跃博客规模

图片来源：CNNIC《2008—2009中国博客市场及博客行为研究报告》

根据CNNIC《2008—2009中国博客市场及博客行为研究报告》，2009年每天都更新内容的博客用户占比19.7%，博客作者的短期更新频率(一般是伴随着重大社会事件产生的集中爆发式更新)和创作热情与2007年相比大幅增长。在表达观点时，有54.5%的博客作者选择针对“社会现象”发言，与2007年相比增长了44.5个百分点。①

分析个中缘由可以发现，博客作者的内容创作高峰与2008—2009年影响颇大的南方罕见雪灾、汶川大地震、北京奥运会、“正龙拍虎”事件、香港艺人“艳照门”事件等一系列重大社会事件有关。这些重大突发事件本身具备显著性、重要性等价值，具有极强的社会影响力，刺激了博客用户的表达欲望

① 中国互联网络信息中心(CNNIC). 2008—2009中国博客市场及博客行为研究报告[EB/OL]. http://www.cnnic.net.cn/hlwfzyj/hlwxzbg/200907/P020120709345312938499.

和参与社会公共事务的热情。可见，重大社会热点事件对博客吸纳新用户，以及激励用户进行内容创作都起到了推动作用。

博客评论呈现出较强的个人性、知识性、公共性，这与博主的网络身份建构目的相关。有学者研究发现，与 BBS 论坛相比，活跃于博客空间，经常发表评论的用户具备意见领袖特质，能够建构起个人的网络身份形象。具体的身份建构步骤一般是：展现自我形象、获得其他用户的互动反馈、博主将反馈内化并指导自己今后的网络表现。①

博客用户的身份建构并非博主单向的自说自话，有效的身份建构是建立在博主扎实的内容表达和其他用户的反馈互动基础之上的。博客兼具私人性(个人出版理想的实现)和对话性(博主与其他用户的双向互动)，能够供用户展示相对丰富的自我(包括知识积淀和人格魅力等)。博客吸引的是对自己感兴趣、持认同态度的稳定的阅读群体，得到的正面反馈比较多。博客作者依靠自己的学历条件、知识积淀等进行内容生产，由此吸引大量读者保持对自己博文内容的关注度、忠诚度，这就使得博客评论整体偏正向、理性化。

五、微博崛起：基于技术赋权的众声喧哗

(一)个人门户传播模式的力量

微博即微博客(MicroBlog)的简称，是一个基于用户关系的信息分享、传播以及获取平台，用户可以通过 WEB、WAP 以及各种客户端组建个人社区，以 140 字左右的文字更新信息，并实现即时分享。② 微博是一种流动的互联网装置，是基于 Web3.0 平台兴起的开放性的互联网社交平台。在微博中，网民通过虚拟的社会网络关系、背对脸的广播式传播方式以及短小的 140 个字符以内的传播内容达到传播信息、交流观点等目的。微博主的跟随者能及时查看到关注对象发布的信息并发表评论，这是微博最核心的互动形式。

① 莫颖怡. 博客与网络身份建构[J]. 国际新闻界，2006(5)：48-52.

② 中国互联网络信息中心(CNNIC). 2013 年中国社交类应用用户行为研究报告[EB/OL]. http://www.cnnic.net.cn/hlwfzyj/hlwxzbg/201409/P020140901333379491503.

随着 Web2.0、Web3.0 技术理念以及相关产品在全球互联网产业中的升温，微博这一极具互动性、时效性的传播平台发展起来了。微博融合了 Web2.0 和 Web3.0 的技术特性。Web1.0 的主要特点在于用户通过浏览器获取信息，Web2.0 则更注重用户的交互作用，用户既是网站内容的浏览者，也是网站内容的制造者，而在 Web3.0 时代，网站内的信息可以直接和其他网站相关信息进行交互，能通过第三方信息平台同时对多家网站的信息进行整合使用。所以，微博一方面能够实现用户生产内容的目的，同时也支持 API 技术，是首个将多种新媒体真正融合使用的新媒体传播方式。

微博鼻祖 Twitter 从 2006 年起由美国向全世界发展，在世界上许多国家占据了社交应用市场的巨大份额。2007 年 5 月，中国(不含港澳台地区)第一个微博产品——饭否 (fanfou. com)诞生，微博在中国开始起步。经历了微博发展初期的百家争鸣，2009 年 8 月开始公测的新浪微博发展势头最为强劲，随后成为中国微博市场的领头羊。新浪微博与之前的论坛、博客相比，媒体属性更强，逐渐发展成为一种信息公共平台。新浪微博的基本功能包括@、关注、私信、点赞、评论、转发、超话等。新浪微博采取"名人战略"吸引用户，对公众人物、政府机关、知名企业等实行实名加 V 身份认证，① 这也使得现实社会的权力结构、社会地位能够迁移到虚拟的网络世界。

2010 年被称为中国微博元年。事实上，微博在中国的蓬勃发展与移动互联网的发展分不开。第 29 次《中国互联网络发展状况统计报告》显示，截至 2011 年 12 月底，中国手机网民规模已经达到 3.56 亿人，占网民总量的 69.4%。根据 CNNIC 的《中国移动互联网发展状况调查报告》(2012 年 3 月)，手机微博 2011 年的使用率同比增加了 23 个百分点，是该调查期内增长幅度最高的手机应用(图 21)。②

《连线》杂志将"新媒体"定义为"由所有人面对所有人进行的传播。③ 微博的传播模式正体现了新媒体的这一特征。微博的传播结构不同于以往固定

① 谢耘耕，徐颖. 微博的历史、现状与发展趋势[J]. 现代传播(中国传媒大学学报)，2011(4)：75-80.

② 中国互联网络信息中心(CNNIC). 中国移动互联网发展状况调查报告[EB/OL]. http://www.cnnic.net.cn/hlwfzyj/hlwxzbg/201203/P020120709345263447718.

③ 胡泳. 媒体变革：公众的角度[J]. 读书，2002(12)：39.

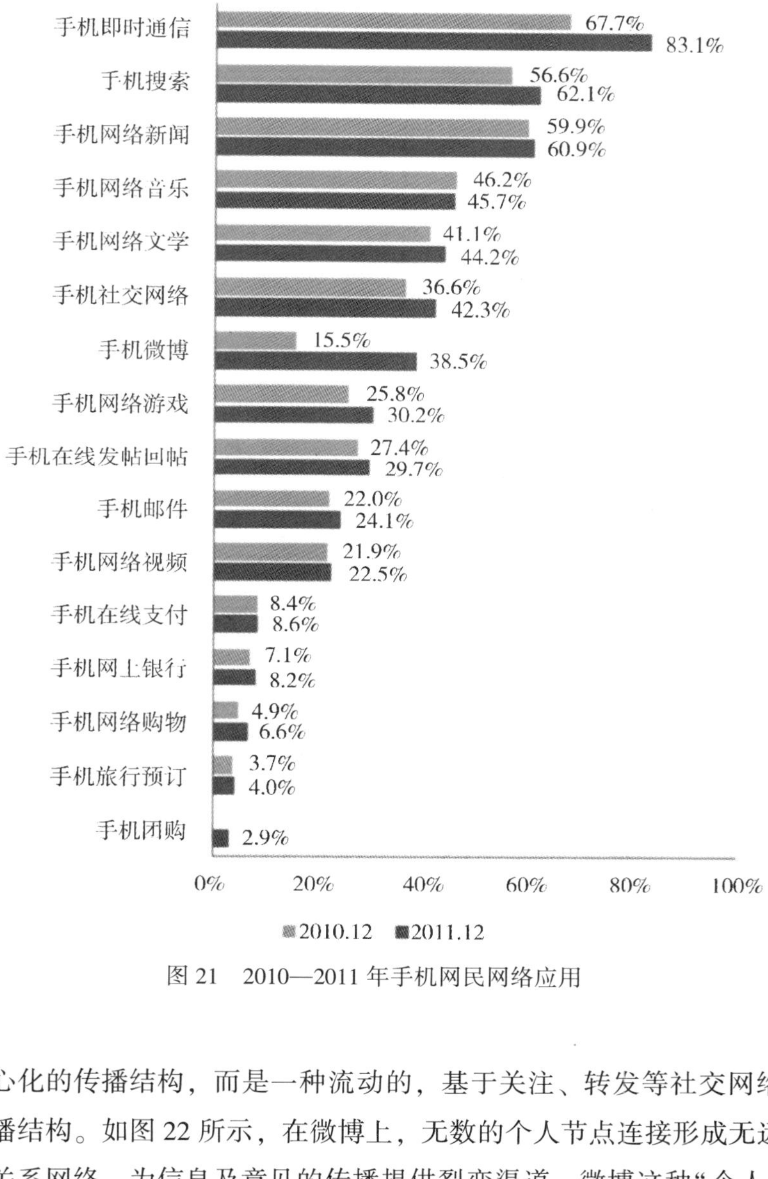

图 21　2010—2011 年手机网民网络应用

的、中心化的传播结构，而是一种流动的，基于关注、转发等社交网络的裂变式传播结构。如图 22 所示，在微博上，无数的个人节点连接形成无远弗届的社交关系网络，为信息及意见的传播提供裂变渠道。微博这种“个人门户”的传播模式能够增强每一个个体网民节点的传播潜能，处在不同时空的网民能够利用微博产生虚拟的社交互动。微博作为一个开放性的平台，能够整合各种信息传播通道，在移动互联网技术支持下，又能够带来卡斯特笔下的“无时间之时间”“流动的空间”，跨越时空的即时现场信息，使得微博信息内容能够即时更新，并在短时间内能够迅速地形成病毒式传播态势。

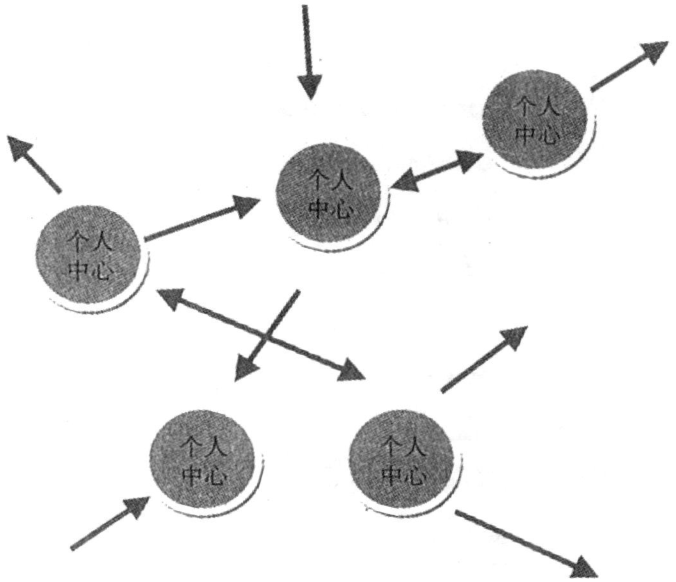

图 22　微博的传播结构

图片来源：彭兰：《网络传播概论》(第四版)，北京：中国人民大学出版社 2017 年版。

微博具有使用门槛低、裂变式传播、即时交互、内容表现形式碎片化等特点。随着微博逐渐渗透到社会的众多领域，它逐渐改变人们的信息接受偏好、网络互动方式，甚至在社会热点事件发生后影响舆论的生成演化。微博与博客相比，草根性更强，且分布性更广。微型博客的出现创新了交互方式，真正标志着个人互联网时代的到来。不同于博客相对集中化和点对点的交流，微博上的交流既可以点对点，也可以一点对多点。手机等移动终端便利和多媒体化的特点，使得微型博客更加普及化，人们的使用频率也更高。

(二)众声喧哗舆论场域中的博弈

微博以"发现""分享"作为吸引用户的价值点，凭借其技术优势以及与社会现实相勾连的属性，对我国舆论场域中的各方力量博弈产生重要影响。微博能够为海量多元的网络信息提供公开流通的平台，能够将普通网民的意见聚合形成浩大的舆论声势，能够检验并培育网民的交往理性和媒介素养。①作为移动互联网时代的代表性媒介产品，微博的开放性、对话性、舆论生成速度及规模等都是 BBS 论坛和博客无法比拟的。②

其一，从微博用户对微博的使用习惯和需求满足情况来看，微博是一个不折不扣的公众舆论平台。由图 23 可以看出，网民使用微博内容排名前三的分别为分享/转发信息、搜索新闻/热点话题、发微博等，可见人们往往通过微博了解时下热点信息，并参与到热点信息的生产与传播当中。由图 24 可以看出，“看别人转发的新闻”“看新闻后的评论”“看新闻后自己转发”是微博和其他社交应用都能够满足的需求。此外，网民“喜欢看大家都关注的热点

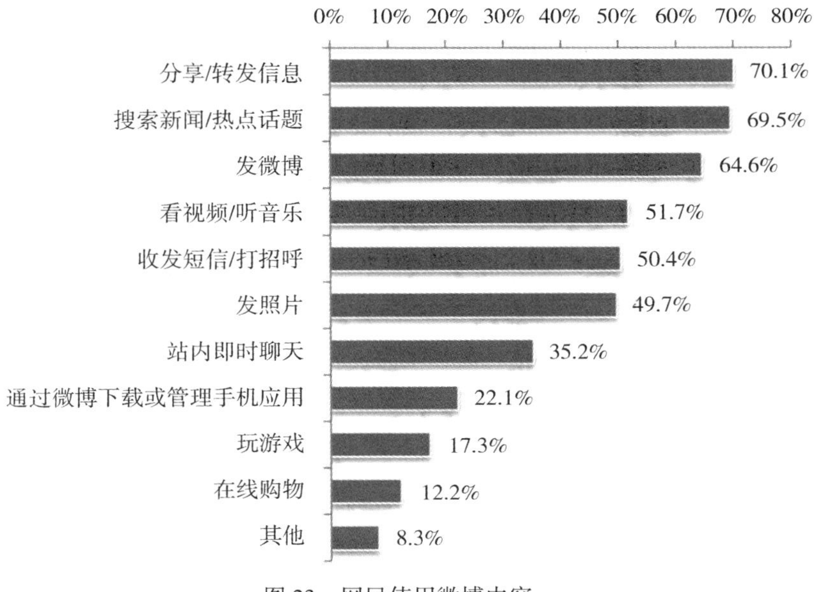

图 23　网民使用微博内容

图片来源：CNNIC《2013 年中国社交类应用用户行为研究报告》

① 张跣. 微博与公共领域[J]. 文艺研究，2010(12)：95-103.

② 汝信，陆学艺，李培林. 2010 年中国社会形势分析与预测[M]. 北京：社会科学文献出版社，2009：246-252.

新闻”比例占到 74. 1% 、“喜欢看短新闻”比例占到 60. 4%，只有微博能够很好地满足网民的这两类需求。

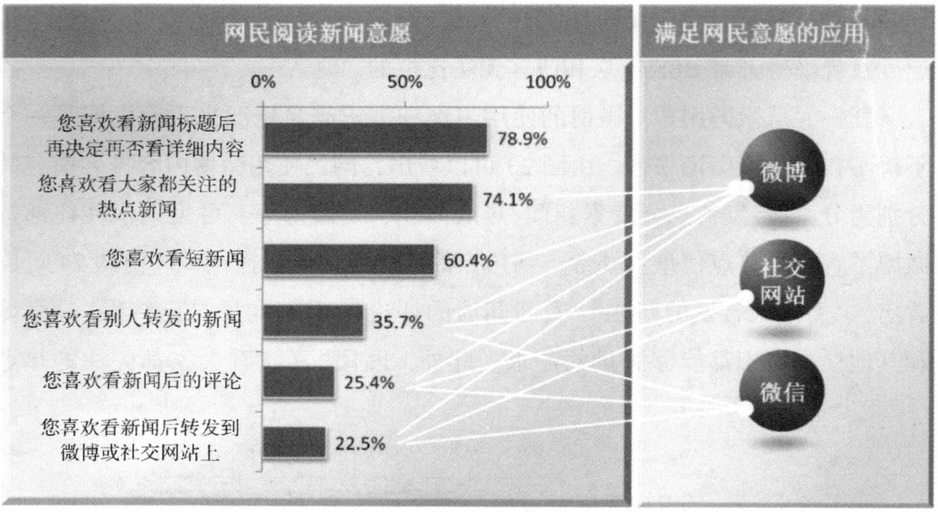

图 24　社交类应用满足网民新闻资讯需求的情况

图片来源：CNNIC《2013 年中国社交类应用用户行为研究报告》

其二，社会学家格兰诺维特将人际关系分为“强关系”和“弱关系”两种，强关系是指现实生活中同质化程度高、关系亲密的人，弱关系则反之。如图 25 所示，社交网络中的强关系属性越强，掌握信息的同质性越高，通俗理解即同类社会群体接触的信息重合度较高。而微博是一种典型的弱关系网络，在微博关注的人中，现实生活中的朋友、亲人占比较低，而明星、陌生人等弱关系联系人出现的比例较高。因此，微博用户数量庞大、异质性较强，对于同一热点事件有不同的信息来源、不同的观点立场，很容易产生不同信息的汇聚、不同意见的交锋。微博由此成为公共信息和公共沟通平台。

其三，新浪微博上，截至 2011 年 3 月 8 日，粉丝数量超过 100 万的微博数量为 177 个，其中大部分是公众人物开设的微博账号。微博意见领袖一旦拥有百万量级的粉丝，其影响力已经能够和全国性报纸相匹敌，在舆情热点事件中能够极大地影响网民的认知、观点态度甚至行为。通过微博的“关注”

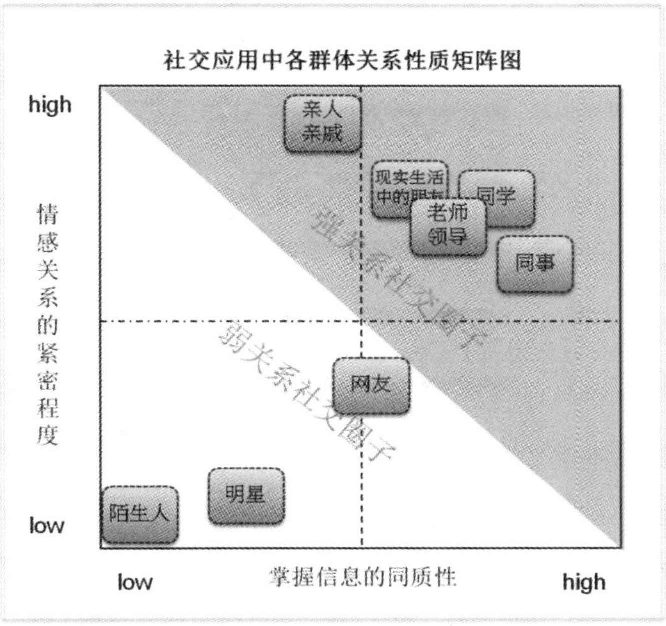

图 25　社交应用中各类联系人关系图

图片来源：CNNIC《2013 年中国社交类应用用户行为研究报告》

功能，用户可以选择持续关注某些微博用户，持续接收其发布的内容。一般用户会选择关注名人/明星、网红、政务微博、媒体官方微博等影响力较大的微博，其在社会公共事务中也会及时发声，是构建公共领域的一支强大力量。根据 CNNIC 的《2016 年中国社交应用用户行为研究报告》，在社交应用联系人这点上，微博最突出的联系人为名人/明星、网络红人、企业账号、行业机构账号，充分显示出微博作为公共信息系统和公共沟通系统的功能。①

正是基于上述微博的技术特性、微博用户的媒介使用习惯、普通用户之间以及普通用户与意见领袖之间的互动等因素，微博能够成为一个公众舆论平台，为众声喧哗提供条件，也具备了强大的议程设置能力。微博内容 24 小时即时更新的时效性、弱关系网络带来的信息异质性，使其在议程设置、舆

① 中国互联网络信息中心（CNNIC）. 2016 年中国社交应用用户行为研究报告[EB/OL]. http://www.cnnic.cn/hlwfzyj/hlwxzbg/sqbg/201712/P020180103485975797840.

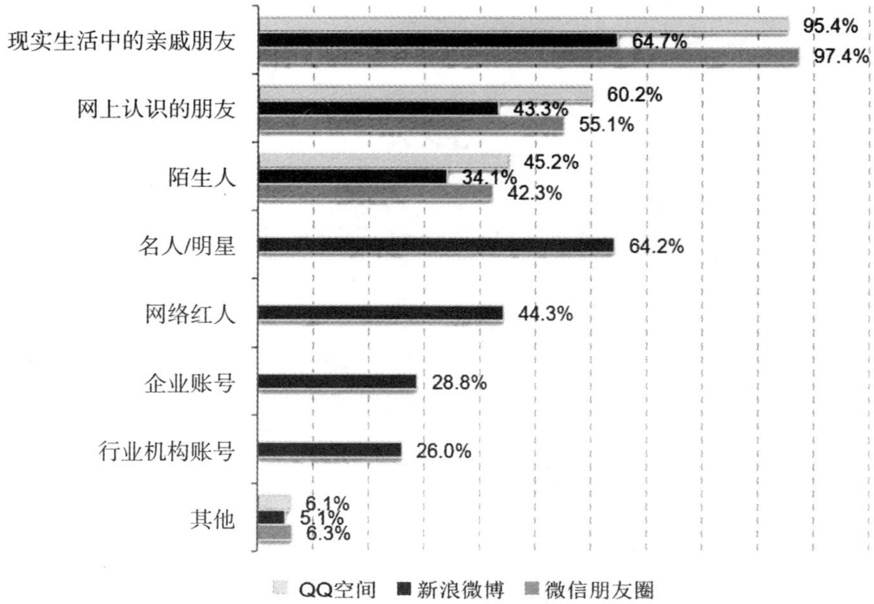

图 26　典型社交应用联系人类别对比

图片来源：CNNIC《2016 年中国社交应用用户行为研究报告》

论演化中比传统媒体更有优势。目前中国舆论场域已经形成一种新的舆论形成机制，即微博率先发布信息——网民热烈讨论——传统媒体不断跟进，通过网民、媒体、政府之间的相互作用完成议题建构，共同掀起舆论高潮。例如，2010 年 8 月，高考高分考生李盟盟因为县招办的纰漏，险些未能踏入心仪大学的校门。该事件在微博上曝光后引发“网络围观”，大量普通网民的转发，加上一些名人和明星的助推，事件由微博影响到传统媒体，最后推动了有关政府部门出面干预解决。

在大众传播时代，公共领域只能说是带有乌托邦色彩的政治理想，由于大众传媒的议程设置、权力精英的多重把控，平民阶层的声音是被刻意忽视的，或者被有选择性地倾听与呈现的。这种缺乏全民参与和批判精神的意见场并不是哈贝马斯理想中的公共领域，微博的蓬勃发展则为公共领域的发展提供了可能。BBS 论坛受限于用户规模和传播结构，其信息和观点难以产生较大的辐射效果；博客创作门槛较高，“中心化”特征明显；与论坛和博客相比，微博让草根群体有了意见表达的自由，以及意见被广泛传播(基于话题热度、转发网络等变量)的可能。

(三)微博复杂传播生态的动因

微博作为网络社会与现实社会的连接点，其崛起带来的不仅仅是信息传播领域的变革，其"微传播"特性也带来了整个社会生活方式的变迁。

第一，移动互联网技术的移动性、现场性、时效性、碎片化等技术特征对于微博用户的感知方式、信息消费偏好以及表达方式产生了深刻影响。微博的传播方式符合4A的元素(Anytime、Anywhere、Anyone、Anything)，微博成为一种流动的信息发布装置。① 图27展示了微博的碎片化特征，随着移动互联网的发展，网民在碎片时间里登录微博的比例在增加，刷微博成为网民在碎片时间里上网的重要内容。在表达方式上，博客写作关注内在思想性，要求具备明确的论点和逻辑论证，而微博写作则是零散的、浅显的，不注重内在逻辑和事实背景。②

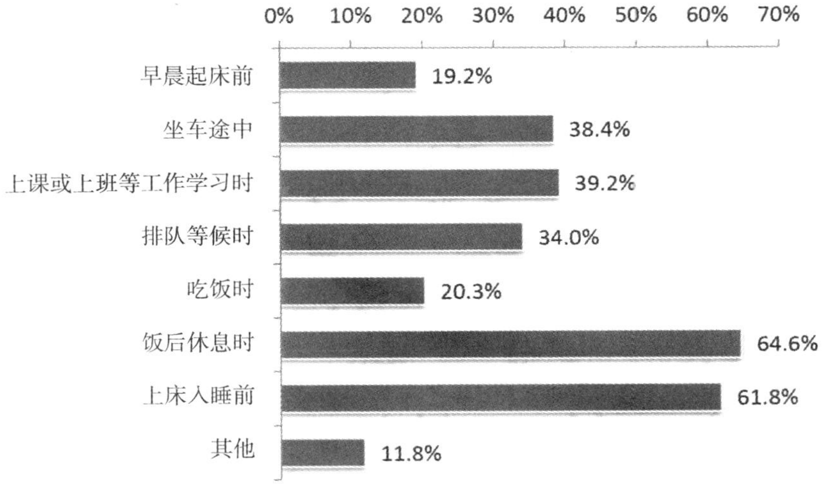

图27 网民使用微博的时间点

图片来源：CNNIC《2013年中国社交类应用用户行为研究报告》

① 刘兴亮. 微博的传播机制及未来发展思考[J]. 新闻与写作，2010(3)：43-46.

② 张跣. 微博与公共领域[J]. 文艺研究，2010(12)：95-103.

第二，微博的表达形式更加轻松愉悦，寥寥数语记录日常生活、分享有趣的视频或段子、简单的图文搭配等，这种碎片化、跳跃式、随心所欲的多媒体表达要比长篇大论的博客内容创作容易得多。创作门槛低、表达方式无固定格式要求、偏口语化、发布渠道便捷，微博这种易操作、去中心化的特性吸引了越来越多的普通网民的涌入。

然而事实上，微博过度追求时效性、呈现方式碎片化的特征也带来了一些负面影响。在信息泛滥、受众注意力短缺的移动互联网时代，在微博短平快的信息接受偏好、以秒计算的阅读速度之下，想要抓人眼球被有效阅读，基本上是需要传播一些简单直接、开门见山，甚至是耸人听闻、迎合用户感官刺激的信息。微博上，负面消息更容易引发评论和转发，这一点在微博的传播实践和学术研究中都得到了证实。这导致部分网民为了博眼球、抢流量而发布或转发一些空穴来风的负面消息，这会引发侵权，产生不良社会影响，也导致网民在自身观点的表达方式上，在评论区与人互动时，经常会出现负面的激烈言辞，为了反对而反对，只发泄情绪不论证观点，近年来火热的“杠精”群体便是如此操作的。

微博的海量但是零散的信息，弥补了之前时代普通民众的信息匮乏，但规模庞大的信息并不一定能够为微博用户提供帮助其认知、改变现实世界的“意义”。微博只追求现场但不求事情真相与来龙去脉，只有碎片但不求事件和意见的整体表达，只有对瞬间时效性的痴迷但不求更长时间维度上的意义和新闻真实。总而言之，微博对于社会事务的传播是一种猎奇的、速成的、功利的传播。

微博的开放性、低门槛、匿名性、去中心化、去把关化使得不同层次的网民同处同一话语空间，媒介素养参差不齐，导致微博评论的非理性行为盛行。

在微博发展的十年间，中国互联网普及率不断上升，“草根”群体在微博场域中崛起，与精英群体分庭抗礼。草根群体希望利用微博去中心化的传播结构，打破传统大众媒体及精英群体对于信息传播和话语表达的垄断，他们渴望获得自由表达的机会和渠道，在公共领域中占据一席之地。针对某一议题，出于各自的利弊考量，这些网民会组织起临时的舆论团体，对新闻当事人或政府部门施压。① 草根群体虽然有相似的社会地位和利益诉求，但个体之间还是存在较大的思想观念、价值取向、兴趣偏好等方面的差异。部分网民是缺乏政治民主素养以及交往理性的，他们往往随着媒体事件的发生临时形成一个相同意见群体，壮大舆论声势，但也会随着媒体事件的消失烟消云散，难以保持稳定持续的交往理性和社会责任感。

微博舆论场域中，技术赋权使得“人人都有麦克风”，多元化传播主体都能够参与到信息生产与传播中。用户的一次次转发不仅扩大了微博信息的传播范围和辐射人群，还能够加上自己的观点看法，进行信息再生产、二次加工，实现信息增值。这种信息再生产机制的问题在于，信息经过多次转发失去初始信源，容易为虚假信息提供传播渠道。微博评论内容出现低俗化、暴力化倾向，相比于严肃话题，人们更多地在评论中跟队形、晒自拍、爆八卦。

第三，微博在探索盈利模式的道路上始终不太顺畅，这种商业化趋向反而滋生了一些不正当的获利方式。花钱通过一定的营销操控手段买微博热搜、雇水军发表注水评论跟帖、粉丝经济之下的粉丝控评打榜等，都干扰了原始评论生态。而社交电商的发展也导致微博上的营销账号泛滥，花式广告营销层出不穷，影响网络评论观感和微博用户的媒介使用体验。种种因素导致微博评论体量庞大，但缺乏真正有价值的评论信息。

六、网络评论发展趋势与影响要素探究

（一）网络评论演进特征

为了增加用户的互动频率，网络社交平台一般都会同时存在即时性互动和异时性互动功能。社交平台中最初的评论通常是当前事件或大众关注的热点问题，人们对这些问题进行批判式发言，具有新闻性、政治性、群众性特征。随着网络的普及和互联网使用门槛的降低，网络评论的低成本

① 王仕勇，孙国徽. 中国特色网络文化语境下网络公共空间的建构与升级——对人民网“强国论坛”的历史回顾与多维思考[J]. 重庆工商大学学报(社会科学版)，2011，28(6)：102-107.

也带来了评论内容的低俗化倾向，相比于严肃话题，人们更多地在评论中写段子、晒自拍、爆八卦。网络评论平台的扩张，也导致了网络评论与商业模式相结合。

网络评论信息朝着多元化与海量化的方向不断发展。伴随着互联网基础设施建设的不断优化，网民规模不断增大，个人用户为网络贡献了海量的数据，各类非结构化数据呈爆炸式增长，大量的网络使用者产生了海量网络评论。在当前越来越重视用户反馈的趋势下，几乎所有产品都有网上反馈的功能或渠道。调查数据显示，使用手机接触网络评论的用户占全部网民的99.1%，只用手机接触网络评论的比例为62.6%，只用台式电脑或笔记本电脑接触网络评论的比例仅有6.9%(图28)。2019年上半年，手机网民使用通信类APP的时间最长，比例达14.5%，其次是网络视频、短视频、网络音乐和网络文学(图29)。媒体使用习惯同时极大地影响了网络评论的内容。网络评论信息朝着多元化的方向不断前进，但在内容多元化的同时，消极、负面的信息也在大量增长，规范网民的传播言论，充分发挥网络评论的积极作用已经成为另一个重要议题。

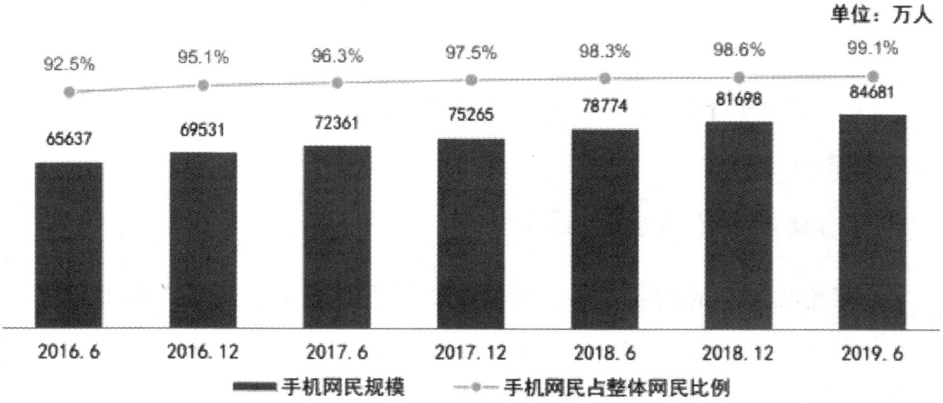

图28　手机网民规模及其占网民比例

网络评论的海量化也带来了信息筛选困难的问题，微博评论、餐饮评价、影视评论等网络评论都大量呈现在网民面前，虽然Web3.0时代采用了个性

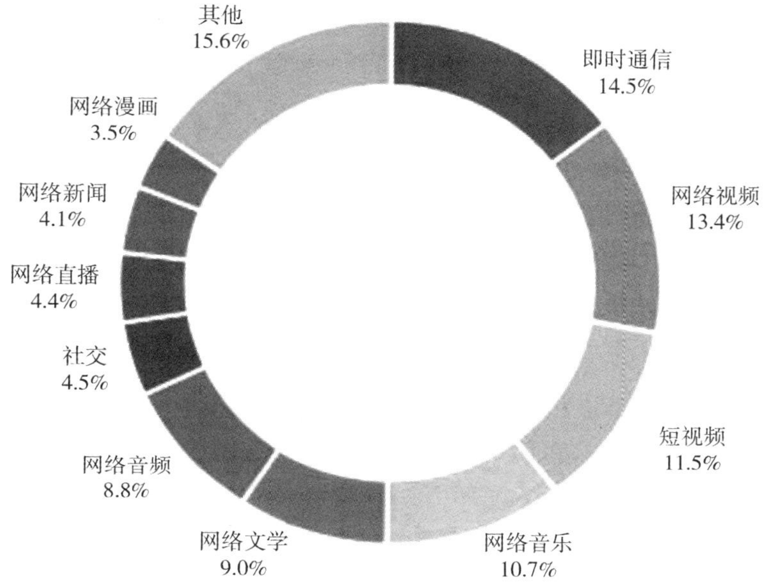

图 29 各类应用使用时长占比

化推荐技术来“置顶”个人用户最需要的信息，但算法技术结合资本力量，往往呈现的并非是用户最需要的内容，而是资本最需要推送的内容。对这些评论信息进行有效的筛选过滤是当前重要的难题，在网络评论达到一定量级后，网民的实时用户体验反而有下降的迹象。

在网络评论的演进过程中，由于使用门槛的降低与国民教育程度的提高，网络评论主体也越来越多样化。以微博为例，只要通过注册就可以成为微博正式用户，这种简单的步骤推动了使用微博的人群的广泛性和大众化。微博用户可以分为营销型、意见领袖型、默默关注型、表达活跃型四种类型。微博是当前人们最常使用的网络异时性互动和即时性互动产品。微博除文字评论外，还包含了图片形式的长微博，或者以链接指向的网页文章。微博评论的字数限制决定了微博评论的碎片化与局限性，甚至许多评论带着随意性和宣泄性。

传播社会学学者桑德拉·鲍尔洛基奇认为大众传播是独白式的传播形式，人际沟通是会话式的传播形式，运用信息通信技术的传播手段是电子对话式的传播形式。电子通信形式的交流虽然在反馈速度和完整性方面弱于人际交往，但远高于传统的独白式的大众传播方式，网络评论的互动性和即时性越来越强。

相对于传统评论，网络评论以新颖的文本形式进行创作，并在各类基础社交网络平台上传播，这带来了语言空间的扩大和民众参与度的提高。网络评论在变得更加“接地气”的同时，其原本议程设置的功能也大为弱化，这导致其原本具有的舆论引导功能也在减弱。网络评论打破了传播者与接受者之间的界限，评论的主体逐渐成为网络平台上的主导者，甚至可以影响某一时间段的舆论走向。

在媒介系统高速进化的状态下，网络评论在发展进化的同时也出现了诸多问题，尤其是社交网络上的评论，“博眼球”成为最常见的评论目的，娱乐化的评论出现在诸多严肃话题之下。我们不仅在行动上从点对点的现实社交形态走进了点对群的社交状态，更逐渐走向了碎片化、眼球中心的思维方式。新技术的增长、人们对眼球刺激阈值的提高与网民素质良莠不齐共同作用于网络评论的形态与内容变化。

现今的“微言论”逻辑与内容已经完全不同于往日。邹韬奋先生曾在1928年到1933年致力于写微小评论，这些评论短小精悍，引人深思。其主题涉及各类社会问题与现实问题，短小的形式使评论更容易被理解和传播，反观当代的网络评论，虽然大部分评论同样以微小的形式出现，但却鲜有深刻的内容，即便有质量高的内容也常常淹没在网络评论的海洋中。

网络评论的发展与社交网络平台的发展有着密不可分的关系，异时性社会互动大部分在社交网络平台上进行。社交网络从 Web1.0 时代的 BBS 演化而来，其间国外的网络产品也促进了我国社交网络的成熟。21世纪初成立的 LinkedIn、Myspace 纷纷利用丰富的多媒体空间来吸引眼球，这促进了社交网络整体走向娱乐化。在当前的移动时代，微信、新闻客户端、微博成为网络评论三大主要接触渠道。55.9%的用户经常在微信中接触网络评论，新闻客户端和微博的用户占比也超过40%。微博是我国微信息社交网络时代开启的重要标志，也极大促进了网络评论风格的演化。在微博短小的文字空间和娱乐化内容的刺激下，微博评论越来越走向娱乐化和碎片化。

网络评论具有情绪化与随意性，同时能发挥社会情绪释放作用。网络平台不受版面、时段、频率的限制，网民在任何时间段都能够通过网络评论的方式发表观点，寻找认同感。网络的开放与自由激发了人们的表达欲，社交网络平台俨然已成为人们享受公共信息和公共讨论的重要空间。但网民网络素养仍然有待提高，微博是一个社会性平台，而不是私人场所，传播者的媒介素养和公众社会责任感的缺失在网络评论平台上带来了诸多问题。

（二）网络评论影响要素

阅读习惯和思维习惯的“碎片化”是网络评论形态变化的重要原因。在吸引读者这方面，文本的严肃性和严谨性越来越不重要，反而是娱乐化、碎片化的文本能带来大量的点击量。碎片化分解了逻辑性与严肃性，也将人们的思维简单化。在互联网逻辑下，网络产品的主要内容必须是分散的，内容之间的组织是自由的，这样信息的流动速度才会更快。社交平台很容易被各种维度的产品同构化，在微博里，所有的内容都以短文本、图片、视频的形式出现。碎片的丰富性甚至决定了平台的基本规模，由此碎片化成为多数网络平台的选择。赫胥黎在《美丽新世界》中写道：我们将毁于自己所热爱的东西。过度的娱乐化也让人们的思维产生了不可逆的影响。

人们对时效性和需求感的需要也是人们参与网络互动的影响因素。“存在感”是人们进行网络评论的重要心理动机，随着社会生活中渗透的工具理性精神的发展，人与人之间的关系也产生了变化，在现实中人们在社会中的“原子化”与连接的“理性化”，导致人们会在网络空间中寻找与他人的互动，以及建立新的联系。信息的交流与沟通能为传播者带来存在感和认同感，《网络评论蓝皮书：中国网络评论发展报告（2018）》中的数据显示，用户搜索网络评论的首要动机是寻找观点支持者，而不是“参考网络评论做出判断”（图 30）。在网络评论互动中，最受欢迎的模式是点赞，56. 6%的网络评论用户通过对他人评论点赞的方式来与其他用户互动（图 31）。随着算法推荐技术的发展，网络平台的个性化内容推荐供给模式与用户搜索网络评论的动机和互动模式配合，形成了在互联网时代的新型“使用与满足”关系。而这些主要基于个人兴趣的网络评论互动行为也在一定程度上削弱了网络评论作为培养公民参与公共领域理性沟通的重要工具的作用。

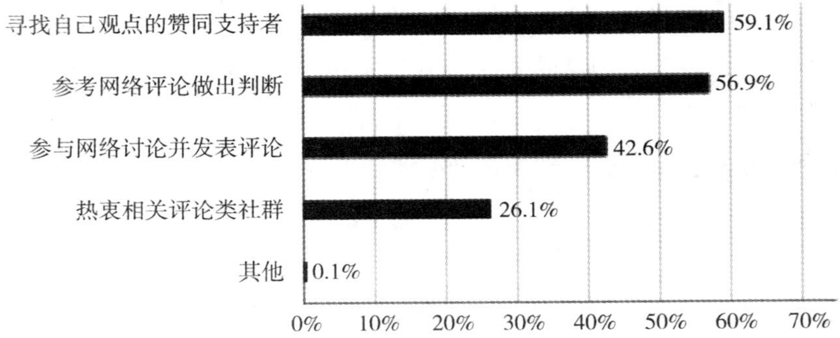

图 30　网络评论传播的搜索动机

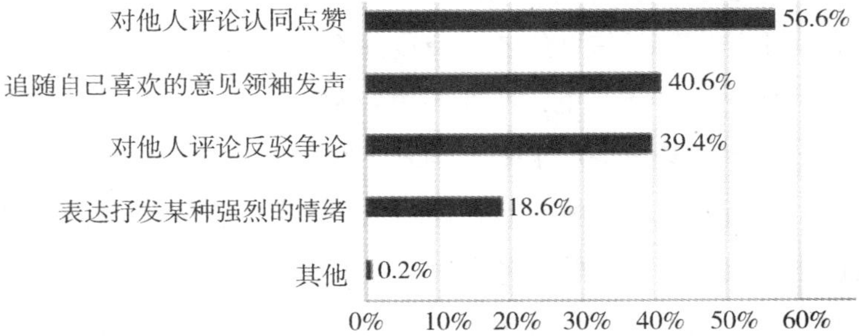

图 31　网络评论传播的社交动机

此外，互联网和移动终端作为新媒体的核心技术已形成一个集生产、传播和接受的功能集成的文化活动载体，它们也对网络评论的发展产生了不可磨灭的影响。信息通过光纤技术迅速传播，网络信息实现了全球畅通无阻的接入，新技术降低了参与网络评论的门槛。尼克·史蒂文森强调了技术在大众媒体上的重要性，“它是大众媒体在当代社会关系形成中的技术手段，被认为是有必要的，而不仅仅是附带性的”。技术的发展不仅为网络评论的流变提供了技术支持和保障，更使得搭建在数字网络之上的社交平台内容充斥着网络逻辑。网络评论的形式由文字演化成了集文字、图片、音频、视频于一体的形式。网络评论平台也逐渐出现越来越多的功能，直播、热搜、点赞都迎合了新时代人们的信息接收与互动习惯，满足了大众的猎奇社交心理与多元化的社交需求。

微博是网络异时性互动的代表性产品，而当前网络即时性互动的代表性产品微信也在短短几年内成为各阶层与各年龄段人群交友沟通、实名企业推广营销、个体商户宣传的一种主要的新媒介平台。微博、微信等已不单单是社交软件，更是已经成为人们的一种生活方式，也是一种文化形态。其以方便、快捷、智能、成本低廉的特性被大众推广与接受。新媒体的即时性、互动性、自由性和便利性促进了“微现象”的形成。微信、微博以“微”优势融入了人们的日常生活之中，占领了人们大部分的碎片化时间，贯通了工作与娱乐、交流与认知、社交与个人化，为虚拟与现实世界的交融打造了快捷通道。

（三）网络评论发展动向

2019 年 12 月 30 日，南京大学紫金传媒研究院（北京）与社会科学文献出版社联合发布了《网络评论蓝皮书：中国网络评论发展报告（2019）》。蓝皮书指出，网络评论传播渠道将呈现从零散到集中、从单一到复合、从小众到大众三大趋势。① 当前腾讯、百度、今日头条等互联网公司以及各类投资主体都在提高对内容创业的扶持力度，网络评论内容生产由用户生产内容模式逐渐朝机构化方向发展，网络评论主体开始从初期的个人化、草根化向企业化、团队化发展。网络评论包括专业评论和非专业评论，专业评论朝着独到、深入的方向发展，专业生产内容成为网络评论的主流生产模式之一，而非专业评论朝着娱乐化、碎片化、海量化的方向发展并占领了大部分网络空间。以平台化的运作模式为内容创作者提供运营、商务、营销等服务，是当前重要的变现模式，这种模式能够保障内容的持续输出，实现稳定的商业收益。

当前的社交网络平台还有演变为垂直社交网络应用的趋势，垂直社交网络应用主要基于弱关系形成，垂直社交网络的用户群体具有排他性，用户在新产品中经营自己独立的虚拟身份，使用垂直社交网络中的独立发展空间。

---

① 网络评论蓝皮书. 中国网络评论发展报告（2019）[M]. 北京：社会科学文献出版社，2019：149.

一个成熟的垂直社交网络平台具有排他性、独立性和特殊性，用户愿意在平台建筑独立的虚拟网络形象，并长期维护。垂直社交网络平台的独立性很强，事件的连贯性、多样性、普遍性在经历碎片化的分解后，又有机会在垂直平台上重新聚合。在当前的娱乐化社交网络时代，微信息社交应用占领了社交网络市场。垂直社交网络是探索社交网络商业模式的一种尝试，可以较好地解决用户深层次的需求，其针对特殊群体的特殊习惯和需求定制平台，打造自身核心竞争力。

虽然算法推荐已经成为内容领域信息匹配的重要方式，但在专业化、垂直化、高品质的网络评论内容领域，“编辑分发”仍然难以被“算法分发”所替代。专业把关人在筛选内容方面具有质量优势，其发挥着对于算法分发的“平衡器”作用，避免受众沉浸在自己的关系网组成的“回音室”中。《华尔街日报》推出的“蓝推送、红推送”(Blue Feed，Red Feed)、《卫报》的“吹破你的泡泡”(Burst Your Bubble)、健形矫姿器(Lumo Lift)的新应用，都在尝试让信息传播摆脱算法推荐的信息失衡状态。

网络评论以尽可能快的速度跟进热点话题也是以最快的网络异时性互动方式来迎合网民。网络即时性互动目标对象清晰，往往以一对一或一对多的方式进行，更具目的性与压力感，而网络评论这种异时性互动更具广泛性、公开性，在非朋友关系中被普遍运用。媒体平台是网络评论发展的重要空间，当前的媒体平台纷纷及时跟进与参与社会热点话题，以满足大众的信息需要。这同时也让大众能够掌握最新话题，并在社交网络平台上通过评论的方式与他人沟通。

短而灵活的文本形式使得信息传播的及时性更能得到保证，当前短小精练的文本成为网络评论的主要形式。人们对于资讯即时性的迷恋以及对信息简单易懂的要求也是助推网络评论简短、精炼的重要原因，但这同时也导致了评论内容逻辑性与信息含量的缺失。公众可以通过转发、评论、点赞的形式进行评论，打造不同的话语空间，这使得社会舆论被特定的政治集团或经济组织操纵的可能性相对降低。由于表达的即时性、反馈的丰富性和使用的低成本性，大量的网民通过网络评论表达观点，网络评论在传达社情民意、进行舆论监督等方面起到了重要的作用。同时，在网络评论平台中，依靠打法律与道德的“擦边球”来进行谋利的行为增多，“网络水军”等特殊群体的规模也越来越大。网民个体是网络评论平台最基础的“把关人”，网民对不良行为容忍度的提高会对建设网络清朗空间形成阻碍。网络评论也常常成为谣言的发源地，因此必须对网络评论进行正确引导。

课题负责人： 王　溥，华中科技大学新闻与信息传播学院教授、博士生导师

课题组成员： 张瑞希，华中科技大学新闻与信息传播学院博士研究生

王　升，华中科技大学新闻与信息传播学院硕士研究生

网络评论：作为社会润滑剂的公共言说

何志武　陈天明

一、引言

随着互联网技术的发展和传媒生态的变革，互联网已经深深嵌入公众的言说、行动、交往之中，密不可分。互联网不再仅仅是一种工具、技术、手段，而是日渐成为海德格尔(Martin Heidegger)笔下的“在世存有”(Being-in-the-world)。网络新闻、网络评论等互联网产品如何与之共存、共生、共荣，已成为时代命题和现实问题。在党的十九大报告中，互联网被八次提及，互联网已经成为治国理政的重要载体。根据 CNNIC 第 46 次《中国互联网络发展状况统计报告》显示，截至 2020 年 6 月，我国网民规模达 9.40 亿，互联网普及率达 67%；我国网络新闻用户规模达 7.29 亿，占网民整体的 77.1%；手机网络新闻用户规模达 7.20 亿，占手机网民的 77.2%。面对大体量的网民群体，以及新闻(评论)接收终端的网络化、移动化，网络评论的风格、定位、功能与价值都需要与时俱进，更新迭代。作为网络新闻的延伸，网络评论成为互联网上信息流动中的“思想之光”，是网络空间舆论的重要“舵手”。在新媒体环境中，网上舆论错综复杂，呈现出碎片化、民粹化、情绪化、两极化等特征，网络评论如何释放效能，让网络空间更加清朗与健康，亟须政府、媒体、学界、社会共同应对。

2020 年 6 月 30 日，中央全面深化改革委员会第十四次会议审议通过了《关于加快推进媒体深度融合发展的指导意见》，会议强调“要加快构建网上网下一体、内宣外宣联动的主流舆论格局”。网络舆论场中，网络评论扮演着举足轻重的角色，主流舆论格局的形成离不开主流网络评论的生成。此外，新闻网站的新闻评论也是外宣和内宣的重要载体和窗口。在新的媒体生态和话语体系中，如何提升网络评论内容生产、表达形式的水平，以及社会参与、舆论引导的效能，成为媒体深度融合发展中新型主流媒体的使命。

本研究立足于新时代网络评论的自身定位，探讨网络评论在媒体变革背景下的价值、功能及其实现路径。本研究以红网《红辣椒评论》为个案进行剖析，同时对其他省级新闻网站的新闻评论栏目进行观照，从横向和纵向上对网络评论的内容、形式、定位、风格等方面进行对比分析，试图为省级新闻网站的评论栏目建设提供启示。

需要指出的是，网络评论有广义和狭义之分。广义上的网络评论，是指在网络空间，公众对社会事件和现象的一种意见表达，包括网络新闻评论、微博评论、网络跟帖、微信留言，等等。狭义上的网络评论，专指网络新闻评论，即专业的新闻采编人员或者是评论员、社会公知、专家学者、评论爱好者等针对某一社会事件、政策、措施、现象进行完整而深刻的阐释和评述。本报告中的网络评论是指广义层面的，即网络评论是网民通过互联网平台对新近发生的新闻事件或社会热点现象等所发表的议论，包括专业性的网络新闻评论和碎片化的网络留言。需要指出的是，在一些章节根据关注点不同，对两个方面的指涉会有所侧重。

二、理念与逻辑：“四全”媒体视域下的网络评论

媒体转型和媒体融合方兴未艾，全媒体的真正旨归如何理解，2019 年 1 月 25 日，习近平总书记在中共中央政治局就全媒体时代和媒体融合发展举行的第十二次集体学习上作了深刻阐释，他高屋建瓴地提出了“四全”媒体的经典论述——全程媒体、全息媒体、全员媒体、全效媒体。作为互联网舆论场域的“清道夫”，面对“四全”媒体的全新格局，网络评论将扮演怎样的角色，成为现实问题和学术命题。

无论是从网络评论的社会功能、媒体角色还是社会价值进行考察，网络评论的核心要义是减少社会的“摩擦”，在异见中寻求共识，在喧闹中找寻理性。网民(公众)是散落在互联网中的节点，他们的连接形成了一种巨大的意

见之网，在节点之间所形成的差序、圈层势必会有纷争和碰撞，如何将其由粗莽的攻讦变成理性的对话，需要网络评论将其润滑，使之变得顺畅。在“四全”媒体的语境下，我们需要用革新的理念去审视网络评论的角色，用全新的逻辑去分析网络评论的运行机制。首先，在“四全”媒体视域下，网络评论不再是一种媒体产品，而是嵌入社会治理的一种方式和中介。其次，网络评论不再是一种静态的存在，而是动态的嵌入，参与社会运作的诸多阶段和方面。由此观之，探讨作为社会润滑剂的网络评论，在全程媒体、全息媒体、全员媒体、全效媒体中的润滑理念和逻辑显得尤为必要。

“四全”媒体不是物质层面的媒体形态，而是新时代媒体运营、管理、生产、传播的一套崭新的理念与路径，是今后一段时期新型主流媒体实践的行动指南和评判框架。目前，学界和业界对“四全”媒体进行了探讨，主要集中在“四全”媒体的概念内涵、媒体融合、体系建构、实践探析、建设对策等方面。根据晚近的研究并结合本课题实际，本研究对“四全”媒体及其视域下网络评论内涵进行了厘清，具体内容见表1。

表1　“四全”媒体的维度、定位、特点及其网络评论

“四全”媒体	维度	定位	特点	“四全”媒体视域下的网络评论
全程媒体	时空维度	前提	全时段 全过程 多方位	网络评论伴随着事件的发生、发展全过程
全息媒体	体验维度	关键	技术先进 形式多样 体验丰富	以内容生动、形态丰富、互动性强、体验性好的方式进行观点生产和智识传播
全员媒体	主体维度	核心	多元参与 多方互动 多向联动	媒体人才、官方人士、网民形成多元共话机制
全效媒体	效能维度	目标	功能多样 效果优化 治理嵌入	从观点生产、舆论引导升级到社会治理参与

第一，全程媒体视域下的网络评论。全程媒体是指媒体对信息(社会事件、新闻资讯、服务信息等)的全时段、全过程、全场域记录、传输、传播。强调媒体的社会伴随性，即无时不在、无处不在。它突出的是时空维度，是实现新型主流媒体的基础。由此，全程媒体视域下的网络评论更强调对社会事件、新闻报道等公众关注的内容进行长时段的跟踪、分析、评点、引导，网络评论伴随着事件的发生、发展全过程，充分展现社会各方的意见。

第二，全息媒体视域下的网络评论。所谓的“全息”，准确而言是指“全息技术”(Holography)，它可以记录和重建与空间相关(Spatially-dependent)的图像，它将三维光学技术运用到摄影、摄像领域，提高人们的视听体验，同时还可用于信息储存、信号处理等方面的软件，以及全息屏幕、全息眼镜等硬件开发之中。① 全息媒体是指借助全息技术改善媒体的内容生产、形式呈现、信息处理、交互效率，从而提升用户观感体验的媒体技术理念。由此，全息媒体视域下的网络评论需要充分发挥全息技术，从传统的“我说你听”的传播模式、以文字为主的表达形式中解脱出来，以内容生动、形态丰富、互动性强、体验性好的方式进行观点生产和智识传播。它突出的是体验维度，是实现新型主流媒体的关键。

第三，全员媒体视域下的网络评论。全员媒体是指“万物皆媒”时代人人都是传播者，人人都可以参与内容的生产、传播、互动、分享。全员媒体是指媒体机构摒除既往单方的生产、单向的流动、单一的参与，改变理念转换方式，充分发挥社交媒体时代的“主体间性”，形成多元平等参与、互动、联动的有机格局。② 由此，全员媒体视域下的网络评论需要发挥媒体层面专业人才的积极性、国家层面官方人士的能动性、社会层面网民的主动性，形成多元共话，从而达成多方共意。它突出的是主体维度，是实现新型主流媒体的核心。

第四，全效媒体视域下的网络评论。全效媒体是指激活媒体机构及其平

① Blinder D, Ahar A, et al. Signal processing challenges for digital holographic video display systems[J]. *Signal Processing-Image Communication*, 2019: 114-130.

② 方提，尹韵公. 习近平的“四全媒体”论探析[J]. 马克思主义研究，2019(10): 116-121.

台的内生动力，从“要我做”的防守型功能定位转向到“我要做”的进攻性市场——社会逻辑，主动满足用户需求、社会需要，充分发挥人才、技术、资源优势，释放社会治理效能的媒体生态逻辑。由此，全效媒体视域下的网络评论需要摆脱传统的观点生产、舆论引导的单一功能定位，将其放在社会治理的框架下进行观照，从民意、民情、民忧中找到切入点，发挥社会治理的效用。它突出的是效能维度，是实现新型主流媒体的目标。

(一)时间维度的润滑：全程媒体的网评角色

互联网成为公众了解世界变化的一个重要窗口，公众不仅需要新闻信息，更需要观点信息。在互联网空间中，不同的意见主体可以发声留言，大家从各自的立场出发发表评论。但是，受到个人人生阅历、知识水平、认识层次、思考深度以及网络空间“三言两语”的碎片化留言等方面的影响，网民对待社会事件的看法难免失之简单、感性甚至极端。碎片化的网络留言很难形成较为深刻的洞见(当然，其中也不乏一些真知灼见)，缺少严密的说理过程和逻辑论证，导致网络空间经常出现“各自为政”“鸡同鸭讲”的现象。情绪化、戏谑化、污名化等现象消解了网民对事件本身的判断和认识，但是这种海量的碎片化表达又具有强大的影响力，形塑了网民对事件的新认识。由此，网络评论需要扮演着专业的角色，发挥不同意见主体的能动性，帮助网民洞悉新闻背后的价值、意义、影响，在事件发生的各个阶段展现专业网络评论的素养，强化对网络空间的意见引导。

第一，热点事件的跟进者。在浩瀚的互联网疆域中，热点事件总是吸附着大量的网民注意，他们对热点事件的关注、追随、讨论总是伴随着事实与情感的杂糅、感性与理性的交织、支持与反对的博弈，等等。在热点事件发生、演进、发酵、消退的过程中，各种声音和观点在其中流动，有深刻的分析评点，也有只言片语的讨论，当然也不乏“键盘侠”式的论战。在信息过载的环境下，网络用户(网民)需要高质量的信息、可见性的观点来拨开笼罩在热点事件上的迷雾，洞见事件背后的内涵、价值及其社会意义。网络评论对热点事件需要保持密切的关注，不断跟进事情的进展，适时发声，为网民“解渴”。首先，倡导相应领域的专家学者对事件进行深入浅出的分析，提出自己的观点和看法；其次，引导热心网民参与评论撰写和互动，提出自己的个人想法和认识，形成多方主体共同跟进、献计献策的良好局面。所谓的全程媒体，是指媒体成为社会运作环节中的全程见证者、参与者、建设者。这种全程参与，使得媒介化治理成为可能，这也是治理能力和治理体系现代化的基础，亦是实现情感润滑的前提。

第二，中心工作的助力者。网络新闻评论不是"隔岸观火"式的臧否，而是"切身实地"的熟虑。网络评论作为一种思想性、建设性的传媒产品，要参与到国家—地方、市民—社会的中心工作中，贡献自己的一份力量。诚然，所谓的助力不是一味地鼓呼、赞誉，围观、警醒、批判也是一种助力。网络评论的作者一般对社会具有较深的认知、理解，在相关领域具有较高的造诣和成就。在很大程度上，他们是社会发展的"民间智囊"。网络评论要在网上汇聚民间的力量，助力中心工作。随着多元价值观的盛行，网上的众多意见难以形成普遍共识，加之网络"新自由主义"思潮的盛行，使得网络空间的民粹化、解构化、去中心化的倾向不断增强，网络评论需要对此保持高度的关注，需要在不同的观点间、不同的立场间、不同的价值判断间求得社会民意的"最大公约数"，润滑各种摩擦，为中心工作凝心聚力，为党委政府干事创业营造积极、理性、透明的舆论空间。例如，舜网评论《众说》在网页的"网眼"位置以图片的形式展示市委、市政府的重大工程——"聚焦新旧动能转换重大工程"，① 充分发挥党政军民学等各个领域的能人志士加入网络评论的队伍中来，发挥各自的专长，群策群力，积极发声，取得了不错的效果。

第三，群众关切的发声者。"从群众中来，到群众中去"这不仅是党密切联系群众的制胜法宝，也是互联网工作的生动写照。群众在网上的声音就是其心声由内而外的映射、表露，他们在网络空间的诉求、建议甚至埋怨、批评都是执政者、管理者、服务者需要吸取的"营养"。由此，网络评论需要将散落在网络空间的群众心声加以收集、整理、分析，以更加完整的论述、评论进行传达反馈，让群众的声音在互联网空间具有"可见性"。为群众代言、为群众发声，这是网络评论的灵魂，也是网络评论具有持续生命力的根基。网络评论社区作为民意汇聚的公共空间，需要让群众参与进来，同时要做群

① http://opinion.e23.cn/index.php? m=content & c=index & a=lists & catid=37.

众的“发声器”和“传声筒”，让群众的心声、诉求和期盼成为网络评论的素材和材料，拉近网络评论和群众的距离。另外，还要激发网民的评论积极性，做到“为自己代言”，通过评论的方式参与其中，说出自己的困惑、说出自己的体会、说出自己的看法。

第四，社会治理的关注者。十九届四中全会鲜明指出了国家治理现代化的方向，媒介参与成为重要的行动方略。《中共中央关于坚持和完善中国特色社会主义制度　推进国家治理体系和治理能力现代化若干重大问题的决定》提出，要建设人人有责、人人尽责、人人享有的社会治理共同体。共同体的形塑和凝结需要媒体勇于担当，网络评论责无旁贷。社会治理作为国家治理体系中的重要一部分，关乎国家治理的成效。在全程媒体的语境下，媒体需要全程关注社会治理的全过程，成为社会治理中的“陪跑员”。网络评论将思想的触角延伸到社会治理的各个角落，让社会治理变得更为透明、公正并经得起全社会检验。随着媒体角色理念和媒体运行逻辑的不断更迭，媒体已经日渐嵌入并驱动着社会治理。网络评论不仅是手段也是目的，在意见生产和传播过程中密切关注社会治理，成为社会治理的重要组成部分。

（二）体验维度的润滑：全息媒体的网评形式

随着媒体技术的持续变革，媒体的生产和传播形式也是多种多样，给人们的体验也各不相同。网络评论需在坚守中通权达变，适应当下和未来的媒体格局和传播环境。首先，从网评的形式上开始突破，因为形式在一定程度上牵涉着内容生产的变革。形式的多样性、体验的丰富性可以使得不同的用户群体找到属于适合自己的表达载体，让尽可能多的网民参与其中，多元的主体和多元的声音得以释放和展示，网络评论的润滑剂角色就可以发挥更大的效用。

文字评论。这是网络评论最重要也是最常见的一种评论形式，诉诸文字的理性表达符合评论文体的思维逻辑，严密的论证和充分的论据使得网络评论具有报纸评论同等的社会价值。加之，网络评论的选题和文字表达相对于报纸评论来说更为丰富和灵动，使得网络评论具有更为鲜明的网络印记。同时，文字评论具有较为成熟的范式和操作规则，不同的评论主体在参与过程中具有很强的主动意识，参与的行动成本相对更低。在全息媒体环境下，文字评论并没有过时，需要在传统上加以创新和改造，使之更为符合当下碎片化、移动化、圈层化、年轻化阅览的趋势。

漫画评论。新闻漫画在我国新闻史上扮演着重要的角色，成为意见表达的“微武器”。① 作为一种示意性图像，新闻漫画(漫画评论)通过形象化的呈现及其视觉隐喻来表情达意,② 契合了“读图时代”的视角转向。对于擅长用漫画或图像的评论作者来说，漫评不失为一种良策。例如舜网的“图评”、齐鲁网的“齐鲁漫评”、中青网的“中青漫评”、江苏新闻网“紫金 e 评 · 漫评”、胶东在线的“漫评画语”等都是以漫画的形式进行呈现，图文结合使得观点在充分表达的同时辅以视觉加持，更符合互联网用户接受的习惯，让网络评论多一份幽默和轻松。漫画通过构图、色彩、标题、修辞等方式来含蓄而艺术性地针砭时弊、激浊扬清，也正是这种表现方式让网络评论增添了灵动，意蕴丰富让人会心一笑，润滑了网民的情绪。

视频评论。随着短视频时代的到来，我们处在“以影像为中介的社会关系网络”之中,③ 人们的视觉接受习惯从图片向影像转换，抖音、快手、微视等短视频 APP 风生水起，圈粉无数。网络评论要融入全息媒体就需要从静态的表达向动态的呈现进行转变。网络视频评论可以使评论可视、可听，变得更加直观、亲切，网络评论得以在更为广阔的网络场域中被接收、被理解。例如，齐鲁网的“齐鲁视评”、大河网的“大河网说”、桂生网评的“视频图说”以及华龙网的“融评 · 小屏论”就是较为典型的视频评论。视频评论辅之以文字，进行融合传播，让评论更加直观和生动。在短视频盛行的当下，网络评论形式需要与时俱进，做到主动融合，拥抱创新。在众多地方门户新闻网站中，北方网的“津云 V 评”的创新更胜一筹，它通过竖屏视频的表现形式进行评论，适配了当下手机终端用户的接受习惯。按照“形式决定内容”这一古希腊的哲学逻辑，视频评论这一形式改变了网络评论的内容生产逻辑，从

① 刘庆传.《漫说快评》：创新党报表达的“微武器”[J]. 新闻战线，2014(4)：92-94.

② 王文利. 新闻漫画的传播优势：形象化的评论[J]. 新闻战线，2003(2)：52-53.

③ [法]居伊 · 德波. 景观社会[M]. 张新木，译. 南京：南京大学出版社，2017：5.

评论的符号、语态、话语等方面进行改造，将其从以文字表达为主的传统桎梏中解放出来。

网络论坛。在 Web2.0 时代，网络论坛成为网民公共讨论的主要场域，诸如“强国论坛”“天涯论坛”等成为网络空间的思想高地和民意广场。随着网络技术的升级，网络论坛逐步被社交平台所取代，网民讨论的空间转移使得网络论坛变得沉寂。但是，根据网络评论的自身定位——公共言说，网络论坛依然是网络评论的重要“伙伴”。在打造全息媒体过程中，网络论坛依旧能够成为重要的讨论空间。只不过，网络论坛建设的理念需要升级，要将网络论坛从民意广场变成民意社区，更加强调它的社区属性和连接功能。例如，大众网的“大众论坛”、红网的“红网论坛”都保持较高的活跃度，成为网络评论的一个重要版块，也是润滑民心、浸润社会的重要载体。

网络问政。随着国家治理的重心下沉，使得基层治理被置于更为突出的位置。基层的治理点多、线长、面广，使得治理起来需要更为多元的民间力量参与进来，与之相应的合作、监督、质询等将会变成常态，通过网络进行的问政也将成为基础治理的一个重要抓手。无论是问责型还是公共协商型的网络问政，其根本的核心在于强化治理的透明度和公共性。例如，华龙网的“重庆网络问政平台”、红网的《问政》都成为网络评论的重要版块，成为网络评论参与社会治理的直接手段之一。例如，第二十七届中国新闻奖一等奖、新闻名专栏红网《红辣椒评论》子栏目《问政湖南》打造了湖南网上群众工作的主平台、主阵地，网民的意见或投诉可以直通省直部门和各地市(州)委书记、市(州)长，并通过“问政动态”进行及时有效回应，形成了良好的问政效果。

(三)主体维度的润滑：全员媒体的网评参与

9 亿多的网民规模，使得互联网成为人们休闲、工作、娱乐、学习的超级公共空间。如何让更多的网民关注或者是参与到网络评论当中，是网络评论发挥效能的前提和基础。网络评论需要在网络和评论这两方面下功夫，充分挖掘其潜力和优势，让参与、互动、联动成为可能，切实让参与的主体感受到网络评论带来的变化。

公众参与。评论的核心是观点的表达和思想的呈现，相对于一般性的文字表达、人际沟通来说，它是一种“高维”媒介产品。但是，区别于报纸评论、广播电视评论，网络评论的参与门槛相对更低，参与的时间成本和知识成本也相对更低，这使得网络评论的公众参与成为可能。这种参与一方面是参与到网络评论的创作和传播当中，另一方面是参与到网络评论的接受和涵化之中，这两方面相得益彰，甚至可以形成有效转换。网络评论需要在公众参与上“引流”，多措并举吸引更多的网民参与进来。例如，华龙网的《青年说》，以大学生、有志青年为核心的言论群体，充分发挥年轻人的新锐思想和家国情怀。中青网评论频道的《大学声》则是以大学生为参与主体的评论栏目，让大学生群体有思想绽放的疆场。苏网评弹的《大家谈》、华声评论的《众说纷纭》、大河网评的《网友放言》、中经网评论的《网言众义》则是让公众参与进来，对自己的所见、所闻、所思、所感发表评论，表达自己的观点和心声。

多元互动。网络评论不是单向、线性的你说我听，应该是彼此言说、同频共振的多元互动。网络的灵魂在于多元主体的平等互动，网络评论需要充分挖掘和利用这种互动，让网络评论在互动中释放情绪。多元互动使得网络评论具有百花齐放的包容性，而不是一枝独秀的独一性。对于多元的理解可以从两个角度去切入，分别是多元的主体和多元的形式。首先，网络空间多元主体参与其中，充分互动，使得网络评论在互动中协商、讨论。多元形式的互动，可以让互动变得更为丰富和深入。例如，东北新闻网《金虎时评》中的“虎头虎脑俱乐部”强化了互动和联系，通过线上社群的建立和维护，加强互动和联系，共同推动该网站的网评繁盛。

官民联动。“老百姓上了网，民意也就上了网。”2016 年 4 月 19 日，习近平总书记在网络安全和信息化工作座谈会上指出，官员要多了解网上的民意，对建设性意见要及时吸纳，对怨气怨言要及时化解。网络评论要成为官员和老百姓互动交流的平台，老百姓可以通过言说的方式表露诉求、释放情感、提出建议，相关部门则可以在其中体察民情、了解民意、反馈沟通。媒介即关系，网络评论在很大程度上也是一种连接关系，在官方和民间建立起肩负社会责任和公共传播的桥梁，为社会的有序运行提供舆论支持。红网《红辣椒评论》的《百姓呼声》版块设置了《投诉举报》《咨询求助》《呼声回音》等栏目，搭建官民沟通、互动的平台，使得网络评论不再是单方面的“吐糟”和“宣泄”，而是作为一种关系的连接，促进社会的秩序化。

（四）效能维度的润滑：全效媒体的网评担当

社会民意汇集。网络空间的民意表达在很大程度上代表了社会民意，①甚至网络民意就是社会民意。② 网络评论利用其“群众关切的发声者”这一角色充分发挥效能，尽可能多地汇集社会民意，畅通民意生产和传播的渠道，成为民意互动的枢纽。社会民意被看见、听见并不可怕，可怕的是民意找不到表达的载体和空间，最终民意终将化约成一种“弱者的反抗”来表达不满，加剧了社会的割裂。区别于微博评论、微信留言等碎片化、民粹化的只言片语（当然，其中不乏一些真知灼见），网络评论更加强调理性表达和协商讨论，对于政府治理者和普通公众来说，其更有社会价值。例如，舜网评论的《杂谈》、红网《红辣椒评论》的《百姓呼声》很好地扮演者“倾听者”的角色，人们的所思、所想、所感、所惑都能在其中找到表达的空间，并且能被其“目标受众”看见、听见，成为问题解决的窗口。

社会情绪纾解。当社会转型走进改革深水区，社会的深层次矛盾和冲突逐渐浮出水面，人们面临的压力和困惑也随之增多，人们的负面情绪和内心积怨也从“幕后”走向“台前”。互联网的普遍使用和社交媒体的盛行，使得社会个体的情绪具有很强的传播特性，由网络建立起来的虚拟链接将个人的情感汇集并成为某个群体的情感，具有很强的舆论威力。网络评论要扮演网络情绪的疏解器，防止网络情绪的极化走向公众情绪的极化，最终从线上的网络情绪演变成现实生活中的社会情绪。这种情绪的纾解并非对负面情绪进行干预、排除、过滤，而是通过网络评论加以引导、润滑，例如，红网《红辣椒评论》的《幽默一刀》通过漫评的形式，将作者困惑、感想以一种图像化、幽默化的方式去表达，在呈现个人观点的同时，也很好地缓解了自己和他人

① 韩妹．网络民意会越来越代表社会民意［N］．中国青年报，2010-04-01(7)．

② 陆士华．网络民意就是社会民意［J］．民主，2009(7)：52．

的情绪。而红网《红辣椒评论》的《辣言辣语》则是建立在理性的批判和新锐的观点基础上的一种评论形态，巧妙地实现了从感性情绪的释放向理性观点表达的转向。因此，网络评论要及时掌握网络空间的情绪走向，针对社会公众所困、所惑、所恼的现象、政策、措施，进行富有针对性的解释、沟通和互动。同时，还要为网民提供、创造情绪释放的载体和空间，让其以合理公允的形式进行表达。

社会治理嵌入。网络评论作为社会的润滑剂，在促进个人观点的理性表达、公共讨论的线上生成以及社会情绪的纾解化瘀等方面发挥着重要作用。除此之外，网络评论如何嵌入社会治理，释放社会治理的效能，是实现全效媒体的重要面向。譬如，《天府评论》的《天府问计》、《红辣椒评论》的《问政湖南》就很好地嵌入到社会的治理过程之中。网络问政作为媒介化治理的一个重要手段，在很大程度上促进了党员干部通过网络进行理政的水平，由互联网链接的问政和理政改变了传统社会治理的格局、思维和效率。① 由此观之，创新网络评论理念和逻辑，可以很好地将其嵌入社会治理的环节，甚至成为社会治理的一种工具、技术和手段。

三、何以必须：作为社会润滑剂的网络评论

近年来，网络民粹主义的盛行导致网络舆论场变得喧嚣和杂乱，重情绪、轻事实，多激辩、少对话的现象所带来的网络语言暴力大行其道。随着自媒体的急剧发展，人人都有麦克风，人们在喊出自己声音的同时也夹杂着情绪和偏见。纵观网络舆论场，粗鄙的语言和情绪化的表达远多于理性的对话、分析和讨论。如何破解网络空间的“茧房”，如何消融网络情绪的“极化”，如何在不同的舆论场、话语场中进行“润滑”成为现实所需。

网络评论兼具网络之包容、自由以及评论之理性、深刻之特色，凭借自己的个性特点和独特优势在网络舆论场中发挥着不可替代的作用。在当前复杂多变的舆论环境中，互联网领域比任何时候都需要网络评论的参与，作为社会润滑剂的网络评论能在不同的话语场域润泽人心、滋养社会。

① 赵志磊. 党员干部如何做好“网络理政”[J]. 人民论坛，2019(24)：214-215.

(一)融合与弥合：两个舆论场间的润滑

所谓两个舆论场，是指以党报、广播、电视为传播主体的官方舆论场和以社交网络媒体为传播主体的民间舆论场。随着新型主流媒体在互联网领域话语权和影响力的提升，所谓官方舆论场和民间舆论场的界限日臻消融，这得益于新型主流媒体强化互联网思维、创新话语表达赢得了更多的拥趸。但是，需要清醒地认识到，两个舆论场之间依然存在着一定的间隙和错位，仍需旷日持久的磨合。在其磨合的过程中网络评论可加以润滑，使它们在融合中不断弥合。

尽管绝大多数的传统官方媒体都开设了社交媒体账号，例如微信公众号、新浪官方微博、抖音号等，但其与民间舆论场仍存在一定的疏离。① 官方舆论场的发声主体是各级党报、广播、电视等，在话语内容上依旧带有较为浓厚的“政治”色彩和“宣传”意识，使得网民在一定程度上“敬而远之”。民间舆论场则表现为轻松、多元、包容的特点。网络评论具有很强的阈限性(Liminality)。阈限，是文化人类学的概念，人类学家阿诺尔德·范根纳普(Arnold van Gennep)认为，阈限性特指一个仪式的中间阶段具有的模糊和不确定性，即一种居间的状态/仪式(Liminal rites)。② 窃以为，网络评论同样具有阈限性，它是官方舆论场和民间舆论场之间的一种状态，兼具两者身上的一些特质，它可以很好地在两种状态间进行转换和调适，在其中润滑两个舆论场，充分利用其具有的阈限性巧妙地融合两个舆论场，减少两者间的隔阂与摩擦。

诚然，两个舆论场的融合不是彼此妥协、迁就，而是站在对方的立场和角色去思考，多一份互动、包容和理解，在以“人民为中心”的基础上相互融合。首先，是传播主体的融合。无论是官方舆论场还是民间舆论场的网络评论，需要在传播主体上融合，即需要吸纳更多的民间力量参与网络评论的创造和传播之中。例如，红网《红辣椒评论》的《作者文集》、《东方评论》的《网

① 文新良.“两个舆论场”的融合路径探析[J]. 新闻界，2018(7)：82-86.

② Gennep A, Vizedom M, Caffee G, Kertzer D. *The rites of passage*[M]. Chicago: The University of Chicago Press, 1960: 11-13.

友文集》、《天府评论》的《作者文集》等充分发挥民间“智库”的力量，强化两个舆论场观点生产的融合。其次，是创作理念的融合。官方舆论场网络评论的创作理念更多是强调自上而下的宏大叙述、国家意识，而民间舆论场更加青睐接地气、讲人情、百姓视角的话语体系。应通过传播主体的融合和创作理念的融合，对官方舆论场和民间舆论场的裂隙进行弥合，使之变得我中有你，你中有我，甚至我就是你，你就是我。

（二）诉说与对话：民间话语场内的润滑

随着价值取向的多元化，即便在同一个舆论场中也具有很强的异质性，面对同一事件、现象，呈现的声音也不尽相同，往往会出现态度的分化甚至极化。随着网络意见的圈层化趋势，民间话语中依然存在着割据甚至撕裂现象，随之而来的网络语言暴力成为民间话语场中的“杀手”，理性的表达与对话往往被情绪化的宣泄和排他性的攻击所替代。减少民间话语场的戾气和攻讦，需要合理地加以引导、规范和润滑。相对于其他的媒体产品，网络评论在网民心中具有天然的“亲近性”，在网民心中具有更低的“排斥性”，网民愿意接受并吸收其中的观点信息。网络评论要润滑民间话语场中的摩擦，需要鼓励并引导网民进行有效表达，在诉说和对话中强化情感共鸣，不断提升网民的媒介素养。

网民思想的自我表达。常言道，高手在民间，在互联网的话语场中不乏真知灼见。网络评论需要吸纳民间话语场中的言说和思想，并将其作为评论创作的背景和素材。同时，网民可以直接参与到网络评论的创作和传播中去，将自己的思想以更加规范、完整的论述形式加以呈现。例如，红网《红辣椒评论》的宣传语旗帜鲜明地写道，“用一面看不见的网络旗帜集聚思想大军”，让天下之才为我所用。需指出的是，表达是形成对话的前提，为思考者提供言论的载体和空间是网络评论的使命所系，也是网络评论润滑民心的要旨。

网民情感的表露与共情。老百姓对现实生活的接触和感知最为真切，他们由心而发的言论总是能引起一部分网民们的共鸣。网民本质上就是线上的“老百姓”，他们现实生活中的情绪、情感随着上网行为的进行都会被带进网络空间。他们在网上的情感表露使得线下情感观测的离散性、不可见性变得可见、可感、可知，他们在互联网空间的情感表达，通过诉说和对话的形式来促进彼此内心的共情，这可以使得他们不再感觉形单影只，而是一个情感共同体的存在。然而，这种情感的表达不是简单的情感发泄甚至网络谩骂，而是有理有节的观点表达。网络评论，通过文字评论、网络论坛、网络问政等形式将其加以实现。譬如，大众网《敢当时评》的标语是“针时弊、关痛痒、讲真话、敢担当”，它在很大程度上就扮演了网民的“知心人”角色，网民从内心愿意去关注它、相信它、依靠它。针时弊，让网评找到了老百姓关注的问题所在；关痛痒，体现了网论的真诚和力量；讲真话，才能唤起网民内心的共鸣与情感能量；敢担当，体现了网络评论的社会责任和媒体使命。

网民媒介素养的共进。相对于广义上的网络评论来说，狭义的网络评论更为理性、完整并富有建设性。通过网络评论，网民在表达诉求、表露情感、公共对话的过程中，实现了个体情感满足和社会互动，同时也促进了网民媒介素养的共进。民间话语场的调和，不只是对网络话语本身进行改造和过滤，关键在于对理性表达载体和理性表达范式的确定，这样才能从根本上提升网民网上表达的媒介素养，为和谐、清朗、理性的民间话语场培养更多的“思想者”而非“键盘侠”。在此方面，《舜网评论》和《东方网评论》的实践值得借鉴。《舜网评论》的《众说》凭借“独乐乐不如众乐乐，于纷纭中见真知”，让网民参与到社会热点事件的讨论中，在共同的讨论和对话中深化对社会的洞见，提高思辨力。《东方网评论》中的《角度》，通过设置话题，让不同观点和立场的“甲方”与“乙方”参与讨论和辩论，形成互动和对话。网站通过议题设置，引导网民参与理性辩论，达到“真理越辩越明，道理越讲越清”的好效果。

（三）连接与和洽：网上与网下的润滑

“现实静悄悄，网上乱糟糟”“现实无话可说，网上无话不说”的现象在一定程度上反映了网上和网下舆论形成的一定错位甚至反差，这将导致人们在拟态环境和现实环境之间游走不定，无法形塑对社会稳定的认知。网上网下“两重天”的现象，一方面反映出网络成为人们发表观点的重要场所，网络有助于人们的情感宣泄和内心表达；另外一方面反映出，网上和网下的人格不一定重合，人们的认识、行为在网上与现实之间存在不一致、不协调。2016年4月19日，习近平总书记在网络安全和信息化工作座谈会上强调，网上网下要形成同心圆。只有把网上和网下进行有效连接和整合，拉回到同一个轴心上，才能实现协同发展。

有研究表明，通过整合个体在网络与现实中的认知与行为，能促进个体的自我发展，人际交往与心理、社会功能的发挥。① 网络评论凭借网络的"黏合性"和评论的"思想性"，在整合网络和现实两个话语场中发挥着连接与和洽的作用。网络和现实的割离，在很大程度上是由于人们在网上碎片化、情绪化、短暂性的讨论和发泄并没有深刻而彻底地改变他们的固有成见和价值取向，甚至固化了他们的偏见与狭隘。网络评论通过通俗新锐的评论、充分互动的论坛以及参与政务互动的问政使得网上的讨论和参与变得更有理、有序、有节、有效。

人们对世界的认识从来都不是单一而固化的，声音的多元化、意见的差异性才使得周遭世界变得丰富多彩，让不同的声音和意见在理性的框架中得到表达是实现网上网下意见和洽的重要基础。但是，搭建好网上表达的理性框架，是防止网上讨论和言说走向情绪化、民粹化的关键。研究发现，网上与网下社群的意见日趋圈子化，② 随着圈子化的加剧，观点信息的茧房效应不断凸显，从而使得网民的观点、情绪走向极化。网络评论的政治性、开放性、思想性在一定程度上可以消解圈子化所带来的茧房效应，使得网上网下的意见和讨论更具包容性和开放性。

四、何以实现：平台、仪式与共同体建构

（一）平台搭建：网络媒体的公共性回归

随着互联网公共领域多元主体的平等参与，传统媒体时代自上而下、线性流动的格局被打破，公众对媒体的依赖开始减弱，转向寻求对媒体化平台

① 林小燕. 网络与现实整合理论的构建、测量与验证[D]. 福州大学，2014：1-5.
② 文新良. "两个舆论场"的融合路径探析[J]. 新闻界，2018(7)：82-86.

的拥护，如今日头条、一点资讯、微信、微博等。究其原因，媒体化平台充分释放了其公共性红利，为公众参与公共生活提供了一种替代性空间，公众通过媒体化平台进行发声，并实现对公共生活中的多元参与，实现了从传媒公共性到平台公共性追求的跨越。① 因此，网络评论要实现公共性回归，关键是要为公众参与公共生活搭建发声、互动并具有社会属性的平台。

首先，搭建民意释放的平台。在现实生活中，人们将心里话往往跟自己熟知并信任的人分享，在媒介化的社会当中，人们也需要在网络空间找到一个属于自己的内心“栖息地”来作为表露心声的对象和载体，实现情感的释放和观点的表达。在当前的互联网场域中，可以发表评论和观点空间的平台处处皆是，然而，真正充满理性和建设性的平台却寥寥无几。碎片化、发泄式的评论使得人们的情绪得到释放，但是往往会使得网络空间成为“情绪的垃圾场”，人们吐槽完转身离去，看似丢下了自己的情绪“包袱”，却无法逃离低质量言论空间所带来的情绪纷扰。网络空间亟须高质量的言论平台，为民意的有效释放提供空间。网络评论要顺势而上，打造有温度、有深度、有思想的平台，为高质量的民意释放和社会互动提供支持。例如，舜网的评论版块就取名《众说》，鲜明地将其定位为以公众参与为特色的言论空间；大众网中大众论坛的《直通民意》就是汇集网民的诉求和建议，相关涉及部门和企业进行回应，将处理和协商的结果进行反馈公示；红网《红辣椒评论》的《杂感随笔》则是打造一个表达生活感悟和情感交流的平台。无论是目的取向的言论平台，抑或情感润滑取向的言论平台，都能很好地嵌入人们的日常生活之中，成为现实生活的延伸空间。

其次，搭建议题设置的平台。言论平台不仅仅是打造一个物理概念的网络社区，更重要的是创造一种具有内在驱动力的言论生态。概言之，网络评论所搭建的平台要有自主议题设置的能力。如若只是提供一个物理意义上的网页，不仅无法实现诉说、表露、对话的效果，反而会成为负面情绪的“策源地”。只有主动设置议题或是话题征集，对接热点话题、中心工作、百姓关切、社会治理等，才能让讨论变得有标靶、有重点、有意义。网络评论一

① 张志安，谭晓倩. 互联网平台公共性的构成维度及现实挑战[J]. 新闻与写作，2020(5)：74-81.

旦失去议题设置主动权，则容易被碎片化、离散化的讨论内容带偏，从而失去舆论引导的主动权。广西新闻网《桂生网评》中的“编辑策划”“重点推荐”就很好地进行了议题设置，吸引了网民的关注和参与。大众网中的《敢当话题》，将每日的热点话题，单独开辟版块让网民参与讨论。东方网的《角度》、胶东在线的《话题·思辨交锋》，通过设置具有一定争议性的话题，让网民参与讨论、互动，强化对议题的设置。中青网评论频道的《今日话题》，每日一话题、天天有讨论，吸引网友参与互动。

最后，搭建资源整合的平台。对于媒体网站来说，尤其是地方重点新闻门户网站，拥有很强的政府资源和社会资源。网络评论要充分发挥门户网站的资源优势并将其整合，成为重要的参与主体，与网民形成有效互动。例如，红网《红辣椒评论》将政务和问政链接其中，很好地将政府资源纳入其中，为网上理政助力。在媒体资源整合方面，《红辣椒评论》的《媒体言论》、《东方网评论》的《媒体评弹》整合了其他权威媒体的优秀评论，他山之石，为我所用，使得网站的新闻评论的包容性更强，增强了网站评论内容的宽度和深度。

(二)仪式展演：新媒体用户的行为范式

仪式，不仅仅是一种具体的事件场景，也是一种行为表现方式。① 网民的上网行为也有仪式的维度，网民发展出共同的关注焦点，在互动中形成情感连接和社会交往。② 网民网络评论的创作和观点接受就是一种确定身份、获取知识、共享意义的仪式过程，本质上也是某种仪式展演。③

在线书写的个体叙事。上文提到，引导网民参与网络评论的获取、创作与传播，是实现其效果最大化的前提。强化网络评论平台的黏性，既能让网民看过来，更要留下来、写出来。人们生活中的所思所感、所困所惑，通过网上书写，在实现个人叙事的过程中，实现了情感的表达，而这正是网络评

① 张兵娟. 日常生活的仪式与共同体的价值建构——从《舌尖上的中国》谈饮食文化的传播意义[J]. 新闻爱好者，2013(10)：15-18.

② [美]兰德尔·柯林斯. 互动仪式链[M]. 林聚任，等，译. 北京：商务印书馆，2012：79.

③ 刘国强. 作为互动仪式的网络空间集体行动[J]. 国际新闻界，2016(11)：114-128.

论实现社会润滑的要旨。例如红网、东方网评论栏目中为网友建立个人评论文集，将作者在该平台上发表的评论进行汇总集结，记录其在线的个体叙事和观点表达。对作者作品的汇集实现了从个体仪式到平台仪式的升级，让网民的仪式参与变得被重视、认可、凸显。

虚拟交往的社会互动。在网络评论社区中，至少存在两种形式的线上社会互动。第一，是基于评论文本的封闭式互动，即在网络新闻评论下开辟留言评论区，让网民参与其中并形成网民与作者、网民与网民之间的互动。纵观地方门户网站的评论版块，很少开设新闻评论下方的留言互动区。网络新闻评论并非是不可置喙的真理，看待问题的视角和个体差异使得人们的认识会有所不同，网民参与网络新闻评论的互动讨论，才能发挥媒介本身的极大优势——包容、互动。第二，是基于论坛形式的开放式互动。论坛是众多网络评论的一种形式，极大强化了网民之间的互动。红网“红辣椒评论互动平台”打造了包括都市生活、情感阵营、休闲娱乐、高校论坛等方面的论坛空间。论坛上的参与和互动在很大程度上强化了参与主体之间的情感连接，而这正是柯林斯所指的互动仪式中最为关键的因素。

（三）共同体建构：媒介化社会治理的要义

“社会治理”概念在党的十八届三中全会被首次提出，党的十九届四中全会对其作了全面深刻的论述，社会治理上升为国家战略。党的十九届四中全会指出，要着力完善党委领导、政府负责、民主协商、社会协同、公众参与、法治保障、科技支撑的社会治理体系，建设人人有责、人人尽责、人人享有的社会治理共同体。加之，随着媒介对社会各个方面的渗入和嵌套，社会治理呈现出媒介化特征。在媒介化社会治理过程中，在网络空间中建设社会治理共同体，逐步强化网民的国家意志与社会共识，其对现实社会的治理显得格外有意义。①

著名社会学家斐迪南·滕尼斯在其著作《共同体与社会——纯粹社会学的基本概念》中指出，共同体本质上是一种关系，即拥有共同事物的特质和

① 杜骏飞. 全面小康建设中的网络社会治理共同体［N］. 中国社会科学报，2020-03-27(4).

相同身份与特点的感觉的群体关系，是建立在自然的基础之上的群体(家庭、宗族)里实现的，人们在其中“休戚与共，同甘共苦”。① 鲍曼认为，共同体是一种让人感受到安全、快乐、舒适的温馨地方，人们在这种社会归属的空间中可以“彼此信任、互相依赖”。② 区别与前两者的社会学、人类学视角，本尼迪克特·安德森则从公共性的视角对共同体进行了“社会想象”，他重构了一种基于“社会想象”的共同体所形成的公共领域，从而将视线聚焦于由共同议题所联系的讨论空间。③ 由此观之，网络空间的共同体正是网络讨论空间(具体来说，即网络评论空间)中具有社会归属感的群体关系，他们围绕共同关注的议题、情感、利益进行讨论、互动，形成共识。毋庸置疑，这种网络空间的共同体建构为媒介化治理提供了智力保障。

网络评论空间共同体的基础是网民多元主体的参与、互动。实现网络评论社区的活跃度和参与度，是其形成影响力的前提，无论是作为创作的主体还是作为阅听的受众，网民通过多种形式参与其中，使得网络评论有了人气。网络评论不只是网络新闻评论，它所包含的论坛、问政等形式的评论是吸引网民参与的重要空间。网络评论需要在做好网络新闻评论的参与、互动上做好文章，更要在论坛、问政等社区的引导和管理上下足功夫，多措并举，让网民愿参与、可参与、乐参与。

网络评论空间共同体的价值在于对线上舆论进行引导。在新媒体时代，网络对社会各个方面的渗入日趋普遍，网络评论对社会治理具有自己的独特功能，其中主要价值之一就是舆论的引导。譬如，《天府评论》的《核心作者》《新闻观察员》形成了较为典型的共同体特质，其通过高频次的深入参与，形成了网络评论社区的“智识”共同体，在舆论引导上具有更大的能量，毕竟，个体的力量是渺小的，但是形成共同体之后，其在网络社区中所产生的影响力远大于每个个体相加之和。网络评论共同体的另一重大价值在于对社会事

① ［德］斐迪南·滕尼斯. 共同体与社会——纯粹社会学的基本概念［M］. 林荣远，译. 北京：商务印书馆，1999：52-95.

② ［英］齐格蒙特·鲍曼. 共同体：在一个不确定的世界中寻找安全［M］. 欧阳景根，译. 南京：江苏人民出版社，2003：2-4.

③ 许鑫. 媒介公共性与公共领域研究：议题、进路与出路——基于文献回顾和研究现状的反思［J］. 深圳大学学报(人文社会科学版)，2014(3)：141-148.

务、社会治理的参与。网络评论不只是"纸上谈兵"，而是将其智识效能转变为现实的影响力，即通过网络论坛、网络问政等形式参与其中，推动社会治理的改进和完善。例如，红网《红辣椒评论》的互动论坛中，微社区版块有生活、城市、综合等分类，网民很好地参与到社会治理的过程中。其中，从生活分类中的"一路同行"、城市分类中的"永州一家人"、综合分类中的"赤脚记者"等内容来看，其均具有明显的共同体特质。

五、何以可能：红网《红辣椒评论》的实践考察

红网网站于2001年5月30日正式开通，当年12月11日，经湖南省编办批准成为省委宣传部直属事业单位。红网开通三周年之际，于2004年5月29日，全新推出《红辣椒评论》栏目。开通16年来，红网多年位列中国地方新闻网站影响力第一名，全国新闻网站综合影响力前十强，全球排名前500位。① 红网多次荣获"中国最具品牌影响力传媒网站"，先后有8件作品荣获中国新闻奖，其中红网的网络评论栏目《红辣椒评论》获得第十七届中国新闻奖新闻名专栏一等奖，并获得"中国网站品牌栏目奖""首届中国新锐媒体评论大奖"等奖项。② 概言之，无论是网站本身还是其网络评论栏目，在省级新闻门户网站中它们都值得被瞩目和研究。因此，本报告关注的研究对象——红网《红辣椒评论》就具有很强的典型性和参考价值。本研究采用网络爬虫技术，爬梳《红辣椒评论》的相关内容，通过定量和定性相结合的研究方法，对其"润滑"实践进行考察，力求为地方新闻门户网站的网络评论栏目建设提供启示。

红网《红辣椒评论》共有12个版块，包括《马上评论》《辣言辣语》《谈经论证》《社会纵议》等(图1)。根据网站特色，本研究选取《马上评论》《辣言辣语》《杂感随笔》三个版块包括"红辣椒评论互动平台"的评论内容作为研究样本。由于该网站每个版块只能显示前10页的评论内容，因此，在爬取评论内容过程中秉着"能爬尽爬"的原则对其显示的内容进行全部抓取。最后从《红

① http://www.rednet.cn/aboutus/.

② https://hlj.rednet.cn/.

辣椒评论》中抓取到从 2019 年 2 月 3 日到 2020 年 5 月 23 日的网络新闻评论，共计 1301 篇，142. 9 万字，其中《马上评论》499 篇，56. 6 万字；《辣言辣语》487 篇，47. 1 万字；《杂感随笔》315 篇，39. 2 万字。

图 1　红网《红辣椒评论》网站部分截图

(一)底色、特色与成色：《红辣椒评论》的润滑基础

1. 底色突出：姓网又姓湘

作为网络评论栏目，《红辣椒评论》充分利用了互联网媒介的相对优势，相对于报纸评论、广播电视评论来说，它具有明显的互联网特性。

首先，具有广泛的参与性。《红辣椒评论》不仅有自己的专业评论队伍，更重要的是充分发挥网友的参与积极性，让有评论创作的有志之士参与进来。经过多年的深耕，它形成了核心作者群，知名作者遍布全国 28 个省(自治区、直辖市)，达 931 人，并为他们建立了个人线上评论文集。

其次，具有很强的互动性。《红辣椒评论》栏目开辟了“红辣椒评论互动平台”，让网民在其中进行互动交流，从平台的发帖和互动情况来看，该平台的互动具有很强的活跃度。网民在其中可以充分地交流互动，无论是观点、情感还是感悟都可以找到倾听互动的对象，这在很大程度上起到了情感润滑与情感粘连的作用。

再次，具有很强的时效性。《红辣椒评论》最为醒目的栏目应数《马上评论》，其主要是针对近期发生的社会热点事件发表最新的网络评论，抢占观点市场的先机。例如，5 月 18 日《半月谈》报道了学校老师要求学生除了上网课之外另需提交各类“作品、成果”的现象，《马上评论》版块当天就有作者针对此现象发表评论——《技术化、套路化作业，是一种“伪高大上”》；再如，在五四青年节当天，《马上评论》就对火遍全网的《后浪》视频进行了及时的评论——《“后浪”逐梦，我辈青年注定是“豪横”一代》。评论与新闻同步、评论与事件同步，大大强化了评论的时效性，让网民在获取信息的同时，也能获取观点。

最后，具有很强的丰富性。相对于其他媒介，网络具有巨大的储存空间，不受版面或者时段的限制，可以做到对优质内容的聚合集成。《红辣椒评论》的《媒体言论》将当日全国主流新闻媒体的优质评论文章进行转载或者是摘编，将“他山之石”进行汇聚，让网友通过《媒体言论》尽知当天的主要评论观点和思想，节省了网民对观点信息搜寻的时间成本。另外，丰富性还体现在评论的形态和主题上。《红辣椒评论》包括常见的文字评论，还有图片评论《幽默一刀》；除了对社会热点事件、公共政策的理性评论之外，还有网民情感叙事的感性表露——《杂感随笔》；评论涉及的对象可谓包罗万象，有政经领域的深刻洞见——《谈经论证》，有文教领域的深入评析——《文体娱教》，有社会生活的深度解惑——《社会纵议》，等等。笔者对 1301 篇新闻评论文本进行梳理后发现，湖南之外的评论内容远远高于湖南本地的内容，如图 2。其中，《马上评论》仅有 10 篇评论与湖南本地相关，占其总数 499 篇的 2%；《辣言辣语》仅有 5 篇评论与湖南本地相关，占其总数 487 篇的 1%；《杂感随笔》仅有 8 篇评论与湖南本地相关，占其总数 315 篇的 2.5%，总体观之，这三个版块的评论内容，与湖南相关的内容仅占 1.8%，鲜明地体现了全民参与、全国关注、全面出击的开放视野。

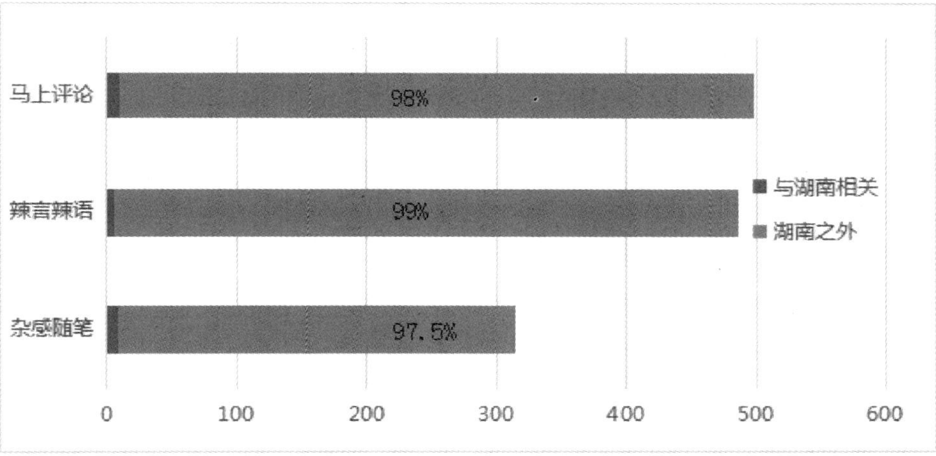

图 2 《红辣椒评论》三个版块评论内容所涉地域对比图

《红辣椒评论》不仅有互联网的共性特色，更有深耕湖南本土的个性特色。作为湖南省委、省政府重点新闻网站和综合网站，无论是从它的政治属性、地缘属性还是差异化竞争来讲，其必须要有地方特色、湖南“风味”，为当地的经济社会文化发展献策出力。

在《红辣椒评论》栏目中，最具有湖南底色的要数“红辣椒评论互动平台”，湖南当地人以及湖南籍在外工作的人在其中进行交流互动，在自己感兴趣的子栏目中正言直谏，关注家乡发展。“红辣椒评论互动平台”共设置有 11 个栏目，包括《城市论坛》《都市生活》《爱心家园》等，其下包括《美丽湖南》《谈房论市》《家长里短》等 93 个子栏目，见表 2。

表 2 “红辣椒评论互动平台”子栏目设置概况

红辣椒论坛	城市论坛	文化艺术	图片摄影	爱心家园	高校论坛	都市生活	交通论坛	情感阵营	红网车友会	休闲娱乐
时势广场	三湘四水	散文随笔	图说天下	活动干线	我的大学	上班族	铁路论坛	情感交流	车友集中营	篮球运动
时评人家	长沙	湖湘文化	摄影俱乐部	爱心呼吁	校媒联盟	亲亲宝贝	长沙交通	游子家园	自驾出游	热点视频

续表

红辣椒论坛	城市论坛	文化艺术	图片摄影	爱心家园	高校论坛	都市生活	交通论坛	情感阵营	红网车友会	休闲娱乐
法治湖南	株洲	小说天地	边走边拍	义工之家	国防科技大学	娱乐八卦	城市公交	人到中年	长沙 K3 俱乐部	电脑爱好者
网事直通车	湘潭	传统文化	唯美视觉		中南大学	美食茶道	安全论坛	家长里短		乒乓飞扬
献策湖南	衡阳	现代诗歌			湖南大学	兰花俱乐部				音乐世界
爱晚论坛	岳阳	红网文友会			湖南师范大学	消费部落				游戏世界
军事纵横	益阳	红网读书会			湘潭大学	谈房论市				天下足球
自然探索	常德				湖南农业大学	旅游休闲				爱宠俱乐部
媒体论坛	邵阳				长沙理工大学	装修家居				
农业论坛	娄底				中南林业科技大学	谈婚论嫁				
组工人事	永州				湖南中医药大学	教育培训				
辟谣平台	郴州				湖南科技大学	大众健康				
我在现场	怀化				南华大学	女性论坛				
LIVE	湘西					互联网金融				

续表

红辣椒论坛	城市论坛	文化艺术	图片摄影	爱心家园	高校论坛	都市生活	交通论坛	情感阵营	红网车友会	休闲娱乐
	张家界									
	京沪江浙									
	粤港澳台									
	美丽湖南									

为进一步深入研究《红辣椒评论》互动的内容，笔者对红网论坛《导读·最新热门》栏目下的评论内容进行抓取，共获得555篇论坛帖子。根据论坛帖子的查看数进行降序排列，选取查看数前20位的帖子进行深入分析，见表3。

表3　红网论坛最新热门帖子中前20位帖子信息

标题	版块/群组	作者	查看数	回复数	发帖时间
专题丨拥抱小康 2020—2020 全国两会	时势广场	管理员赵鸿颖	10532631	185	2020/5/20
这个农民工网红，凭实力走进人民大会堂	三湘四水	罗胖有花	5176480	216	2020/5/21
聚焦“非常”时期的“非常”两会，邀你为国计民生建言献策	时势广场	网事民声	3544238	366	2020/5/18
常益长高铁上，焊接声、切割声、锤打声奏响了“交通复工交响曲”	湖湘文化	梦越芳园	350227	137	2020/5/22
为长沙市开福区民生工程“城市驿站”叫好	长沙	长沙犟牛	326050	7	2020/5/22

续表

标题	版块/群组	作者	查看数	回复数	发帖时间
寻找魂归故里的“中国辛德勒”	湖湘文化	长沙犟牛	157472	44	2020/5/20
图片见证繁华——张家界溪布街[原创]	散文随笔	若云	147628	116	2020/5/22
【征文148】巷子口的手工粉店，十多年了生意还这么好！（散文）	小说天地	王排	130187	92	2020/5/22
“六一”要来了，献给儿童的节日礼物	湖湘文化	牛眼看麻阳	112622	94	2020/5/25
湖南浏阳有个田螺小镇：来到这里，我瞬间穿越回到了童年！	散文随笔	穹宇蓝酽	111057	33	2020/5/5
首届“九和杯”《追忆峥嵘岁月，传承革命精神》纪念建党99周年“庆七一”征文大赛启事	爱晚论坛	王排	66686	80	2020/5/14
【整治交通顽疾】行人红灯强行过，车辆绿灯难行！我要不要“礼让”？	邵阳	冰封解冻	51136	40	2020/5/17
中铁二院土建一院赴南衡高铁沿线政府交流对接	三湘四水	centralcity	47525	546	2020/5/15
你怎么看？人大代表建议：各地应把禁放烟花爆竹改为限放	时势广场	圆桌奇事	41837	71	2020/5/25
【征文127】贺志坤丨老阙勇追梦，带富一方人（纪实散文）	小说天地	hzkaaa	33032	37	2020/5/20
看懂依法治国！	衡阳	江友杰	25383	115	2020/4/23
支持非遗传承　文人下乡采风	传统文化	一土	23086	80	2020/5/10
两会话题丨成绩属个人隐私不公布，学生笑了，家长哭了	三湘四水	谁像雾像雨又像风	20420	40	2020/5/25
开放李达中学北门，解决上学难问题。	永州	家长心声2020	20302	101	2020/4/17
爽约的妙招	益阳	千万别失信	20075	43	2020/4/25

地方话题的凸显。根据对前20位帖子的主题进行分类，我们发现帖子主要集中于《红辣椒论坛》《城市论坛》《文化艺术》三个论坛，分别占比20%、40%、40%（图3）。具体内容涉及时事政治、复工复产、地方文化、日常生活等。网民在其中既能了解目前的国内外大事，又能深入了解发生在身边的当地事。网民的发帖，为参与浏览和留言的网友提供了本土的话题，大家在其中表达观点，互相讨论。如在《整治交通顽疾：行人红灯强行过，车辆绿灯难行！我要不要“礼让”?》这条帖子里，网友在评论区进行理性的留言、互动和转发，强化了对身边事、家乡事的关注。

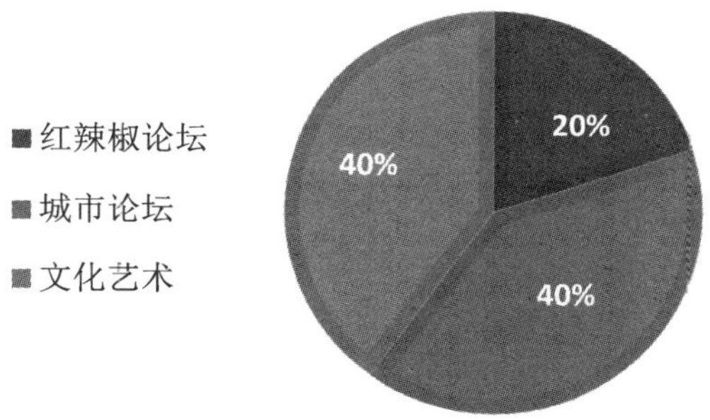

图3　前20位帖子主题的版块占比

司机、行人相互尊重各自权利，提高通行效率，保障交通安全。（冰封解冻）

一阵风的管理是没有作用的。（邵阳老酒）

人民广场东大路东塔小学红绿灯行人横道口，笔者多次拍到行人闯红灯强行过马路与车“争道”场景，令人揪心！路面交协警与劝导员不见一个身影！邵东的三轮摩托车抢道、闯红灯、违章，长期以来祸害全城（qazwsx1288）

素质问题！违规者的素质有待提升。而公民素质的提升，不是一朝一夕能实现的。所谓十年树木，百年树人。（檀江游子）

老弱者，行动相对迟缓。许多情况下一位老年人在绿灯情况下进入斑马线，由于行动迟缓，过了一半道绿灯改为红灯了。你车辆不让，让

其停在路中央等第二次绿灯再继续过道，客观么？（秦桑1）

作为监督的手段。在地方特色方面，帖子还表现在对地方问题的曝光和监督上，此时的互动平台扮演着“地方留言板”的角色。在媒介化治理的社会，通过网络媒介参与治理是一种常态，也是形成人人参与、人人共建、人人共享格局的前提。网络论坛的合理监督，能够有效促进地方权力在阳光下运行，使得地方治理经得起群众的检验和监督。在“红辣椒评论互动平台”上，一些帖子通过自我“赋权”，作为监督手段以引起网民，尤其是本地网民和官员的注意，发出自己的声音，表达自己的诉求(如下面6个帖子)。网民在围观、互动和留言中形成对帖子的高度关注，帖子达到一定舆情指数后，则通过线上的网民监督转化为线下的官民沟通、协调和处置。这种网上监督在很大程度上为线上线下的治理联动配合提供了动力。

《岳阳市经开区土地储备中心的领导在没有任何手续，没有任何通知的情况下强拆我的公司》(18873094521)

《二广高速永州段有一帮拦路打劫的“绿林好汉”》(peter_ hu)

《实名举报岳阳南湖新区龙山管理处选择性和报复性拆迁》(捉鬼的钟馗)

《无良奸商侵吞七旬老人土地面积280余平米》(xiaozhou11)

《第一现场——雁峰区巷荫岭银泰花苑九栋市民投诉安置房长期粪便污水横流》(hzmt)

《华容县委、县政府：风景名胜区、水源保护地怎么能建别墅!》(仙鹅寺)

为家乡献言建策。关注家乡发展也是体现地方化特色的一个重要方面。本地网民通过在互动平台上发帖聚焦家乡的大事小事，在提升本地网民的家乡“主人翁”意识的同时，也为家乡的建设出谋划策。例如，以下帖子既有关注家乡发展大局的大事，如“城市驿站”“五贵高铁”，也有关于老百姓身边的小事，如“修建驾考中心”。

《为长沙市开福区民生工程“城市驿站”叫好》(长沙犟牛)

《讨论：洪江高新区如何做大做强?》(洪江小蚂蚁)

《讨论广清永高铁线路走向选择的分析框架》(laserwow)

《强烈建议：在冷水滩修建驾考中心》(1998hxz)

《永清广铁路路线走向个人之愚见》(潇湘潜龍)

《若错失“荆澧常”，常德或将再失“武贵高铁”!》(本会员中心)

2. 特色鲜明：很红又很辣

正如其名，《红辣椒评论》的特色非常鲜明，即红与辣。所谓红，是指评论的选题瞄准国家大政方针，倡导主流价值观。所谓辣，是指观点新锐、语言犀利。

以“红”展现网评的坚定政治立场。网络评论是网络空间思想舆论的“压舱石”，能够启迪网民的心智，提升对社会的认识和理解；强化舆论引导，提升网络空间的思想凝聚。因此，网络评论员需要坚定的政治立场，才能书写出具有国家情怀、以人民为中心的真知灼见，才能推动网络空间和现实生活并行致远。《红辣椒评论》牢牢把握这根“红线”，在互联网场域发挥着重要的心智启迪、舆论引导作用。《红辣椒评论》的《地评线》版块则表现得最为突出。它主要是聚焦时事热点、国家宏观政策措施。例如，《制度之光照亮复兴之路》《答好疫情防控“加试题”，跑出小康加速度》《患难见真情，诠释出中非深厚友谊》《英勇拼搏，凝聚起武汉重启的强大合力》《把安全生产当成“天大的事”来抓》，等等，通过对国家的宏观政策和措施进行聚焦评析，让网民关注国家政策动态、了解社会前沿、深化对社会的认识。另外，《地评线》版块倡导主流价值观、弘扬社会主旋律的评论让网络空间的舆论更加积极、健康、清朗。如《“领导满意”的本意就是“群众满意”》《以青春之我书写“不懈奋斗”时代新篇》《劳动照亮社会，无私温暖人心》《“党员捐款”慰英雄是“最暖旋律”》等旗帜鲜明地表露了核心观点和立场，对网络空间的负面价值观进行“拨乱反正”。

以“辣”凸显网评的新锐犀利。《红辣椒评论》的《辣言辣语》最能体现其“辣”的特色。首先，体现为话题之“辣”，话题尖锐，击中网民内心。网络评论的话题往往是时下公众关注的话题，且是在传统媒体评论上较少涉及的话题，这使得网络评论能够在选题上更受网民的青睐。例如，《高速公路“救援生意”，该收摊了》《未成年人打赏可退还，抓住了主要矛盾吗》等评论所涉及的话题是时下公众较为关注的社会热点，评论一针见血地指出问题的症结，并提出自己的思考。

随着高额救援费用被社会关注，很多地方都实施了“明码标价”。似乎“明码标价”是公平的，而实际上这种公平也是“表面上的公平”，在高速公路这个特殊的地方，“明码标价”不过是“待宰羔羊”的无奈，表面上看能够“明码标价”，能够“讨价还价”，而实际上车主根本就没有选择权。而且，因为价格高谈不拢的问题，还导致了事故车辆拖曳的延迟，影响了高速公路的畅通，甚至还会导致“二次事故”的发生。

——摘自《高速公路“救援生意”，该收摊了》

如果家长尽到了及时教育的责任，事先就告诉孩子赚钱不易，不可以为主播出钱打赏，或者注重家庭财产安全，不告诉孩子银行卡密码，想必是不会一而再再而三地发生这样的事件。所以，归根到底还是家长监管不力和孩子金钱意识淡薄的问题，要想根治，从孩子和家长的主观原因出发会更加有效。

——摘自《未成年人打赏可退还，抓住了主要矛盾吗》

其次，表现为语言之“辣”，语言犀利，尽显平民风范。《辣言辣语》的语言风格特色明显，是其形成品牌风格的基础。评论在语言上体现出了网络语言的简练、口语化、尖锐化特色，使得评论读起来多了一份辣味和活力。四平八稳、旁征博引式的文字固然能够道出深刻的道理，但是也衰减了人们阅读的兴趣和体验。尖锐但不失理性、直接但不失智慧的语言风格少了一份高高在上的说教，多了一份平等相待的亲切，这也是网络评论相较于其他形式评论的优势之所在。《辣言辣语》做到了并一以贯之，形成了自己独特的语言风格。例如，《“一人乱扔垃圾追责全栋居民”有伤公平正义》《熄掉官员直播带货热中的“虚火”》这两则评论的语言不绕弯子、直叙胸臆，尖锐而深刻地指出问题之所在。

"一人乱扔垃圾追责全栋居民"的规定很"垃圾"。发现"乱丢垃圾的人"是监管部门的责任，如何发现"乱丢垃圾的人"是监管部门该思考的，而不是把自己的责任强加给其他居民。可以提倡大家监督"乱丢垃圾的人"，但不能让他们为"乱丢垃圾的人"买单。

——摘自《"一人乱扔垃圾追责全栋居民"有伤公平正义》

官员直播带货热中的"虚火"，来自面子工程思维，试图用轰轰烈烈的形式代替扎扎实实地做实事，属于典型的形式主义。这与官员直播带货的初衷背道而驰，需要熄掉这些直播带货中华而不实的"虚火"，让官员直播带货成为实实在在的为民惠民之举。

——摘自《熄掉官员直播带货热中的"虚火"》

3. 成色彰显：能专又能广

栏目设置的专与广。《红辣椒评论》在栏目设置上，一方面在版块垂直内容生产上做到了专注、专深，一个版块对某一个领域进行深入的耕耘。例如，《谈经论政》版块是对经济和政治选题进行深入聚焦，《文体娱教》则是对文化、体育、娱乐、教育四个方面的话题进行整合。通过不同栏目的设置，将不同的选题评论进行分类汇集，做到某一个领域观点内容生产的垂直化、精细化、专业化，避免了评论内容的繁杂导致观点信息的冗余。受众可以根据自己的兴趣，在不同的版块中留言。在做到栏目设置的专业性之外，《红辣椒评论》的栏目类型又很广博，涉及 12 个版块和一个"红辣椒评论互动平台"。其中，"红辣椒评论互动平台"包含 11 个版块。因此，与公众生活相关的"衣食住行、业教保医"在其中都能找到相关的观点信息。

评论内容的专与广。《红辣椒评论》的主要内容聚焦在《谈经论政》《文体娱教》两个版块，通过对这几个领域进行深耕，强化自己的专业性。在做到内容专业性之外，《红辣椒评论》在内容的丰富性上也下足功夫。《红辣椒评论》的评论作者很大一部分是网民，即网站的核心作者，他们是《红辣椒评论》观点生产的关键，《红辣椒评论》广揽天下评论之英才共同为网站提供智力支持。除了广纳贤才之外，《红辣椒评论》还善于整合利用媒体资源，《媒体言论》广泛搜集各大主流新闻媒体的新闻评论，博采众长，化解了内容生产不能自给自足的困境，同时又为受众提供了更多元的选择。不仅有传统意义上的新闻评论，还有情感随笔、论坛留言，大大丰富了评论的内容，使得网络评论的参与门槛变得更低，能让更多的人以更多的方式参与内容的创作、吸收和传播过程之中。

（二）《红辣椒评论》的平台、仪式与共同体建构

1. 平台搭建：迈向公共空间的润滑

《红辣椒评论》为参与的用户提供了一个智识汲取、民意释放、情感交流、诉求表达的公共空间，正如红网论坛所言，打造“湖南人的情感家园、民意集散地”。用户以“网民”的身份参与其中，不曾谋面却为着相似的目标“聚”在一起。

民意释放的平台。区别于一般的网络评论栏目只提供网络新闻评论，《红辣椒评论》还提供了民意、情感释放的平台，使不同价值观、不同立场的人得以心挂平台，在其中表情达意、抒怀阔论。《杂感随笔》以及互动平台上的《情感论坛》成为网友畅谈生活趣事、逸事、烦心事、开心事的基地。《红辣椒论坛》《城市论坛》则为网民提供了民意表达、监督问政的载体，网民在其中反映不良现象、不公待遇等，实现个体诉求、意愿、建议的表达。

议题设置的平台。《红辣椒评论》通过《马上评论》《地评线》等版块，设置各种评论议题，使得网民值得关心、应该关注、核心关切的议题得到呈现和凸显。议题的设置在一定程度上发挥着网络评论的引导力，将网民的注意力集中到社会发展有意义的事情上，避免陷入对零碎琐事的偏执纠缠之中，使得网络民粹主义盛行。例如，《把握“三对关系”，做到“危中见机”》《“人民至上”是战胜任何艰难险阻的力量源泉》《决战脱贫攻坚，要“做细”不能“做戏”》等聚焦国家与社会的重大议题，发挥网络评论的“智库”作用，提升网络评论的政治站位、思想站位。

资源整合的平台。《红辣椒评论》通过自己的影响力，根据评论栏目建设的需要，在人才资源、媒体资源、社会资源、政务资源方面进行了有效的整

合。在人才资源方面，《红辣椒评论》鼓励全国各地的评论写作爱好者、高校教师、高校学生等人才参与评论的创作。同时，利用网站举办的“全国大学生评论之星选拔赛”等赛事挖掘评论人才，开展合作。在媒体资源方面，《红辣椒评论》与人民时评、新华时评、新浪评论、东方评论等中央、省市的著名网络评论栏目开展合作，在内容生产、传播上形成合作，整合优势资源，提高网站的综合竞争力。在社会资源方面，“红辣椒评论互动平台”活跃用户基本是以湖南为主的网民，强化群众基础，丰富互动平台的内容生产，将社会资源有序整合，实现网民的自助、互助，在实现网民个人目标达成的基础上，实现了网站社会资源的有效整合，提升了社会影响力。在政务资源方面，《红辣椒评论》将《问政》《呼声》《政务》等栏目嵌入其中，有效整合了红网的政务资源，实现网络评论和网上问政的联动。

2. 仪式展演：创作、社区与互动

我创作，我快乐。无论是《红辣椒评论》子版块的新闻评论创作，抑或是“红辣椒评论互动平台”的发帖留言，都是网友在其中的一种参与活动。红网的评论栏目之所以取得如此多的参与主体和如此高活跃度，离不开网民在其中获得的创作成就感。不管是论证严谨的新闻评论、轻松幽默的漫画评论，还是发乎内心的论坛发言，都实现了观点的表达与传播、情感的流露与交流、诉求的表露与回应。这种基于创作的仪式展演，让网民获得了自我内心的沉淀、升华与启迪。《红辣椒评论》充分利用自己的“群众基础”，网民也在其中实现了自我价值和社会价值，互利互惠，共同进步。

社区里记录与叙事。在“红辣椒评论互动平台”上，《移动社区》和《微社区》可以实现网民掌上操作，通过手机客户端，随时随地发布信息、记录点滴、表达感想，在社区中进行在线书写和个人叙事。区别于微博、微信的社交平台，“红辣椒评论互动平台”参与的主体是湖南当地人，是一种基于地缘性的网络社区，更加凸显了个人与地方的联系，是一种基于强关系和弱关系之间的一种平衡关系连接，既没有微博平台弱关系带来的社交虚化，也没有微信朋友圈强关系带来的社交倦怠。

在互动中交往。线上的交往行为就是一种仪式，网民在其中获得事实信息和意见信息的传递。在“红辣椒评论互动平台”上，每条帖子下面留言评论区几乎都有网友留言互动，少则几条，多则数百条、上千条。这样基于地缘性的网络社区互动，使得线上虚拟交往多了一些现实基础。无论是观点的交流还是诉求的回应，网民在互动中强化了彼此的交往，不再是各自言说、自说自话。

3. 共同体建构：作者、网友与“湘”里“湘”亲

“我们是作者”。《红辣椒评论》建立了属于自己的合作作者群，为栏目提供持续的内容生产。栏目为活跃的作者建立了“文集”，形成作者个人的线上文化资产，强化了作者的身份认同和集体归属感。“我”不再是一个网络评论创作的“游牧民”，而是持续深耕的“主人”，这种创作共同体的建构，有利于形成平台与个体的黏性，强化个体对平台的向心力。

“我们是网友”。“红辣椒评论互动平台”中的《移动社区》开设《网友说》版块，网友可以通过随手拍、随手记的方式“说”出自己的身边事，大家在《网友说》社群中形成对话和互动，获知身边正在发生的事。区别于全国性的公共社交平台，《网友说》打造的是本土化的社群，注册的网友大部分是本地人。另外，在《移动社区》中，网友可以在《专栏》版块创建属于自己的“空间”，网友可以记录自己生活的点点滴滴，使其成为自己的移动“小窝”，网友间可以互访，增进了解和互动。

“我们是湖南人”。红网作为湖南当地权威主流新闻门户网站，具有很强的影响力和吸附力。无论是“红辣椒评论互动平台”还是《问政湖南》《论道湖南》都成为“湖南人的情感家园、民意集散地”，尤其是在“红辣椒评论互动平台”的《城市论坛》版块，其下还设有各个地市州的子版块，细化的分类使得交流、互动更具有亲近感和贴近性。其中《爱心家园》版块，下设《活动干线》《爱心呼吁》《义工之家》三个子版块，主要发布当地的一些爱心活动信息，目的是加强邻里互助、爱心帮扶和志愿服务。正是这种版块的设置、议题的引导使得参与的主体有着强烈的主人翁意识——“我们都是湖南人”，参与进来的人都是身边人、家乡人。

六、讨论与启示

网络评论不是生硬的劝说，亦不是高高在上的指点，而是平等、润物细无声的思想滋润、对话交流、协商互动，公众的迷茫、焦虑、彷徨在其中能够得到有效缓解和消释，为公众理性认识社会、了解社会、走进社会提供思想武器。理性的网络评论，作为一种网络空间的公共言说，润滑人心、浸润社会。

“天地之大，黎元为先。”网络评论的本质是一种为公众发声、为公众提供智识的公共言说。只有心中装有人民，让人民参与其中，才能创作出人民喜爱、人民拥护的评论，这样的评论才具有持久的生命力。在新闻信息过载、优质观点信息稀缺的网络舆论空间中，网络评论的使命和舞台都空前巨大。为公众提供有深度、有情怀、有品质、有个性的评论是网络评论发展之所需，亦是公众洞见社会之所需，更是时代发展之所需。

网络评论作为地方门户网站的重要栏目，对于网络评论的提升和创新需要基于网站本身的特色和优势进行整体把握。正如“皮之不存，毛将焉附”，网站本身影响力是网站评论影响力的基础和前提，需要用整体—部分的思维去思考对网络评论的创新。简言之，不能头痛医头、脚痛医脚，要整体观之。

随着技术对传媒生态的深刻影响，以及传播格局的重新组合，网络评论要适时跟进时代的潮流，在坚守中创新，走出一条适合自身特色的品牌之路。首先，要改善网络评论的用户体验。互联网思维强调用户体验，网民并非简单意义上的受众，他们是传媒产品的消费者、媒体技术的使用者，因此如何提升用户使用、参与的体验关乎用户是否愿意为网络评论“买单”，应通过丰富网络评论的内容形态、创新话语表达、改善界面操作等提高用户的使用兴趣。其次，要强化网络评论人才队伍的建设。“人才是第一资源”，评论作者素养的优劣决定了评论作品质量的高低。网络评论需要充分发挥和利用网络媒介的优势，广纳英才，实现内容生产的社会化，加强对教师、大学生、杰出青年、名人学者等人才资源的挖掘、利用。再次，要强化传播渠道的融合。在全媒体的环境下，网络评论不仅仅是通过单一的渠道进行传播，而是借力多种媒体资源进行整合传播，提高曝光率、抵达率。最后，提升网站的品牌特色。网络评论早已不是新兴之物，形成自己的个性、风格从而形塑网站的品牌特色至关重要。网站的网络评论栏目需要根据自身的条件，因地制宜、差异竞争、持续深耕，形成独树一帜的品牌特色，方能在众多的竞争者中脱颖而出。

课题负责人：何志武，华中科技大学新闻与信息传播学院教授、博士生导师

课题组成员：陈天明，华中科技大学新闻与信息传播学院博士研究生

网络评论群众工作机制创新研究

刘 洁 等

一、中国共产党新闻评论群众路线的实践传统

群众路线是中国共产党对马克思主义关于人民群众是社会主体和历史创造者理论做出的创新和重大发展。①中国共产党新闻评论群众路线的工作机制在经历了建党初期的提出与形成、社会主义建设时期的发展和挫折、改革开放新时期的进展和提升后，评论开始被视为一份报纸的灵魂和旗帜，是媒体编辑方针和办报思想的集中体现。② 本文以中国共产党新闻评论中一直践行的群众路线工作机制为主要内容，回溯 1921 年建党以来党的新闻媒介如何呈现“一切为了群众，一切依靠群众，从群众中来，到群众中去”的哲学命题和使命担当。

（一）中国共产党新闻评论群众路线工作机制的理论和实践起点

在建党初期，为了更好地宣传党的纲领和路线，党的第二次全国代表大会讨论了党报问题，提出党的一切运动都必须深入到广大的群众里面去，③决定出版发行党的政治机关报——《向导》。作为一份周报，从 1922 年 9 月出版到 1927 年 7 月停刊，《向导》每期都会刊发或长或短的评论文章，分析时事，集中宣传阐释反帝反封建的民主革命纲领和以国共合作为中心的统一战线策略。中国共产党新闻评论在这种宣传动员的社会环境中总结联系群众的经验，

① 许耀桐. 关于党的群众路线形成和发展的认识[J]. 理论探索，2013(4)：5.

② 赵振宇. 新闻评论通论[M]. 北京：清华大学出版社，2014：22.

③ 中共中央文件选集(第 1 册)[M]. 北京：中共中央党校出版社，1989：90.

标示了当时的政治变动和思想萌芽。

明确提出“群众路线”概念是在土地革命战争期间。1928年，党的第六次全国代表大会制定的《政治决议案》明确指出：“党的总路线是争取群众。”①早在20世纪20年代，陈独秀、李大钊等一批受到共产主义精神影响的知识分子就已经开始通过《新青年》动员广大群众，宣传民主与科学。作为当时颇负盛名的革命民主主义的论坛和阵地，《新青年》言论不仅带有强烈的政治色彩，充满战斗激情，同时和新思想结合在一起。1917年2月1日，《新青年》发表的《文学革命论》是掀起白话文运动的宣言书，主张以革新文学作为革新政治、改造社会之途。1918年，陈独秀和李大钊联合创办了小型政治周报《每周评论》，撰写了许多紧密结合政治事态、通俗易懂的“随感录”，如1919年7月6日针对“热炒”袁世凯称帝，《每周评论》发表《最危险的东西》，文章寥寥55个字，凸显“特殊国情”的危害。②《新青年》《每周评论》等刊物把宣传共产主义的新闻评论带入一个全新阶段，将思想与政治结合在一起，评论坚持用白话文创作，和群众打成一片，通俗易懂，深入人心。

抗日战争时期中国共产党的新闻评论开始真正走向成熟。在以毛泽东为核心的党中央到达陕北后，为动员群众反抗地方军阀和国民党军队的封锁和包围，在建立抗日战争统一战线的过程中团结群众壮大革命队伍和武装力量，党中央提出了“从群众中来，到群众中去”的行动指南。以延安《解放日报》和重庆《新华日报》为代表，党报的新闻评论工作在群众工作方面不断创新。

延安《解放日报》于1941年5月16日创刊，发刊词由毛泽东亲自执笔，其开宗明义：“本报之使命为何？团结全国人民战胜日本帝国主义一语以尽之。这是中国共产党的总路线，也就是本报的使命。”③仅第三天，就刊发《请看今日之域中，竟是谁家之天下？》的社论，指出世界是人民的世界，只有人民才能正确回复这个问题。1942年延安开展整风运动，《解放日报》宣布改版，这也是中国共产党报刊史上的一件大事。同年4月1日，《解放日报》

① 中共中央文件选集(第4册)[M]. 北京：中共中央党校出版社，1989：314.

② 王振业，胡平. 新闻评论写作教程[M]. 北京：中国广播电视大学出版社，2001：91.

③ 中国社会科学院新闻研究所. 中国共产党新闻工作文件汇编[M]. 北京：新华出版社，1980：18.

社论发表了经毛泽东修改的《致读者》，该社论明确指出：“党报所必须具备的品性：党性、群众性、战斗性和组织性。”①社论选题侧重点开始向整风运动、国内抗日战争等问题偏移，紧密结合党的中心工作，发表了《质问国民党》《游击区也能够进行生产》《请重庆看罗马》等多篇毛泽东亲自撰写的社论。

1938 年 1 月创办于汉口、当年 10 月迁至重庆的《新华日报》，是国统区宣传革命的一面旗帜，新闻评论集中于宣传中共抗日主张和揭露国民党内战阴谋，动员群众开展顽强斗争。②皖南事变发生后，1941 年 1 月 18 日《新华日报》刊出周恩来的题词和诗：“为江南死国难者志哀”和“千古奇冤，江南一叶。同室操戈，相煎何急!?”向国民党当局提出严正抗议。后《新华日报》宣布改版，1942 年 5 月 23 日刊发《敬告本报读者——请予本报以全面的批评》的社论，明确“团结抗战的号角，人民大众的喉舌”是创刊以来一直努力的目标。③

在抗日战争胜利之后，中国共产党面对的政治形势已经发生了骤然变化，与国民党在意识形态上的“争民主”成为斗争的主要方向和主题。各大报纸纷纷在这一时期开辟专门的《读者来信》专栏，密切关注社会发生的问题，围绕广大群众日常活动和意见进行各种评论的撰写。同时，为团结社会进步人士，中国共产党将根据地的“群众”转换为“人民”，要求党报将根据地的党报理论外化为一套全国民众都可以接受的统战话语，以处理党报与其他民主进步报纸的关系。1945 年 10 月 1 日《新华日报》刊发社论《人民的报纸》，开篇写道：“本刊创刊 8 年来，一贯的(原文如此)以人民的报纸为方针，为努力目标”，指明今后也要一直成为“真正属于人民，为了人民的报纸”。④此后，《新华日报》刊载了一系列评论文章，如《我们是人民的勤务员》《坚持真理与为民服

① 王砾珠. 延安整风时期《新华日报》改版研究[M]. 武汉：中南财经政法大学出版社，2019：6.

② 王兴华，孙劲松，王从波. 新闻评论教程[M]. 北京：北京师范大学出版社，2016：23.

③ 顾勇华，陈洁. 中国新闻评论名篇选析[M]. 南京：河海大学出版社，1990：112.

④ 中国社会科学院新闻研究所. 中国共产党新闻工作文件汇编》(上)[M]. 北京：新华出版社，1980：97.

务》《人民的旗子》等，较全面集中地阐释了中国共产党在解放战争时期以群众路线为工作机制的主导思想。

“评论是报纸的灵魂，是报纸的主要声音”，① 群众路线工作机制是在中国共产党的“实践观”基础上总结出的理论阐释，也是新闻评论从业人员的精神导向，新闻评论群众路线工作机制在建党初期就已经形成。

(二)中国共产党新闻评论群众路线在社会主义建设时期的发展和挫折

新中国成立后，中国共产党把延安时期发展成熟的新闻评论群众路线工作机制推广到全国，范围不再只局限于一个地区。文化素养较高的城市居民长期生活在不同的政治制度中，对群众路线的工作机制缺乏认同感，共产党在接管各大城市之后，明确地把城市小资产阶级和民族资产阶级作为团结统战的重要对象，要求党报尽可能团结其他进步报纸，形成了“以党报为核心，多种人民报纸并存”的报业结构，目的是以新闻媒介为阵地团结更广泛的社会阶层。

这一时期，新闻报刊评论紧密配合党和国家的重要决策和行动，宣传经济建设，宣传抗美援朝、保家卫国，宣传国民经济恢复过程中的各项社会改造运动，宣传过渡时期的“总路线”和五年计划，宣传整风运动和反右斗争，宣传“大跃进”运动等。尤其是经济评论，以《人民日报》社论为例，宣传了当时经济工作中的重大问题，如《为什么要统一国家财政经济工作》《税收在国家工作中的作用》《读1956年国家预算报告》等。这些评论并没有说教的意味，而是寓专业性知识于浅显的解释、议论之中，使用读者易于理解和接受的语言来进行传播。

20世纪50年代，思想文化界掀起了对电影《武训传》的批判、对《红楼梦》研究和胡适思想的批判、对胡风思想和胡风反革命集团的批判，报刊也以新闻评论的形式展开，如1951年5月20日《人民日报》刊发社论《应当重视电影〈武训传〉的讨论》，由此形成的负面效果也非常大。②与此同时，受到

① 胡文龙，秦桂，涂光晋. 新闻评论教程[M]. 北京：中国人民大学出版社，1998：215.

② 廖艳君. 新闻评论[M]. 北京：清华大学出版社，2010：50.

自 1957 年开始的“左”倾思想的影响，此时的报刊言论出现了不少“左”的偏差，撰写了一系列脱离实际的口号型文章。庆幸这时候仍有清醒的声音存在，如《人民日报》1956 年 9 月 1 日发表的社论《不要蛮干》，及时提醒群众在宝成铁路建设中不能蛮干，发挥了社论应有的作用，是当时难得的清醒之作。①

“文化大革命”时期，报刊纷纷停刊，新闻评论大大减少，取而代之的是“文革报”“红卫兵报”“战斗报”等众多小报，且这些小报多归属于某派别，多刊发有利于自己一方的语录和首长讲话等。这时候最具权威的媒体是“两报一刊”，两报一刊的社论、编辑部文章也就成了最具权威的新闻评论形式，被全国各地的重要报刊全文转载。

由上可知，在中国共产党开启全面执政的时代后，结合社会主义建设中的经验，我党新闻评论对群众路线工作机制的认识和应用，达到了全新的境界。但不幸的是，20 世纪 50 年代后期“左”倾思想的兴起，新闻评论群众路线一方面在继续有所发展的同时，另一方面也成为发动和开展“文化大革命”的舆论工具。

(三)中国共产党新闻评论群众路线在改革开放新时期的进展和提升

粉碎“四人帮”和“文化大革命”的结束，使我国迎来了改革开放的新时期。城市的长期封闭状态被打破，我国经历了大规模的快速城镇化时期。据国家统计局 2019 年 8 月 15 日发布的新中国成立 70 周年经济社会发展成就系列报告显示，我国常住人口城镇化率由 1978 年的 17.92% 升至 2019 年的 60.60%。②同时，党的十一届三中全会对群众路线提出了三个重要论断：一是要给予群众路线充分的恢复和发扬；二是强调新时期发展群众路线的重点就在于发展民主；三是发展群众路线是实现新时期总任务的根本保证。③

① 程世寿. 典型新闻评论选析[M]. 武汉：华中理工大学出版社，1988：133.

② 国家统计局. 人口普查城镇化率 2019 年度报表，https://data.stats.gov.cn/index.htm.

③ 十一届三中全会以来重要文献选编(上)[M]. 北京：人民出版社，1982：13-14.

十一届三中全会之后，中国共产党报刊新闻评论的思想解冻也开始奏效。1978年5月11日，《光明日报》发表特约评论员文章《实践是检验真理的唯一标准》，打破了当时禁锢人们思想的“两个凡是”，引起社会各方面的强烈反响，发文第二天就被《人民日报》《解放军报》以及《解放日报》等媒体全文转载，引发了一场具有深远意义的大讨论。之后，特约评论员文章的形式被新闻媒体广泛采用，1978年6月24日《解放军报》发表的《马克思主义的一个最基本的原则》、1979年10月20日《人民日报》发表的《要弄清社会主义的生产目的》、1981年4月20日《解放军报》发表的《四项基本原则不容违反》，都是特约评论员文章。

思想解放运动使新闻评论恢复了实事求是的传统，由为政治服务，回归为为社会服务。① 1980年6月15日，《人民日报》发表《再也不要干“西水东调”式的蠢事了》，文字朴素实在，感情真切，代表了新时代批评式评论平和化的发展方向。② 20世纪80年代的新闻评论，林放（原名赵超构）的《未晚谈》栏目值得关注。自1943年成都《新民报》晚刊和1946年上海《新民晚报》创刊后，林放就一直持续着《未晚谈》及其他评论栏目的撰写工作，名篇众多，如1982年3月29日发表于《新民晚报》的《江东弟子今犹在》被全国多家报纸转载，短短七八百字，明快浅显、铿锵有力。

随着改革开放的持续推进和新闻业的长足发展，社会经济生活越来越活跃，大批以多样化信息服务为目的的媒体出现，机关报一统天下的格局被科技报、晚报、专业报等打破。新闻评论的题材范围也相应扩大，内容涉及政治、经济和法律等诸多方面。如《人民日报》1980年在头版开辟了《今日谈》言论专栏，《中国青年报》的《求实篇》、《羊城晚报》的《街谈巷议》等名牌言论栏目纷纷设立，全国新闻评论的格局发生了显著变化。③

尤其在党的第十四次全国代表大会正式提出“建立社会主义市场经济”后，我国社会主义建设进入了一个新的发展时期。人们思想观念的开放与更新为传媒发展、新闻评论的改革解除了束缚，新闻媒体开始推行“事业单位，

① 姜淮超. 新闻评论教程[M]. 北京：中国政法大学出版社，2003：26.

② 廖艳君. 新闻评论[M]. 北京：清华大学出版社，2010：61.

③ 殷俊，杨金秀. 改革开放30年与新闻评论发展[J]. 新闻知识，2008(11)：19.

企业化管理"的经营方针，传媒大众化浪潮的兴起为新闻评论群众路线的践行创造了新的机会，一元化的单向传播模式逐步被打破。20 世纪 90 年代，报业掀起了一股大众化的浪潮，1998 年以《中国青年报》的《冰点时评》为标志，专栏评论进入风格化、品牌化的阶段，成为在日益激烈的新闻竞争中报纸得以立足的重要资本，新闻评论逐步成为成就报纸影响力不可或缺的武器。机关报的评论以发挥指导性为基础，除了社论和本报评论员文章，党委机关报还有很多篇幅短小、文风活泼的言论专栏。都市报的评论以平民化、通俗化取胜，语言生动活泼，文风平易近人。评论的品种在原有基础上也得到增多，特别是 2002 年《南方都市报》开创了我国报纸设立评论专版的先例，掀起了中国报纸设立时评专版的热潮，①许多思想活跃、观点新颖的新闻评论大量出现，发挥着舆论先导的作用。

随着我国经济体制的转轨和城市化的日益推进，报业在 20 世纪 90 年代后期开始遭遇生存危机。《新华日报》在坚持党报立场的基础上，努力实现"三贴近"原则，提升自身的竞争力；《人民日报》从 1997 年 1 月 1 日起创办网络版，注重内容的服务性、趣味性，民生法治、社会民生等题材得到拓展，这也是第一家中央级主流媒体试水网络，后发展为报网互动的典型案例。②

进入 21 世纪以来，工业化和城市化的快速发展推动着中国从传统的城乡二元结构向现代社会结构转变，不同的社会阶层和利益群体产生着不同的利益诉求。另外，媒介竞争新格局已经形成，互联网和移动终端成为人们分享信息和社会交往的主要平台。新闻评论欲获得良好的发展，必须了解群众特征、研究群众心理，通过改版创新内容和形式，满足群众的多元需求，这也是以人民为中心发展新理念的要求。

（四）小结

从新闻评论群众路线工作机制的历史回溯来看，其发展经历了多次转型，

① 王兴华，孙劲松，王从波. 新闻评论教程[M]. 北京：北京师范大学出版社，2016：27.

② 殷俊. 媒介新闻评论学[M]. 成都：四川大学出版社，2005：439.

前期主要是政策推动，中期是市场驱动，而后期则是新技术推动。

在延安，中国共产党对于大众的表述主要以“群众性”的话语形式出现，与根据地的语言风格相对应。解放战争时期到新中国成立后，为团结广大进步人士，新闻评论中多把“群众性”转换为“人民性”。话语的替换并不能看做仅仅是不同环境下的词语更替问题，① 同步的其实是“群众”生活环境和生存空间的改变。1949 年 3 月党的七届二中全会确立“从现在起，开始了由乡村到城市并由城市领导乡村的时期，党的工作中心由乡村转向了城市”，这时期，新闻评论重点放在了国民经济恢复过程中的各项社会改造运动。1978 年后，农村体制和城市体制改革相继推出，农民朋友大量进城务工，新型小城镇大量涌现，新闻评论随着城市化推进呈现出党报、都市报和行业报并重的三种格局：与政治相关的新闻评论主要集中在党报党刊上，而经济新闻评论主要集中在经济类报刊上，法制类新闻评论集中在法制类报刊上。②

可以说，中国共产党新闻评论群众路线的工作机制无论在理论层面还是实践层面，走的都是一条思想与表达共生协进的道路，一方面，新闻评论发展史作为社会思想发展史的反映，折射出各种政治势力和社会思潮的折冲樽俎，以新闻评论为阵地的意见传递推动着社会发展的步伐。另一方面，群众路线的工作机制一直存在于新闻评论价值理念之中，面向社会广大群众进行精神生产，塑造“公共空间”和“想象的共同体”，回应群众关注的普遍性问题，解答群众思想中迫切需要回答的疑惑，通过新闻评论的窗口搭建起了人与人、人与社会之间的连接桥梁。

二、网络媒介意见资本和意见产品对群众的赋权与创造性重建

随着社会和新兴媒介不断发展，单纯事实性信息已经无法满足人们的认知需求，带有情绪和观点的意见产品越发受到媒体工作者的重视。意见表达

① 龙伟，董佳琦.“人民报纸”的起点、话语衍变与历史实践(1942—1953)[J]. 国际新闻界，2009(8)：98.

② 姜怀超. 新闻评论教程[M]. 北京：中国政法大学出版社，2003：71.

平台的日益开放和评论主体的逐渐泛化，所带来的不仅是媒体在表达形式上的多样化探索，更是社会意见资本的重新分配。

（一）网络媒介重构群众意见交换关系网络

信息需求是人们的基本需求，人们通过媒介所传递的信息不仅仅是对事实的传播，更包括观点和意见的表达。媒介意见产品即是传播主体通过各种传播媒介进行思想和观点传播的产物。

互联网技术的勃兴推动了网络新闻评论的发展。网络媒介打破了传统媒介传播形式单一的局面，使传播主体能够利用文字、链接、图片、影音等手段，发表宣传性、意见性的主体化信息。①多元的传播形式不仅为意见表达提供了更多选择，也提高了意见表达的效率。新闻工作者可以充分利用多种传播形式，图、文、声、像并茂地进行意见观点的表达与传播，并在这一过程中大量吸收民间话语形式，增强新闻评论语言的平实性与贴近性，拉近新闻媒体与群众间的心理距离。

互联网的开放性拓宽了群众意见表达的渠道，彻底颠覆了传播学理论中传统的线性传播模式，形成了以互动为典型特征的传播模式，为意见性信息开拓了更为广阔的表达空间。②网络媒介将媒体与群众之间的关系从传统的传者和受众的关系，推向了平等交流信息、交换意见的共享网络。

这种信息和意见的交流与共享，带来了社会资源的重新整合以及与之相关的社会资本的重新分配。网络媒介低廉的使用成本、双向互动的交流模式以及匿名、快速的信息传播特点，将以往松散的社会联系变成了可以经常分享观点和兴趣的新型关系网络，③对参与其中的个体和组织的社会资本的增加具有积极促进作用，有效弥合了民众与媒体间意见表达和意见资本的鸿沟。

网络媒介的创新与发展在拓宽意见表达渠道的同时，也转移了用户的信

① 殷俊. 媒介新闻评论学[M]. 成都：四川大学出版社，2005：439.

② 李春霞. 网络媒体对社会网络的影响[J]. 河北大学学报，2013(1)：140.

③ Barlow J P, Birkets S, et al. *What Are We Doing Online?* [M]. Harper's, 1995：35-46.

任度。用户不再单向度地受制于媒体的公信力和影响力，而是能够通过意见产品主动、充分地表达自己对于新闻事件、媒体评论乃至行政机关的信任与态度。信任度转移的本质是话语权的转移，信任度“空壳化”现象进一步推动了“话语权社会分配的调整”，① 甚至使得一些政府机构也开始转变工作模式，尝试通过网络平台同广大民众进行沟通交流。

从传统政论文到广播电视评论，再到媒体评论与用户评论相得益彰的网络媒介环境，我国媒介意见产品的发展历程不仅伴随内容、功能、形式乃至载体的不断变化，更伴随着评论主体的日益泛化和社会意见交换关系网络的重构。网络媒介意见产品为群众提供了信息沟通交流的方式与渠道，用户与媒体之间借由网络平台实现了双向的信息流动。包含信任与态度在内的认知型社会资本，也在这一互动过程中得以重新分配，这种网络媒介赋权的结果要求媒体必须有意识地吸纳用户的意见观点、尊重群众的主体地位，不能仅仅满足于传统的单向度议程设置。

(二)媒体实践中的赋权努力与意见区隔现状

基于以上网络媒介群众赋权机制，笔者对荆楚网的《东湖观点》《大武汉论坛》及《荆楚问政》三个专栏进行了个案分析，分别从媒体意见表达、群众意见表达和政府部门借助媒体与群众进行互动三个方面，对荆楚网这一平台的意见产品及意见资本赋权实践作了更加深入的研究。

为了获得更为准确的研究结果，在保证样本量的前提下，本文选择了2020年上半年(即2020年1月1日至2020年6月30日)在荆楚网上公开发布的相关意见产品并将其作为研究对象。

1.《东湖观点》评论文章

荆楚网《东湖观点》栏目所发布的评论主要为内部稿源文章，相较其他包含网络投稿或转载其他媒体评论的栏目，《东湖观点》更能代表媒体本身的意见表达。经统计，2020年上半年，《东湖观点》专栏共发布评论文章1113篇，除在1月8日和1月16日发布了两篇视频评论外，②其余文本均为纯文字评

① 陈伟球. 新媒体时代话语权社会分配的调整[J]. 国际新闻界，2014(5)：80.

② http://focus.cnhubei.com/dhgd/p/12599858.html.

论。这些评论文章涉及治国理政、经济发展、医疗卫生、教育就业等多个领域，既有对国家经济发展“新业态”的宏观展望,① 也有以小见大关注湖北外出务工人员生活境况的民生报道(图 1、表 1)。②

新冠肺炎疫情是荆楚网《东湖观点》在 2020 年上半年最为关注的议题，新闻工作者针对这一议题进行的相关评论以积极向上的情绪为主，通过这些意见产品坚定防疫胜利的信心、凝聚民族力量、聚焦复工复产，以期从全民抗疫阻击战中获得前行的动力。

图 1 《东湖观点》文章标题词云

表 1 《东湖评论》文章标题词频前 20 排名

序号	单词	计数	加权百分比(%)
1	商情	149	1.75
2	力量	65	0.76
3	发展	48	0.56
4	防疫	44	0.52

① http://focus.cnhubei.com/dhgd/p/13168107.html.

② http://focus.cnhubei.com/dhgd/p/13161517.html.

续表

序号	单词	计数	加权百分比(%)
5	胜利	43	0.5
6	精神	36	0.42
7	经济	35	0.41
8	凝聚	34	0.4
9	复工	33	0.39
10	基层	30	0.35
11	信心	28	0.33
12	助力	28	0.33
13	青春	28	0.33
14	武汉	26	0.31
15	脱贫	26	0.31
16	阻击战	26	0.31
17	湖北	25	0.29
18	中国	24	0.28
19	致敬	24	0.28
20	英雄	24	0.28

总体而言，荆楚网媒体评论的主题和选材涉及领域较为丰富，也有意识地尝试采用不同传播形式进行可视化评论，涉及民生的主题评论文章用语较为朴实，注重人文关怀。目前评论形式的丰富性虽然尚有欠缺，但仍不失为评论工作者努力贴近群众的有益尝试。

2.《大武汉论坛》网友留言

受页面排序技术限制，本次针对《大武汉论坛》的研究选取了最后回复时间为2020年1月1日至6月30日的主题帖，共1089条。在该论坛的主题帖中，“武汉”和“2020”是网友使用频率较高的关键词，可见用户在论坛交流中更倾向于关注本地区和当下的生活境况(图2、表2)。

图 2 《大武汉论坛》主题帖标题词云

表 2 《大武汉论坛》主题帖标题词频前 20 排名

序号	词语	计数	加权百分比(%)
1	武汉(武汉市)	359	3.56
2	摄影	106	1.05
3	20(2020)	96	0.95
4	招聘	67	0.66
5	医院	59	0.58
6	疫情	51	0.51
7	社区	48	0.48
8	视频	48	0.48
9	公告	37	0.37
10	东湖	32	0.32
11	小区	26	0.26
12	活动	25	0.25
13	人员	24	0.24
14	大学	24	0.24

续表

序号	词语	计数	加权百分比(%)
15	湖北(湖北省)	44	0. 44
16	恢复	21	0. 21
17	公园	20	0. 2
18	前行	17	0. 17
19	地铁	17	0. 17
20	爱心	17	0. 17

用户最乐于在论坛中分享的是自己的摄影和视频作品，以及所在社区交通、教育、就业等方面的公共信息。受疫情影响，“医院”同样成为网友在《大武汉论坛》中的关注重点，但对于疫情和医疗的讨论却并未明显地表现出乐观的情绪，对于生活秩序的恢复虽有所关注但也并未成为焦点。《大武汉论坛》中网民所关注的议题、意见表达的情绪倾向与偏好的传播形式，都与前文《东湖观点》的评论文章产生了较为明显的差异(表3、表4)。

表3 《大武汉论坛》主题帖回复量前10排名

序号	标题	发布时间	回复	查看	最后回复时间
1	湖北移动青山分公司张总神通广大　为所欲为私闯客户单位	2018-3-12	359	213649	2020-2-28 14:41
2	话说黄州(31)——赤壁江滩有点冷	2017-8-29	125	94211	2020-6-17 21:37
3	话说黄州(30)——黄冈市区将建最大的外环线	2016-12-27	120	102817	2020-4-19 00:23
4	话说黄州(28)——一路风景赤壁赋	2016-5-26	117	117560	2020-4-19 00:26
5	团风至黄州经叶绿洲快速通道应尽快建设	2016-6-25	64	62088	2020-4-19 00:25

续表

序号	标题	发布时间	回复	查看	最后回复时间
6	顾绍骅编辑：中国画知识普及版（不断添加）	2019-9-18	48	33563	2020-5-21 10:22
7	七旬草根 荆楚视频	2019-11-4	21	21783	2020-2-17 15:13
8	题跋（题画诗）是中国画的“标准配置”	2020-2-16	15	11569	2020-5-21 10:31
9	湖北省手机号码携号转网转不了	2019-3-20	14	13097	2020-4-19 10:17
10	微视频《众志成城，抗击疫情》集锦	2020-2-17	12	17265	2020-6-29 20:49

表 4 《大武汉论坛》主题帖查看量前 10 排名

序号	标题	发布时间	回复	查看	最后回复时间
1	湖北移动青山分公司张总神通广大 为所欲为私闯客户单位	2018-3-12	359	213649	2020-2-28 14:41
2	话说黄州（28）——一路风景赤壁赋	2016-5-26	117	117560	2020-4-19 00:26
3	话说黄州（30）——黄冈市区将建最大的外环线	2016-12-27	120	102817	2020-4-19 00:23
4	话说黄州（31）——赤壁江滩有点冷	2017-8-29	125	94211	2020-6-17 21:37
5	团风至黄州经叶绿洲快速通道应尽快建设	2016-6-25	64	62088	2020-4-19 00:25
6	军运会，来了！开幕式今晚举行	2019-10-18	4	44080	2020-1-9 13:17
7	篮坛“大牌”王治郅当主教练是什么样？请看他的新风采	2019-10-21	1	41011	2020-1-28 05:02

续表

序号	标题	发布时间	回复	查看	最后回复时间
8	琴台大道保利阅江台施工噪声扰民	2020-4-26	1	40825	2020-4-29 16:07
9	金牛子幼儿园搞网上开学存在乱收费现象	2020-4-15	0	40773	2020-4-15 17:20
10	临江港湾社区孵化培育社区社会组织活动启动	2020-5-1	0	39471	2020-5-1 09:21

除了媒体与用户之间的互动性较弱外，用户与用户之间的互动性也并未因为网络平台的使用而得到明显加强。《大武汉论坛》的用户数量和发帖量较多，但用户发帖呈现出较强的私人化情绪表达倾向，对于其他用户发布帖子的参与度较低、互动性不强。在1089条主题帖中，查看和回复量最高的帖子是发布于2018年3月12日的《湖北移动青山分公司张总神通广大　为所欲为私闯客户单位》①一文。但实际上，该帖中仅有两位用户参与互动，2019年11月29日及之前为发布者个人的单方面回复，此后则为另一位用户的单独回复，两个账号之间也并未形成互动。在查看量最高的主题讨论帖中，甚至仅有8条得到回复。

一个较为值得注意的现象是，《大武汉论坛》中回复量和浏览量最多的主题帖中都多次出现了“黄州”相关主题，在一定程度上打破了城市间的意见区隔，增强了武汉与外部城市的联系，体现出网友对于城市外部生活的关注更偏向于与自己地理距离较近的地区，在疫情期间黄州疫情较严重以及其初期成为舆情关注的焦点，能一定程度上解释多次出现“黄州”的原因。

3.《荆楚问政》相关部门回复情况

为更好地转达网友的建言献策，推动政府和网友之间的对话，荆楚网开设了《荆楚问政》《民生热线》两大栏目，积极为湖北省各级党委、政府搭建了解网络民意、吸纳民间智慧的桥梁。目前，《荆楚问政》《民生热线》两大栏目

① http://bbs.cnhubei.com/forum.php? mod=viewthread & tid=4514262.

月均收网友留言1000余条，每月转达1000余条留言至湖北省各厅局及市县各级相关单位，督促各单位针对网民留言事件进行调查回复。《民生热线》目前共有2508家单位实名入驻，积极回应各单位对应的网友留言。①

网络问政平台能够有效拉近政府部门与人民群众间的距离。南漳医疗保障局在回复《居民医保在省内不同地级市到底可不可以异地就医联网结算》②的网友留言时，除了对政府文件进行解读外，还使用了“您父亲”的表述，一对一地与留言网友进行沟通交流。洪山交通大队在《洪山区团结大道保利城至地铁4号线铁机路站渣土车噪音扰民》③的投诉帖中发布了交通管制现场的图片，以更加真实可信的方式回应了网友的投诉。

但2020年上半年，有关部门通过《荆楚问政》和《民生热线》栏目回复网友留言仅601条，远少于网友的留言数量。受疫情影响，1月20日至2月29日，有关部门回复网友留言仅20条。

在回应网友意见表达的数量方面，县区级单位2020年上半年共回复留言375条，市级单位回复210条，省级单位仅回复网友留言16条。与此同时，《荆楚问政》专栏《回复率排行榜》数据显示，省直属单位中仅中国铁路武汉局集团公司回复率达到100%，自排行榜第九名起的省直属单位均未回复过网友留言(表5)。

表5 《荆楚问政》省直厅局回复率排行④

省直	回复率
1 中国铁路武汉局集团公司	100%
2 湖北省发改委	55%
3 湖北省交通厅	36%
4 湖北省人社厅	24%

① http://news.cnhubei.com/content/2020-06/29/content_13164404.html.

② http://bbs.cnhubei.com/forum.php? mod=viewthread & tid=4722110.

③ http://bbs.cnhubei.com/thread-4717863-1-1.html.

④ http://wz.cnhubei.com/html/reply.html.

续表

省直	回复率
5　湖北省文化和旅游厅	14%
6　湖北省生态环境厅	14%
7　湖北省自然资源厅	13%
8　湖北省住建厅	9%
9　湖北省民政厅	0%
10　湖北省总工会	0%

此外，部分政府部门的回复与网民留言之间也存在较大时间差。网友于4月30日发布的《十堰市原地税部门提前内退人员的公积金何时补缴?》帖子中提到，十堰市公积金中心曾于2020年1月做出补缴公积金承诺，但在3个月后仍未落实。直至5月28日，十堰公积金中心才在该帖中给出“已受理”“将尽快回复”的简单回应。

由此可见，《荆楚问政》这一平台仅仅为政府与民众的沟通架起了一座桥梁，但取得的效果并不好。媒体在网络问政的实现过程中能较好地发挥从下到上的沟通作用，但是，舆论监督作用发挥有一定难度，难以确保民众的意见表达得到有效反馈。

(三)群众工作落地，化“说话权”为“话语权”

通过上述研究可以看出，网络媒介增加群众所拥有的意见资本的方式是间接的，而不是直接的。网络媒介赋予了群众意见表达的“说话权”，但群众的“话语权”却呈现出一种悬置状态。“说话权”与“话语权”不同的一个重要方面是，说话权体现为发出声音的权利，而话语权则要追求其所表达的话语能够得到认可。①由于作为一种软实力而存在的话语权本身是依附于传播者的传播能力来实现的，故而想要真正实现网络平台上的群众赋权和意见资本重

① 梁凯音. 论国际话语权与中国拓展国际话语权的新思路[J]. 当代世界与社会主义，2009(3)：111.

构，主流媒体就必须转变工作方式，对群众意见表达予以更为充分的尊重。

互联网技术的迅猛发展和个体意识的觉醒使用户对意见表达有了更高的要求，网络媒介意见产品的群众赋权仅仅停留在表达层面是远远不够的，与传播主体进行互动甚至实现“同声共振”成为用户新的需求。

从2014年8月18日《关于推动传统媒体和新兴媒体融合发展的指导意见》到2020年9月26日《关于加快推进媒体深度融合发展的意见》，国家不断从宏观层面为媒体融合发展绘就路线图。

传统媒体的网络评论工作不仅要以互联网思维优化资源配置，把优质内容、先进技术、专业人才、项目资金向互联网主阵地汇集，向移动端倾斜，更要走好网络评论工作的群众路线，以新技术、新手段在网络平台重塑“开门办报”之风，强化媒体与受众的连接，以开放的平台吸引广大用户参与意见的生产与传播，增强用户吸附能力和用户黏性。

在坚守责任使命、坚持正确导向的大前提下，主流媒体也应借鉴4Cs营销理论的视角来看待网络意见产品，聚焦于发现和满足群众的意见需求，将沟通放在重要位置，让“对话”真正融入网络评论群众工作。通过同用户进行积极有效的双向沟通，生产人民群众喜闻乐见的意见产品，构建媒体与用户联动的主流舆论格局，在政府、媒体和民众之间建立基于共同利益的新型意见互动关系，是网络评论群众工作在网络群众赋权视阈之下丰富和发展群众路线的必经之路。

三、网络意见生产和传播中群众的自我异化

（一）网络空间中的群众

1. 从传者为中心到受者为中心

在过去的传播空间中，由于受媒体技术限制，受者无法与传者交流，传播者生产什么，受众就只能接受什么。此时的传播行为是单向度的，是传者为中心的。受者所认识的世界是从新闻媒体上阅读到的世界，受者所接触到的社会现实也由于单向度的社会传播而变得越来越间接，受众所熟知的社会

不过是以传者为中心的大众媒体所构造出来的虚拟社会。

随着社会的进步和信息技术的发展，传播格局已经发生了翻天覆地的变化。大众开始从被传者忽视的隐秘的角落里走向传播空间的中心，网络技术赋予了群众更多的话语权。在网络空间中，受众可以自由地表达自己的观点和看法，可以选择对传播者意见的接受与否，传播不再是单向度的。

2. 从可读文本到可写文本

法国文学批评家和符号学家罗兰·巴尔特将文本分为可读文本和可写文本。可读文本是以作者为中心的僵化文本，而可写文本是可以让读者最大限度参与其中的文本，文本的意义由作者和读者共同创造。① 在传统的报纸、广播、电视传播时代，传播者生产及传播的意见无疑是可读文本（只读文本），受众只能被动地听、被动地看，传播者不知道受众的感受，受众也无法向传播者表达自己的意见。

进入互联网时代，网络空间中的意见无疑成了可写文本。区别于报纸和广播电视时代的群众，网络空间中的受者对传者生产的意见可以进行反馈、互动，受者自己也同样是一名传者，可以对传者生产的意见进行理解消化后再加工和传播。传者在了解到受者的意见、态度及偏好后会对原文本以及今后的意见生产产生有效的认知。从一定程度上讲，在网络空间中，意见的生产和传播是由传者和受者共同完成的，缺失任何一部分就不能称为完整的网络意见传播。

3. 从编码到解码

意见从传者到受者信息需要经历从编码到解码的过程，然而编码者和解码者所处的语境空间不尽相同，意见的传递从编码到解码也总是掺杂着噪音，意见文本从传者生产再到受者接收已不是完全一致的了。尽管意见的生产者有着将预选意义嵌入文本的优势，然而也不能够保证受者完完全全按照传者所设想的方式和意图进行解读，受者可以采取与编码不尽相同甚至相反的方式进行解码。由于文化环境、思想观念、具体境况等的差异，受者的解码过程具有“结构性的多义”。

① 张卫东. 罗兰·巴尔特的文本理论研究［D］. 南京师范大学，2013：75.

(二)网络传播实践中传者意图的“失控”

传播者在生产意见的时候总是带着自己特定的意图，也希望读者在对意见文本进行解码的过程中能够按照传播者所设想的方式进行解读。然而时至今日，在网络空间中受者已不再是那个只能被动接受的受众，受众可以参与网络意见的传播和再生产，可以按照自己的意愿解读，有时甚至会背离传播者的意图走向与传播者意见相反的方向，走向“失控”。

笔者以在澎湃新闻的一次采访报道为例展示在网络传播实践中传者意图如何“失控”。

2020 年 6 月 5 日，笔者接到一位家长的求助，其孩子陈某某因在学校宿舍里误食了大扫除时同学放在芬达饮料瓶中的洁厕剂，致使三分之二的胃被切除，医院判定为八级伤残，学校一直拒绝道歉，希望新闻媒体能够报道此事以帮助维权。笔者在对家长、班主任、校长等进行采访后，发布了一篇视频新闻《学生误饮宿舍内洁厕剂致八级伤残，校方称未料有这样的隐患》。① 然而，事与愿违，在新闻发布后，大部分网络群众将问题指向了孩子及家长。

以下为评论摘录：“不知道来源的东西，就敢随便喝，这孩子怎么教育的?”“15 岁，宿舍厕所，喝洁厕剂??? 就因为它装在饮料瓶里。因为在学校发生，所以学校的责任???”“洁厕剂和饮料都分不清? 不是自己的东西瞎喝!活该！估计平时就不打招呼乱喝别人东西!”……②6 月 10 日，该家长致电笔者要求删除该条新闻，表示网络评论对自己不利，而一同参与报道的金华市当地电视台播发的新闻则对其有很大帮助。

将澎湃新闻与金华市电视台进行比较，两者代表了不同的两个传播空间。澎湃新闻报道的新闻是网络空间中的可写文本，受众可以一起参与创造文本的意义。而金华市电视台报道的新闻却是传统单向度传播空间中的可读文本，受者无法参与到文本的意见生产传播中。此次网络新闻传播实践是一次明显的传播者意图的“失控”，网络群众没有按照传者既定的传播意图进行解读，反而走向了与其相反的方向。

① https://www.thepaper.cn/newsDetail_forward_7756442.

② https://www.thepaper.cn/newsDetail_forward_7756442.

(三)网络群众意见生产和再传播中的自我异化

一千个读者心中有一千个哈姆雷特，网络空间中的受众在对传播者意见文本进行解读时也是不尽相同的，受者会按照自己的文化背景、思维方式去理解，对于传者的意图多多少少会有偏差、曲解甚至背离。

1. 群众的自我异化

异化，简单地说，就是异己化，是指主体在发展过程中由于自己的活动而产生出自己的对立面，然后这个对立面又作为一种外在的、异己的力量而转过来反对主体本身，这是异化的一般解释。① 在网络空间意见生产传播活动中，主体指的是传播者(从狭义来讲是代表社会主流、官方意见的新闻媒体)，而客体指的是网络传播活动中的群众。在早期启蒙思想家所提出的政治异化中，异化是指普遍意义的人将自己的自然权利让渡给国家形成国家权力，而国家权力又反过来反对人本身的现象，在这里政治异化中的主体指的是人，而客体指的是国家。不难看出，异化是相对的也是相互的。

在宏观的国家新闻宣传当中，新闻宣传的对象是在国家层面上具有普遍意义的公民而不是作为个体而独立出现的市民。市民是脱离于国家这一整体概念之外而存在的独立个体。从一定程度上讲，国家公民与社会市民并不等同，由于种种法律及社会公约限制，社会市民需要让渡甚至牺牲某些个人权利而成就国家公民的概念。因此从个体角度出发，公民与市民在一定程度上呈现出相分离的状态，进而在全社会层面上的网络意见生产中，作为个体的市民群众与作为国家主体的公民存在一定程度上的分离，这也导致网络群众作为一个个独立的个体产生自我异化。

2. 网络空间中群众的自我抵抗

当意见的生产或事件的发展与自我意见不符或相悖时群众便容易产生抵抗。抵抗式解读是指受众完全明白信息给出的字面意义和内涵隐义，但是却偏用自己喜欢的代码分解信息，用一种与之完全相反的方式进行解码，使得解码的结果与编码者所欲传达的意义完全背道而驰。②

① 王思鸿. 马克思异化理论的历史生成与当代价值[D]. 南开大学，2014：21-22.

② 陈洪友. 中国当代新闻传播中对抗式解读的特点[J]. 新闻爱好者，2009(16)：19-20.

在网络空间中的群众不再是被动的受众，面对意见文本他们拥有自己的立场和解读权利。任何文本都存在立场的双重甚至多重对立，斯图亚特·霍尔认为在传者和受者进行信息传递的编码和解码活动中蕴含着权力的对抗，其传播行为本身就是语义空间中意识形态的阶级斗争，意见文本的生产和解读过程其实是传、受双方的意识博弈。传者在生产意见文本的过程中会加入自己的主观意图和意识形态，而受者在对意见文本进行解读时也会将自己的立场及诉求加入其中，意见的传递过程上演着传者与受者的集权与夺权的斗争。

在具体的网络空间意见生产与传播实践中，倘若传者生产的意见文本忽视受者的感受，或者与受者立场相悖，或者不能满足受者的意见需求而未能与受者意见达成一致，受众则易形成排斥性的心理并对意见文本进行抵抗式解读。过去的单向传播时代，传播话语权牢牢把握在传播者手中，意见文本呈只读状态，群众的抵抗心理呈隐形状态。网络技术的发展使得受众的解读行为从幕后走向台前，群众的抵抗性心理在网络意见的抵抗式解读中得以显现。再者，以往单向度的传播空间受众是孤立的分散的，而网络的便捷性和连接性将庞大的网民连接在一起，抵抗性行为也极易在网络空间中形成聚合和扩散效应。

3. 网络空间中群众的压抑式妥协与德赛都式被动抵抗

然而，网络空间并不是法外之地，群众在网络空间中并非可以畅所欲言。法律法规作为最基本的限制，是从社会主流价值方面考虑的，但法律法规的限制从某种程度上来说也压抑了人们的批判性，使人们走向顺从。① 鲍德里亚认为大众是消极的，大众对媒介的抵抗是悲观而又充满惰性的。在网络空间意见传递的实践中，一些媒体平台关闭了评论功能或开启评论审核机制，对于一些不利的评论采取删除措施。没有表达意见的机会和合理的渠道，在面对强有力的主流声音压制时，大众表达不满的最省力的方式便是沉默和妥协，这种沉默和妥协往往是压抑的，违背受者意志的。从一定程度上讲，虽然意见生产和传播发生在网络空间中，然而此时的传播活动更像是单向度的传播，即传者不在乎受者的意见，传者只想看到符合传播意图的受者意见

① 潘徐徽. 网络时代单向度人的再生[J]. 青年记者，2013(9)：31-32.

反馈。

而一些群众在面对与自己立场相悖的意见文本时，受制于社会规训，既惧怕承担法律后果又想表达自己的意见便采取了德赛都式被动抵抗。德赛都式抵抗即受众对于施压者的一种逃离规训的抵制。它包含三层含义，其一是抵制的场域是日常生活实践，其二是抵制的主体是社会底层的大众，其三是抵制的对象是压制性规训。① 日常生活实践中的"抵制"意味着"既不离开其势力范围，却又得以逃避其规训"。② 面对传者生产的与自己立场相悖的意见文本，一些受众采取互文性的手法，在大众熟知的大语义背景下对原意见文本进行加工改造，运用比喻、借代、反语、象征等各种手法以他人之言述我之心，还有一些受众干脆直接在评论中发布与原意见文本毫不相关的评论来表达自己的抵抗。

四、网络评论冲突意见的遮蔽与放大

网络评论天然包含冲突意见，作为新闻报道和社会表达的网络评论，存在被遮蔽和放大的两种可能性，甚至面临更加复杂的状态。冲突意见及其遮蔽和放大，对网络评论群众工作提出了新挑战。

(一)"冲突"形成于变迁：网络评论意见产生的社会背景

英国社会学家吉登斯在研究社会现代性时指出，"社会"一词在现代带有变动性和冲突性。③ "思想始于情境"，网络评论中冲突的产生和扩散是伴随社会政治、经济、文化、技术的变迁而出现的一种网络现象，具有复杂而深刻的背景，这种复杂的社会背景主要包括以下几个方面：

其一，社会结构与关系变化。按照瓦格的理解，社会变动是人类历史长河中普遍存在的现象，人类有计划或无计划地改变社会进程，包括对社会结

① 石开斌. 德赛图抵制理论的推崇与质疑——费斯克与鲍德里亚大众抵制思想之比较[J]. 武汉理工大学学报，2012(2)：292-296.

② Graham Ward. *The Certeau Reader*[M]. Oxford：Black Well Publishers，2000：105.

③ GIddens A. *Social Theory and Modern Sociology*[M]. Stanford University Press，1987：25-27.

构、社会关系以及社会功能的变迁。①具体到中国，自改革开放以来，社会就经历着体制、结构、思想观念的转型。作为社会变动的观察者，孙立平认为社会结构变迁在社会转型过程中居于核心位置，最能体现这一结构变化的就是社会阶层的重塑。②阶层的重新划分，让曾经的利益分配格局被打破，并且呈现出利益差距逐渐扩大的趋势。在这种社会背景下，以“草根”为代表的各种利益共同体开始汇集起来，集体表达对自身权益的争取。

其二，新媒体的出现与日常化应用。以互联网、手机为代表的新媒体出现，为人们集体评议某个社会事件提供了平台与通道。传统媒体环境中的新闻评论，因评论主体的单一性导致其公共性不能充分显现，通过移动互联网的信息传播方式，极短的言语，甚至是一个“赞”、一个表情符号，都可能迅速集结为特定群体或群体间的意义表达，网上发表评论已成为群众参与公共讨论的主要方式。互联网不仅改变世界，也改变着人们的社会生活。③党和国家领导人在不同场合对互联网给予了充分解读，“互联网已经成为思想文化信息的集散地、社会舆论的放大器，我们要充分认识以互联网为代表的新兴媒体的社会影响力”,④“要学会通过网络走群众路线，经常上网看看，潜潜水、聊聊天、发发声，了解群众所思所愿，收集好想法好建议，积极回应网民关切，解疑释惑”。⑤制度外的评议正在成为制度内决策的一部分。

其三，公众参与意识的变化。社会变迁不仅反映在结构、技术等方面，另一个重要变化是思想层面的。随着技术屏障的消除，社会成员越来越愿意以评论的形式参与到一些社会事务、现象、问题之中，彰显“自主性”。⑥从这个层面来说，以知识性生产为特征的传统新闻评论，俨然已被虚拟世界

① 陈刚. 共识的焦虑：争议性议题传播的话语变迁与冲突性知识生产[M]. 北京：人民出版社，2016：139-150.

② 孙立平. 重建社会：转型社会的秩序再造[M]. 北京：社会科学文献出版社，2012：139-150.

③ 曼纽尔·卡斯特. 网络社会的崛起[M]. 夏铸九，译. 北京：社会科学文献出版社，2000：39-41.

④ http://www.people.com.cn/GB/32306/33093/125024/.

⑤ http://www.cac.gov.cn/2016-04/25/c_1118731366.htm.

⑥ 李友梅，等. 中国社会生活的变迁[M]. 北京：中国大百科全书出版社，2008：69-72.

“全员微评”的多样化所掩盖，从而对原有的新闻评论模式产生影响。

（二）遮蔽与放大：作为新闻报道与社会表达的网络评论

我们常常讨论传播媒介对信息流转、话题共鸣的重要性，却常常忽略了信息互动过程中可能存在的一些问题。事实上，任何传播媒介都有技术意向性，任何经由媒介传递的信息都不只是对现实的复制、再现，客观上也有放大、缩小、遮蔽现实的效果，这种情况在网络评论中也有所体现。

1. 因为争议，所以评论：作为新闻报道的网络评论

虽然没有权威定义，但“网络评论”一般被视为与传统媒体的新闻评论相对等的概念，① 属于新闻报道范畴。很多评论之所以会产生，是因为有些事件是第一次出现在大众眼前，本身兼具新闻性和争议性等特征，容易牵动广泛的争议。对这类新闻事件，“在出现时就充满了人们对它的矛盾认识”，② 在一定时间段内缺少社会共识或没有标准答案。因此，主流媒体需要表达自己的立场和态度，通过一系列的论证来与读者对话、商榷，说服其认可自己的判断，评论本质上是具有策略性的理性辩论。这种诉诸理性的评论策略在后真相时代仍旧具有极高的价值。以2019年的“男子20年后打老师案”为例，12月20日当天一共有7家报纸发表了对该案的评论，不少传统媒体的评论被直接复制到各大社交平台，证明了传统媒体的新闻评论在网络平台上仍具有影响力。

对新闻事件的评论，实际上是对某些聚焦公众眼球的事件赋予一定的逻辑结构和价值内涵，“遮蔽”其中的争议性。然而，这种操作所带来的也不全然都是积极的，也会产生片面性问题。2004年，清华大学教授陈丹青因为自己看好的博士生屡屡因为外语、政治等课程不过关，而不能入学，向学校提交辞职报告，此事一出，随即引发了一场对现行教育制度的厉声讨伐，有一篇新闻评论提出，体制并非铁板一块，解决问题的方法不是只有就职或辞职

① 王世华. 网络评论再认识：概念、分类、特征及意义[J]. 编辑之友，2014(10)：49.

② 宋素红. 争议性新闻事实报道[J]. 新闻与写作，2004(4)：21.

两个极端，借助体制的一部分力量同样可以打破另一部分力量。①而除此之外，更多的评论则是对体制一边倒的批评与反思。有学者认为，新闻评论常常会出现以偏概全的问题，主要原因是评论主体更趋向于对大众观点的迎合，“评论时主要依据的不是新闻事件本身所反映的事实”,② 也因此，新闻评论有时也会较为极端化，从而“遮蔽”了群众对事件的全面认识。

2. 因为评论，引起争议：作为社会表达的网络评论

而在另一些情境中，传统媒体的评论内容已不足以满足大众的多元化需求，因此个体的评论者以群体性的方式参与到事件的讨论中，通过留言、弹幕等在新媒体平台表达意见，延伸着网络评论的范围。以“玉林狗肉节”事件为例，随着与这一地方性节日有关的信息在网上的广泛传播，“吃不吃狗肉?”已经变成一个敏感话题，国内众多明星的声讨和呼吁也让要求当地取消活动的呼声此起彼伏。事件的广泛关注度让众多评论者围绕“狗肉该不该吃”形成了多层面的意见。从微博上观察到的相关评论看，意见大致分为两派：支持或反对狗肉节，意见构成呈现出两极化的态势。但除了针对事件表达基本态度之外，更多的评论则延伸到对人与动物的关系、人的本性、社会权利等问题的争论，超越了吃狗肉这件事本身。比如人和狗在生命意义上是否平等，爱狗是不是人类善的一种表现，吃不吃狗肉是否仅仅属于个人权利等，话题进一步发酵。

不同的评论又直接导致了基本立场的不同选择和冲突。有学者指出，网络评论(主要指网民评论)带有一定的偏见，尤其是在语言和观点的表达上表现出极其不理性的一面。③这类评论在逻辑上将“我”置换为“我们”，言行显示出很强的冲突性和强制说服特征。在互动交流的过程中，不礼貌甚至攻击性的话语常常成为评论的一种表征，网络评论更多诉诸感性而非理性，很多时候参与者并不是将评论当做一种与自己密切相关的权益维护行为，而是凭借群体的遮掩来“放大”自己发泄怨气的机会，这就造成了网络评论破坏性和

① 包丽敏. 陈丹青：我不想呆下去了[N]. 中国青年报，2005-03-23.

② 原二军. 新闻评论如何做到“合”理“合”情[J]. 写作，2004(5)：30.

③ 孙龙飞. 新媒体环境下的新媒介素养——以玉林“狗肉节”事件为例[J]. 新闻世界，2014(9)：139.

有风险的一面。

（三）网络评论开展群众路线的再思考

在新媒体环境下，参与新闻评论、发表公共意见的群众既是舆论引导的对象，同时也是舆论引导的主体。无论是通过互联网发表的新闻评论，还是以多媒体形态存在的跟帖式评论，实质上都是反映群众诉求、收集决策建议的重要渠道。不同的是，前者拥有专业的把关人团队，后者则靠个体自我把关。因此，如何在网络评论中践行群众路线，笔者从领导层面和执行层面提出一些设想。

1. 组成“意见领袖”方阵

十八大以来，按照习近平总书记“网上网下要形成同心圆”的要求，人民日报、新华社等主流媒体积极在互联网上建立评论阵地，如《将改革进行到底》《辉煌中国》等大型专题片就在新媒体上生成巨大的流量，“厉害了，我的国”“为祖国打 CALL”等流行语也在网上刷屏。党政部门积极进驻微博、微信、B 站、豆瓣等社交媒体平台，如共青团中央就深入青年人的日常聚集空间，以正能量、贴近性的话语确立了地位，被中国网民昵称为“团团”。根据 2018 年发布的《政务指数(微博)影响力报告》，经过微博平台认证的机构和个人政务微博总计有 173569 个，规模化趋势明显。除此之外，核心价值观也越来越成为网民评论中的主旋律，在红黄蓝幼儿园虐童事件、杭州保姆纵火案等社会热点事件中，网民不仅积极参与讨论，而且更加注重以事实说话、以说理代替情绪化发泄。这些情况表明，一个由政府、媒体和正能量网民组成的意见领袖方阵正在生成，共同在网络评论中践行核心价值观。

2. “国家治理”与“自我把关”相结合的网络评论综合治理体系

“十二五”期间，共计 76 部与互联网相关的法规、文件出台，特别是在中央网络安全和信息化领导小组成立以来，以网络生态建设为重点的法律制定速度明显加快。①国家以法律法规的形式为网络清朗空间提供保护，网民也

---

① 中国互联网络信息中心．国家信息化发展评价报告(2016)，http://www.cnnic.cn/hlwfzyj/hlwxzbg/hlwtjbg/201611/P020161118599094936045.pdf.

需要对网络评论的“自我把关”营造清朗空间。网民作为网络传播过程中具有自主权的评论者、发布者，利用自主能动性对评论活动进行自觉选择和创造，这一方面需要建立良好的网络空间生态环境，① 另一方面也需要对评论信息价值的自我认知回归。也就是说，对网络评论的把关应成为全员共识。个体不仅要通过信息传播共享获得更多的线索，还要从核心价值观出发对其进行内省、反思和论证，对异质性的评论进行甄别和指正。通过自上而下的法律手段和自下而上的自律约束，初步形成网络评论综合治理体系，从而让网络评论更具有价值。

五、快手农民工主播与观众评论互动行为分析

农民工是我国改革开放和工业化、城镇化进程中涌现的一支劳动大军。他们户籍仍在农村，在城市主要从事非农产业，有的在农闲季节外出务工、亦工亦农，流动性强；有的长期在城市就业，已成为产业工人的重要组成部分。②囿于所能接触的传统媒介资源及教育基础，农民工朋友的自我表达渠道非常狭窄，他们湮没于传统新闻领域。社交短视频平台的出现打破了这一局面，越来越多的农民工朋友利用短视频 APP 表达自我、与粉丝互动，甚至成为“草根网红”，进入公众视野中。

本研究采用网络民族志方法，从社交短视频平台“快手”上选取典型农民工朋友作为观察对象，分析其发布的短视频及与网友互动的内容，以探究网友的互动与评论对农民工朋友自我呈现及自我身份认同的影响。本研究在快手客户端选取的观察对象需同时符合以下两个标准：具有较高粉丝量、短视频内容互动较为频繁。通过观察农民工朋友主播从注册到 2020 年 9 月 28 日前的所有动态，笔者发现，在依靠短视频社交构建的虚拟关系中，农民工朋友的自我呈现与观看者的互动同时发生，相互影响。在获得观众的关注、点赞、评论时，农民工朋友的主体地位得以重新识别与确认。

① 殷俊，孟育耀. 人肉搜索与“把关人”理论的调试[J]. 国际新闻界，2010(2)：77.

② http://www.gov.cn/jrzg/2006-03/27/content_237644.htm.

（一）由“他者”到主体性的回归

“他者”是和“自我”相对的概念，“他者化”可以看做对不同的文化和人群带有“特殊视角”的评估过程。①农民工朋友在传统媒体的报道中被塑造成与主流群体相对应的“他者”，与城市文化格格不入的“外来者”。②他们是城市边缘群体，处于城市碎片化空间中，被排除在传统空间生产体系之外。

空间生产关注的是碎片化空间之外的重大事件，强调一种永恒的、结构性的、成体系的生产过程。碎片化空间被历史忘却，被商业忽视，被政治遗忘，是资本生产的“盲点区域”。③但是，社交短视频快手则自称极力拯救这些黑暗的碎片化空间，“我们非常在乎所有人的感受，包括那些被忽视的大多数人”，快手 CEO 宿华这样明确平台的原则。④快手因操作简单、互动性强，迅速聚集了大量农民工群体，他们从原本黑暗的碎片化空间走入大众视野甚至成为网红，由被动报道的“他者”转变为主动呈现的“自我”。这一转化过程离不开粉丝的评论与互动，主播在快手上发布作品，达到一定的点击量，并经由粉丝“点赞+评论”后，才能提高视频登上快手首页推荐的机会，从而被更多的人看到。例如，榆林神木市建筑工人李小刚因发布手捧红砖、朗诵《再别康桥》的短视频一夜走红。新华社、央视新闻、人民日报相继在微信公众号和微博中转发视频并发文，网友评论他为“民间高手”“有梦想的人”。⑤央视主持人海霞在一次连线直播时评价说：“看得出来，这位 80 后农民工兄弟的工作并不轻松，在工作之余能坚持做自己热爱的事，并不断努力把它做好，这真的很可贵。”⑥李小刚通过自我书写，完成了跨平台、跨阶层传播。无论是快手用户还是主流媒体，人们关注的不再是他的劳动生活，而是与吃

① Hinton Perry. Implicit stereotypes and the predictive brain: cognition and culture in “biased” person perception[J]. *Palgrave Communications*, 2017(3): 17.

② 蔡艳华，朱爱敏. 媒体话语对“他者”媒介形象建构分析——以“农民工”的报道为例[J]. 视听，2016(7)：192.

③ 汪民安. 生产[M]. 桂林：广西师范大学出版社，2004：302.

④ https://mp.weixin.qq.com/s/S0yEyjxdYPvl3bMy_a4Oiw.

⑤ https://mp.weixin.qq.com/s/G4vmfiXPxfESpxLNh1qPVg.

⑥ https://mp.weixin.qq.com/s/NzRbP-5Ve4d-rs9jCOynyg.

饭无关的精神叙事。与以往新闻报道中的农民工群体总体呈现负面状态，①以及“苦难”“越轨”和“失范”等②“他者”形象不同，李小刚被粉丝及媒体赋予了积极向上、具有正能量的象征意义。

这样的例子并非个案，“搬砖小伟”凭借一条倒立俯卧撑的视频获得50多万的点击量，被快手推到热门位置，之后他又陆续发布自己在工地上利用高低脚手架、砖块等进行健身的视频，还参加了《极限挑战》和《中国梦想秀》等节目的录制，截至2020年9月28日，他已获得332万粉丝，视频点赞总量超过10亿。在他的作品评论中，观众脱离对其苦难弱者身份的关注，而是转为对励志、坚毅等精神层面的讨论。此时，“搬砖小伟”和李小刚在快手中成为可见性的生产者，同样也被观众和粉丝定义其可见性，“搬砖小伟”和李小刚在获得他人的关注、点赞、评论和转发等“象征利润”时，也以一种极为逼真的方式重新确认自己的身份，而这一过程正是其主体性的识别与回归。但是，这种以粉丝娱乐目的为基础而唤起的“主体性”是否具有普遍而深刻的公共性内涵？③ 仍然是一个问号。但无论如何，正是农民工朋友的自我呈现与观众的围观、互动，使农民工朋友得以重新确认自我身份的意义，并借此改变传统媒体报道对其塑造的“他者”形象。

(二)仪式化生产与互动

对于个体来说，一旦将日常生活暴露在公共视野之下，被他人围观时，他也会具有仪式性和表演性。④农民工朋友发布在快手中的作品看似生活化，但随着观看者的增加，一些作品也会从日常生活中分离出来，加工的成分越来越大，逐渐变成公开的仪式。例如，在快手拥有240万粉丝的“水泥妹”因发布单次背150公斤水泥的视频而走红，2017年6月30日到2017年8月19

① 雷鸣. 农民工群体媒介形象分析——基于《人民日报》微博新闻的内容分析[J]. 新闻研究导刊，2020(8)：53.

② 罗丞. 新生代农民工的社会失范：类型与相互关系[J]. 中国青年政治学院学报，2014(5)：81.

③ 刘涛. 社会化媒体与空间的社会化生产：福柯“空间规训思想”的当代阐释[J]. 国际新闻界，2014(5)：59.

④ 彭兰. 视频化生存：移动时代日常生活的媒介化[J]. 中国编辑，2020(4)：39.

日间，“水泥妹”一共发布27个作品，其中仅有一条视频内容是带着女儿挖菜，其他的都是从不同角度呈现其背水泥的景观，“水泥妹”背水泥的场景从日常生活中分离出来，进入公共视野，成为观看者生活的一部分，变成公开的仪式。快手用户“工地最美夫妻·刘大师”用歌唱、舞蹈以及互动情景剧等方式展现日常生活，获得了545万粉丝，在工地演唱会中，将农民工讨薪难、买房成奢望、工作艰辛等心声用改编歌词的形式呈现，他们把建筑工人们关注的话题加工成歌曲，仪式化地展现在公众面前，获得观众的互动和情感共鸣。

“仪式的存在就在于观众与演员的互动之中。观众的反应是仪式的重要特性之一。离开了反应，仪式就是空的。”①在快手上，观看者的反馈以点赞、回复、分享、关注的形式出现。从用户的反馈中，传播者知晓观众的评价与喜好，并由此参照观看者的视角来设计短视频的内容。“农民工龙哥”在使用快手之初以发布家乡美景和日常玩乐为主，但视频点赞数和评论数均不过百。他发布了自己出演的农村题材的电影电视剧相关视频，获得不少点击量，于是该类型视频的发布量开始大幅增加。短视频为农民工朋友提供了一张“观看的网络”，也同时使他们进入到福柯所说的“监视体系”中，“每个人在这种目光的压力之下，都会逐渐自觉地变成自己的监视者，这样就可以实现自我监禁”。②农民工朋友与粉丝和观众之间形成一种网络虚拟关系，而这种虚构的关系自动产生出一种真实的压力。点赞率、粉丝数、评论数、转发量等来自他人的“评判”则反复冲刷着他们对日常生活的表演欲望。例如，“DD小水”发布的327个作品，起初是唱歌的内容，在发现用视频记录吃饭能引起大量用户的点赞和评论后，连续发布300个在工地吃饭的视频。作为城市的边缘性群体，农民工朋友在获得视频表达权利后，虽然有机会获得他人的关注，但有时候，为了迎合粉丝的互动和喜好，而将自己在视频中的展示圈定在一些套路中，看上去这些人的话语权与存在感增强了，但其实他们又是在做出某种退让。农民工朋友在窥探文化③下，改写了自我评判的标准，也影响着

① ［美］柯林斯. 互动仪式链［J］. 林聚任，王鹏，宋丽君，译. 北京：商务印书馆，2012：169.

② 包亚明. 权力的眼睛——福柯访谈录［M］. 严锋，译. 上海：上海人民出版社，1997：158.

③ Niedzviecki H. *The Peep Diaries: How We're Love Watching Ourselves and Our Neighbors*［M］. New York: City Lights Publishers, 2009: 153-162.

他们的自我认同。

(三)反思性的自我认同

吉登斯将现代性的反身性定义为一种敏感性，“具体指社会生活的大多数面向及其与自然的物质关系对受到新信息或知识影响而产生的长时性修正之敏感”。①这种敏感是对互联网技术带来的时空重组和脱域机制的敏感，是对自我在现代性的后传统秩序中不断调适以寻求自我意义的敏感。②快手的出现极大地扩展了脱域机制，特定场所中的社会关系被强行解脱出来并进行时空重组，面对这样的改变，自我需要创造性地与他人相处，获得全新意义上的基本信任，才能获得个人价值感实现的可能性。为了加强视频的可观看性，“水泥妹”在扛完水泥后，会发一个一秒变身的小视频，扛水泥时女汉子形象通过“快手”立马变身时尚美女。快手直播功能开通后，“水泥妹”与粉丝积极互动，有粉丝心疼“水泥妹”背水泥的辛劳，倾情打赏，提醒她注意身体。除了忠实粉，“水泥妹”也有许多黑粉，曾有营销号污蔑她是为求关注而假装背水泥的“富婆”，导致“水泥妹”招致一大批人的辱骂。“水泥妹”通过法律手段维权成功，并在直播中澄清，但仍然有黑粉攻击。对此，“水泥妹”出了一段短视频表示“不接受任何诋毁”后，再未回应，而是继续与粉丝分享其日常生活，除了呈现背水泥的场景，还展现与老公“水泥哥”互动、吃饭以及穿上婚纱等内容。“水泥妹”以分享自己的日常生活实践而吸引的观众或成为忠实粉丝，或成为黑粉、路人，在与他们的互动中，都是自我身份不断确立的过程。这一过程充满自我认同的反身性，因为自我总是需要通过观察日常实践中的差异完成对现实的认知，并通过基本信任体验到“与包含着他人与他物的那个世界相关的我”，进而确知自我。③

吉登斯认为，自我认同是个体在反思活动中必须被惯例性地创造和维系

① ［英］安东尼·吉登斯．现代性与自我认同：晚期现代中的自我与社会［M］．夏璐，译．北京：中国人民大学出版社，2016：19.

② 马腾岳．论现代与后现代民族志的客观性、主观性与反身性［J］．思想战线，2016(3)：7-14.

③ 朱靖江，高冬娟．虚拟社区中自我认同的反身性重构——基于移动短视频应用“快手”的人类学研究［J］．民族学刊，2019(4)：51.

的某种东西，是个人依据其经历所形成的，作为反思性理解的自我。①自我认同是主体在经历反思性理解中寻求从过去至现在乃至未来的连续，这不仅是在时间上体现自我精神品质和内在精神秩序的延续性，还表现在自我存在的身份感和归属感的持续性。“搬砖小伟”从 2014 年发布视频以来，就以“励志”“健身”为主题进行自我书写和表达，中途他接过广告，也参加过街头健身比赛，也曾为了获得更多的关注而发愁。“搬砖小伟”在粉丝数达到 100 万时，举行过抽奖活动，送给粉丝单杠、双杠和辣条等礼物，以形成更加牢固的粉丝群体。在其早期作品中，出现大量最新“考古”评论，一些老粉回看后，感叹“不知不觉 6 年了，没想到你会这么火”“记得第一次看你的视频还是初中的时候”“你要是去学钢管竞技，一定会出名”“改行吧，比在工地赚钱多了”。“搬砖小伟”对粉丝的评论用视频的形式纷纷做出回应，他的签名为“愿你出走半生，归来仍是少年”，小伟在视频及评论回复中提到，自己的身材是在工地上练就的，如果离开了脚手架，就不是原来的自我，他没有开店，也没有成为老板。

六、城市小区居民对“网络评论”的认知、使用、期待与评价——基于对荆州市部分商品房住宅小区业主的调查

报业的发展经历了从“观点纸”到“新闻纸”的变化，但评论这一报刊文体并未因其在报刊新闻内容生产中主角地位的丧失而遭受冷落，这体现出评论这一观点性、意见性信息在舆论引导上，具有与消息、通讯等事实性信息不可替代的功效，是传统媒体提升媒体影响力和舆论引导力的重要抓手与关键支点。

伴随着互联网技术的普及与升级，传统新闻场域下的传受关系土崩瓦解，传媒生态发生颠覆巨变。在“人人都是传播者”的网络时代，网络评论既延伸和补充了传统媒体的新闻评论，也对其造成了一定冲击。

“网络评论是指网络媒介传递的具有评论性质的观点性信息，包括通过

① ［美］吉登斯．现代性与自我认同［M］．北京：生活·读书·新知三联书店，1998：58．

互联网发表的新闻评论，以留言、弹幕等多种形态存在的跟帖评论，以及在微博、微信、论坛、贴吧等社交媒体或其他新媒体平台上以多媒体形态表达的网民意见等。”①评论内容生产者从专业走向多元，从媒介组织渐变为媒体与网民混杂，舆论引导从“众口铄金”过渡到“众声喧哗”，在互联网深刻改变了传统舆论引导格局的背景下，新型融媒体如何运用好“评论”这一舆论引导利器，变互联网这一最大变量成最大增量，担负起“事关党和国家前途命运”这一舆论引导大任，已成为媒体人亟待解决的问题。

本研究采用网络问卷调查的方式，面向湖北省荆州市商品房住宅小区的业主，就其对“网络评论”的认知、使用、期待与评价等展开调查，以期为新型融媒体深入开展网络评论工作，提升舆论引导能力提供有益参考。

(一)研究设计与实施

群众路线是党的根本工作路线，是党媒开展工作的重要指针。随着国民经济的发展，新型城镇化建设加快推进，城乡二元格局和群众构成也悄然发生变化。据国家统计局最新发布的《2019 年国民经济与社会发展统计公报》，我国城镇常住人口已占总人口比重的 60.6%，城镇居民逐渐成为人民群众的主体，城市社区已成为人民群众的主要集聚地带和生活空间，由此而生的“小区业主自治问题”“业主维权问题”“基层民主问题”“物业服务质量问题”“空间权益争夺问题”②等因其普遍性和尖锐性而成为媒体报道和学者研究的热点。发生在城市小区的这些新的社会现象和问题若能成为媒体开展评论生产的选题，将引起城市小区居民的广泛关注，有力促进媒体传播力、影响力、引导力、公信力的提升。深入了解城市商品房住宅小区的居民对当前网络评论的认知与使用、评价与期待，对提升各类媒体开展评论工作具有积极作用。

本次问卷调查借助微信“问卷星”小程序在网络开展。问卷调查表主要设计了调查对象基本信息版块、网络评论类型和功能认知版块、阅读和使用情况版块、期待与建议版块等。

其中，调查对象基本信息版块包括受调查者性别、年龄、职业、文化程

① 赵曙光．中国网络评论：概念、发展与特点[J]．青年记者，2019(3)：9.

② 杨玉圣．论小区善治与社会建设创新[J]．社会科学论坛，2014(1)：4-37.

度等；网络评论类型和功能认知版块包括网络评论类型构成认知、功能认知两方面；阅读和使用情况版块包括获取网络评论的媒介、平台、个体能动性、智能推荐内容的满意度、每日阅读时间、个人对评论的关注程度、个人对多媒体评论的接触情况和倾向、参与评论的程度；期待与建议版块包括对网络评论的选题建议、作者及内容构成建议等。(问卷调查表详见本文附件部分)

笔者在荆州市X小区的多个业主微信群向业主推送调查问卷。从2020年9月29日至10月5日，共回收问卷102份，经一一审查，问卷全部完整有效。

(二)数据统计与分析

1. 受访者基本信息分析

从性别分布上看，在102名受访者中，男性为46人，女性56人，性别分布较均衡。从年龄分布上看，受访者年龄在20~29岁的为8人，30~39岁的为30人，40~49岁的为41人，50~59岁的为17人，60岁及以上的为6人，年龄分布较为分散。从职业分布上看，专业技术人员、机关单位管理人员、企业中高层管理人员、私营企业主、商业服务人员、产业工人、单位职员、离退休人员等均有分布，其中占比前三位的分别是专业技术人员、机关单位管理人员和私营企业主(分别占比28.43%、14.71%和10.78%)。这些人员在社会中相对较为活跃，且具有较高的社会影响力和话语权，更有可能成为周围人群的意见领袖，代表业主群体的观点。从文化程度上看，高中(中专)及以下为20人，大学专科为31人，大学本科为37人，硕士博士研究生14人。

由于问卷调查是在小区的微信群展开，受访者将近七成是X小区的业主。该小区为已建十多年的商品房住宅小区，相对新小区而言，住户较为稳定。相对于具有更多共同属性的“单位小区”而言，本次调查中的受访者在性别、年龄、职业、文化程度分布上的不集中特征，使访问对象更具有群众代表性，也反映了当前商品房住宅小区的业主构成特点。

2. 受访者对网络评论类型和功能认知分析

作为一个专业术语，“网络评论”一词在新闻传播学的理论探讨和网络媒体的具体实践中被广泛使用，然而，学界和业界其实并没有达成何为“网络评论”的共识。在具体场景之下，网络评论的概念常常与网络新闻评论、网络言论等交叉混用。在学界，有研究者将“网络评论”看做与报刊、电视等传统媒体的新闻评论相对等的概念，是一种较为“成文”的评论文章，具有“机构化”言论的特点。也有学者认为网络评论“从本质上说是一种意见信息，是个人或者组织在网络媒体上首发的就新闻事件和社会现象、社会问题的见解”，也包含了那些“不成文”的观点表达。①前者往往来自新闻媒体的“精雕细刻”，而后者更多来自网友的即兴发挥。网友们通过网络阅听新闻后，在留言板上的符号化的“点赞”“拍砖”及通过文字进行的观点表达均在网络评论之列。

从调查问卷的回收情况看，受访者并不将网络评论局限于传统媒体新闻评论的网络呈现上，而是对网络评论有着较大的包容度。多数受访者均认为，网络评论的类型包括：(1)通过互联网发表的新闻评论；(2)以留言、弹幕等多种形态存在的跟帖评论；(3)微博、微信、论坛、贴吧等社交媒体或其他新媒体平台上以多媒体形态表达的网民意见；(4)网媒发布的时事评论、社论、短评；(5)通过网络发布的影视评论、音乐评论和书评。

值得注意的是，84.31%的受访者认为网络评论的类型包括“微博、微信、论坛、贴吧等社交媒体或其他新媒体平台上发布的网民意见”，而认为“网络媒体发布的新闻评论”属于网络评论的只占76.47%，体现出受访者有更多倾向将网络评论看做一种“意见性信息”。

在对网络评论功能的认知上，受访者认为“网络评论能增强社区居民对新闻或者社会现象或问题的关注度”的达到了90.2%，认为网络评论能反映很多或者部分社会现实问题的达到92.16%，认为网络评论能解决或促进社会问题解决的达到84.31%，这表明小区居民对“网络评论具有较强大的社会功能”有高度趋同的认可。

此外，在对网络评论特征的认知上，超过六成的受访者认为，较之传统媒体的评论而言，网络评论具有时效性强(69.61%)、互动性强(66.67%)、内容更新快(62.75%)的优势，但绝大多数人并不认为网络评论的专业化

① 李舒．新闻评论[M]．北京：中国人民大学出版社，2013：250.

更强。

3. 受访者对网络评论的阅读和使用情况分析

民众网络评论涌现于网络，始于门户网站、BBS/论坛兴起的 Web1.0 阶段，经由微博、微信等崇尚用户分享的社交媒体为主体的 Web2.0 阶段后，现在进入以人工智能、大数据、算法技术为技术基础的个性化推荐网络评论 Web3.0 阶段。三个阶段的叠加，使得网络评论的获取渠道和平台多元。对网络评论的阅读和使用习惯的获取和运用，也是各类媒体加强网络评论工作的重要基础。

调查显示，在 102 名受访者中，76 人通过手机和电脑阅读网络评论，占比 74.51%，仅仅通过手机来阅读网络评论的受访者为 24 人，占比 23.53%，仅 2 人通过电脑来获取和阅读网络评论（图 3）。而从网络评论发布平台来看，102 名受访者中高达 94 人通过微信接触网络评论，占比达 92.16%，获得网络评论的平台依次为微信、新闻客户端、新闻门户网站、微博、直播类网站或 APP（图 4）。这样的结果一定程度上反映出当前移动互联时代的阅读特征。

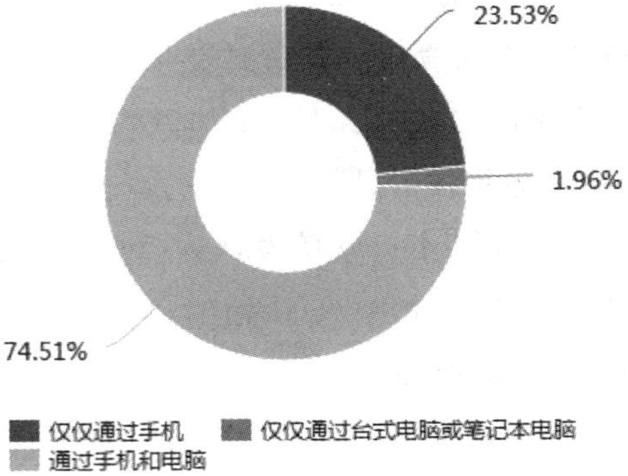

图 3　受访者获得网络评论的媒介分布

在对获得网络评论方式的调查选题中，53.92%的受访者选择主动获取，多于接受移动新闻客户端的智能推送（46.08%），这显示出受访者在选择新闻评论时存在较大的主观能动性，从另一个侧面也反映了受访者对智能推送的

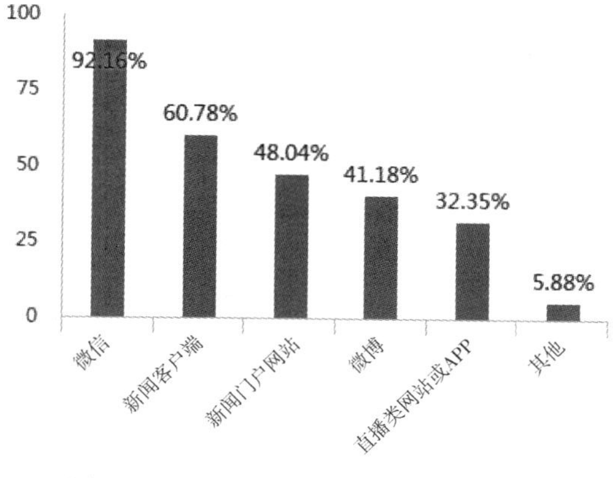

图 4　受访者接触网络评论的平台分布

新闻及评论的满意度不高。这与第 10 题和第 12 题所调查的结果相互印证。调查显示，受访者对今日头条等新闻客户端推荐的新闻及评论表示满意和很满意的，只有 26. 47%，67. 65%的受访者表示满意度一般。这个结果与将近半数的受访者(45. 1%)没有较固定地接触网络评论的平台具有较为紧密的相关性。

在阅读网络评论的时间上，26. 47%的受访者每日阅读网络评论的时间在 15 分钟以内，每日阅读网络评论在 15~30 分钟的受访者占比 45. 1%，受访者阅读网络评论的时间偏少，与受访者对网络评论的整体满意率不高存在一定联系。从调查结果看，受访者对阅读过的网络评论内容的满意度，感觉“很满意”和“满意”的分别只占 2. 92%和 24. 51%。受访者虽然对网络评论有着一定的关注度，但“碰到感兴趣的新闻或者社会问题才关注”的人占比达 53. 92%，而一直很关注的人占比仅仅为 16. 67%。

在受访者参与网络评论的调查上，多数人(58. 82%)“没有通过微信、微博等发布过新闻事件或反映过社会现实问题”，写过较长篇幅的网络评论的仅仅只有 2 人，多数人只是写过留言、跟帖等短评，阅读他人发布的评论后，多数人也仅仅是以“点赞”这种简单的互动方式来回应他人的评论。

以上结果表明，受访者参与网络评论的深度还不够，用户对当前网络评论内容的黏度不足，深度用户还有待培养，网络评论的“市场”还有巨大开发空间。

4. 受访者对网络评论的期待和评价分析

由于受访者对网络评论具有较强大的社会功能有着充分的认可，这也使得受访者虽然对当前的网络评论内容满意度不高，但仍然对网络评论充满期待。

就网络评论的形式而言，在102名受访者中有92人看过或者听过有别于传统文字评论的视频评论、音频评论、图片评论，其中88人希望多看到视频、音频、图片等形式的网络评论。这个结果可以给从事网络评论内容生产的媒体带来一定启发。就传统纸媒而言，只有拥有一种与时俱进的品质，才能用实践响应和落实党中央提出的“建设新型主流媒体”“加快推动媒体融合发展，构建全媒体传播格局”的新闻宣传工作的指导精神。

在有关媒体评论发布的期待调查中，绝大多数(64.71%)的受访者更希望媒体将专业人员写的评论和网民所写的评论综合编排。这表明在网络评论的内容生产上，由专业人员写的评论(PGC)和由网民自由写作的评论(UGC)都不能完全满足读者的阅读需求，媒体在向受众推送评论内容时，采用“PGC+UGC”的方式，可能更易满足受众的多元需求，而“PGC+UGC”的生产方式，需要媒体付出更多的时间用于评论内容的编排。媒体不仅要对专业评论文章“精雕细刻”，还要对网友的跟帖回帖“精选细选”，“置顶”或“互动”，兼顾各方观点，这样才能获得更多关注和认可。

在选题上，《人民日报》原总编辑邓拓曾提出应根据“党中央和国务院的决定和批示”“读者来信反映的情况和问题”等五个方面进行选题选择。评论家汪言海进一步总结新闻评论的选题来自“三头”，即“上头的精神”“下头的实际情况”“外头的情况”。① 在此次调查中，多数受访者(85.29%)虽然认为当前的网络评论较多地关注了基层较为普遍关注的社会问题，但仍不满足，89.22%的受访者还是希望当前的网络评论应加大对社会问题的关注力度。

此次调查中，受访者在“您关注的网络评论来自哪些媒体?”的回答中，商业化网媒是受访者获得网络评论的第一来源，超过了党报党刊；受访者对党报党刊的网站及其开办的微信、微博、客户端、论坛等发布的评论的满意

① 汪言海. 新闻评论不神秘[M]. 北京：北京师范大学出版社，2014：23.

度也不高，表示“很满意”和“满意”的受访者分别占2.94%和22.55%，这表明，党报的网络评论还应进一步做好“走转改”，进一步关注基层群众普遍关注的社会问题。

（三）结论与讨论

通过小区居民在网络评论认知、使用、期待、评价上的调查，我们发现，小区居民在对网络评论这个概念的理解上，对“意见”这一内涵比较偏重，对网络评论的社会功能有一致肯定，但从小区居民对网络评论的阅读、使用、参与等方面来看，网络评论的深度用户还有待进一步培养，群众对当前的网络评论的满足度，包括对党媒网络评论的满足度都有待提高。受访者期望作为新型主流媒体的党媒能在选题上更加贴近基层，持续关注民生，编排上更加注重将精品评论内容和群众多元观点表达统筹起来。期待这次调查结果，能为包括党媒在内的各类媒体在做好评论文章，赢得群众支持，提升媒体舆论引导力上提供帮助。

由于本次调查获得的样本总量并不充足，调查结果的科学性难免会受到一定影响，笔者期待有研究者能够进行更大范围的调查，继续推进这个课题的研究。

七、网络评论群众工作机制新举措借鉴

从某种意义上说，谁赢得了评论，谁就能更好地掌握舆论引导的主动权。网络评论工作离不开强化与群众的联系，需要对群众进行精准定位，满足其需求；需要开办建设性的舆论监督类评论栏目，为群众提供事情的真相，用事实讲道理；需要提高评论发布门槛，聚焦优质评论，增强用户平台信赖感；需要培育意见领袖，提升平台知名度；需要整合网民观点，形成舆论多元的良性态势。

（一）强化与群众的联系，注重沟通

习近平强调：“要让互联网成为我们同群众交流沟通的新平台，成为了

解群众、贴近群众、为群众排忧解难的新途径，成为发扬民主、接受人民监督的新渠道。”①网络媒介在为群众提供发表意见和政府进行沟通渠道的同时，媒介在落实民意的过程中仅仅发挥了渠道的作用，网民发表意见之后，无论是媒体的重视、政府解决问题等，群众参与互动都未达到理想效果。

网络评论要发挥引导舆论的作用最重要的是打通与群众之间的隔阂，满足群众需求，注重与群众之间的互动，把网络作为听取民意的重要渠道。媒体要吸引、留住以及影响群众，积极回应网民群众关切的事情，答疑解惑，增强用户黏性，赢得民心。如何加强与网民的互动？在这方面微信公众号侠客岛的工作人员注重与后台的群众积极互动并在全国范围内举办各种沙龙，如“岛友走进中共中央对外联络部”沙龙、“汶川大地震十周年”线下沙龙、“基层治理”线下沙龙、纪念“马克思诞辰200周年”北大线下沙龙等。② 他们加强与群众的联系，把评论打造成与群众交流的平台，积极回应群众需求，从而受到了群众的喜爱。

(二)精准定位，满足群众需求

习近平在《在网络安全和信息化工作座谈会上的讲话》(2016年)中指出：“网民大多数是普通群众，来自四面八方，各自经历不同，观点和想法肯定是五花八门的，不能要求他们对所有问题都看得那么准、说得那么对。”③如若在传播实践中没有坚持马克思主义新闻观中的人民性，没有发出人们期待的声音，只站在传者中心的立场进行官方导向，会导致群众产生对抗式解读，对传播者的意图进行曲解或反向解读，从而颠覆最初的传播意图。

想要做好网上群众工作，得先满足群众需求。应按照不同网评作品的特色，对群众进行精准定位，在平台上进行分众化、差异化传播，形成全方位、多层次的网上舆论矩阵，实现用户对网络评论需求的“一网通”。④ 应了解群

① 习近平在网络安全和信息化工作座谈会上的讲话[N]. 人民日报，2016-04-26(2).

② 刘春芳. 浅议网络评论的“六名”效应[J]. 新闻论坛，2018(6).

③ 习近平在网络安全和信息化工作座谈会上的讲话[N]. 人民日报，2016-04-26(2).

④ 杨虹磊，林杉. 网络评论的突破与创新——以楚天网络评论研究院为例[J]. 新闻前哨，2020(8)：12-13.

众喜好，运用网言网语，创新语言表达方式，贴近人民。① 形式的创新会让受众耳目一新，愿意主动去获取评论信息，除了常规文字类评论以外，还要积极探索网络评论的可视化呈现，运用视频短评、漫画、图片、音频等形式突破评论的传统框架，把我们要说的转化成群众想看的，引导网民多看到事情的本质，看到正义的一面。

（三）开办建设性舆论监督类评论栏目

南方日报为践行以人民为中心的发展思想，充分彰显党媒为民发声、为民服务的初心使命，开创了《南方曝光台》栏目，用建设性舆论监督报道推动解决社会问题。浙江日报在 2018 年 8 月 8 日推出建设性舆论监督栏目《一线调查》，在舆论纷杂、难辨是非的时候，用理性的声音来答疑解惑，指出问题关键所在，为群众提供事情的真相，用事实讲道理，占领舆论的最高点。

（四）提高评论发布门槛，聚焦优质评论

当前，“键盘侠”在网络中发表的言论使得评论门槛太低，且占有网络优质资源，给互联网的秩序带来了极大的影响。信息传播速度越来越快的网络时代，增加优质网络评论的需求比提高评论数量更值得追求。②《华尔街日报》“用户之音”团队通过对可以评论的文章进行限制，通过限定用户发言，对部分新闻开放评论区采用仅注册用户评论、付费墙等形式提高用户门槛，对用户进行二次筛选，以保证评论的高质量，取得了较好的效果。③

为提高受众的体验感，《华尔街日报》通过聚焦优质评论，跟进用户留言，让用户的投票决定报道走向等做法，从评论里找新闻由头，拓展深度报道空间。为让用户有更充分的评论空间，《华尔街日报》在用户下载 APP 后，通过强硬的“付费墙”模式对用户进行筛选，再通过不同类别和主题信息将用

① 陈烈荣．网络群众路线：互联网时代群众工作的变革与创新[J]．嘉兴学院学报，2017(5)：115-118.

② 韩晓．网络评论中用户深层价值的挖掘之道——以《华尔街日报》的“用户之音”团队为例[J]．传媒，2019(18)：46-47.

③ 韩晓．网络评论中用户深层价值的挖掘之道——以《华尔街日报》的“用户之音”团队为例[J]．传媒，2019(18)：46-47.

户分类，聚集相同爱好者，在保证用户体验感的同时，提高用户在高质量阅读氛围下的评论撰写，从而使用户获得认同感和归属感，提高对平台的可信度。①

（五）培育意见领袖

温州新闻网对每届举办的时政评论挑战赛选拔出的优秀网评员，组建“明星评论员”队伍，通过积极引导“明星评论员”发表优质评论，在引导社会舆论的同时，以打造核心网评员个人品牌为基础，打造温州原创评论大咖群体，逐步构建温州新闻网评论品牌形象。②

培育意见领袖，挖掘政治可靠，有热情、有能力、有亲和力的网评员和网评编辑进行培养，把他们打造成名评论员、名编辑。③一个有影响力的意见领袖可以迅速提升网络平台的知名度，在正面宣传时，扩大正能量，在引导舆论时，明辨是非，有效提高网上舆论的引导能力。

（六）整合网民观点，形成舆论多元的良性态势

新华网评推出《留言排行》《争鸣擂台》《来论选登》等栏目，人民网观点频道推出《网友说话》《网上民意》栏目，长江时评推出《长江关注》《名家荟萃》等栏目，在为群众提供表达交流空间的同时，通过编辑把关，有意识地整合以及放大其言论的建设性，抑制言论中的破坏性。传播正能量以及主流观点，确保网络评论始终保持正确的方向。④（杜娟、李若竹、李益民、柯艺、魏晶晶、张社宁、莱再提·吾拉孜等参与了本文的撰写。）

① 韩晓. 网络评论中用户深层价值的挖掘之道——以《华尔街日报》的“用户之音”团队为例[J]. 传媒，2019(18)：46-47.

② 黄作敏. 打造网络评论品牌的四个关键词——以温州新闻网《好评如潮》栏目为例[J]. 传媒评论，2019(12)：70-72.

③ 杨虹磊，林杉. 网络评论的突破与创新——以楚天网络评论研究院为例[J]. 新闻前哨，2020(8)：12-13.

④ 李冬安. 建设网络评论频道方法初探[J]. 中国广播，2009(12)：60-62.

附件

荆州市小区居民对“网络评论”的认知、使用、期待与评价调查问卷

尊敬的各位业主邻居，大家好！

本问卷是华中科技大学新闻与信息传播学院承担的荆楚网课题——《我国网络评论流变及其影响要素研究》研究团队设计的，期待通过网络匿名问卷的方式了解小区居民对“网络评论”的认知、阅读和使用情况，及对当前网络评论的评价、期待与建议。本次调查的结果仅用于科研，被调查者的个人信息将严格保密。本次问卷约需耗费您5~10分钟，感谢您的支持和参与。

第1题　你的性别是：______[单选题]

(1)男　　(2)女

第2题　您的年龄为：______[单选题]

(1)20岁以下　　(2)20~29岁

(3)30~39岁　　(4)40~49岁

(5)50~59岁　　(6)60岁及以上

第3题　您的职业是：______[单选题]

(1)机关单位管理人员

(2)专业技术人员(如教师、医护人员、工程技术人员等)

(3)企业中高层管理人员

(4)私营企业主

(5)单位职员(党政机关和事业单位从事一般性事务工作的人员)

(6)产业工人

(7)商业服务业人员

(8)家庭主妇

(9)无业或失业

(10)离退休人员

(11)其他

第 4 题　你的受教育程度是：______［单选题］

（1）高中（中专）及以下　　（2）大学专科

（3）大学本科　　（4）硕士、博士研究生

第 5 题　您所住的小区是：______［单选题］

（1）新城国际　　（2）美林湖畔

（3）其他小区

第 6 题　你认为网络评论可包括以下哪些类型：______［多选题］

（1）网络媒体发布的新闻评论

（2）网络媒体发布的文字、语音、视频新闻后面的留言、弹幕等跟帖评论

（3）微博、微信、论坛、贴吧等社交媒体或其他新媒体平台上发布的网民意见

（4）网络媒体发布的时事评论、社论、短评等

（5）通过网络发布的影视评论、音乐评论、书评等

第 7 题　您认为网络评论能否增强社区居民对新闻或者社会现象或问题的关注度：______［单选题］

（1）能　　（2）不能

第 8 题　您获得网络评论的媒介为______［单选题］

（1）仅仅通过手机

（2）仅仅通过台式电脑或笔记本电脑

（3）通过手机和电脑

第 9 题　您经常接触网络评论的平台有：______［多选题］

（1）微信　　（2）新闻客户端

（3）微博

（4）新闻门户网站（如人民网＼荆楚网＼网易＼新浪的门户网站）

（5）直播类网站或 APP　　（6）其他

第 10 题　您接触网络评论的平台是否较为固定______［单选题］

（1）固定使用一个平台　　（2）固定使用多个平台

（3）无固定平台

第 11 题　您获得网络评论的方式为______[单选题]

(1)自己主动获取

(2)接受移动新闻客户端(如今日头条等)的智能推送

第 12 题　您对今日头条等新闻客户端向您推荐的新闻及评论满意度如何？______[单选题]

(1)很不满意　　(2)不满意

(3)一般　　(4)满意

(5)很满意

第 13 题　您每天阅读网络评论的时间为______[单选题]

(1)15 分钟以内　　(2)15~30 分钟

(3)30~60 分钟　　(4)60 分钟以上

第 14 题　您对网络评论的关注度为：______[单选题]

(1)一直很关注　　(2)经常关注

(3)碰到感兴趣的新闻或者社会问题才关注　(4)基本不关注

第 15 题　网络评论是否反映社会现实问题______[单选题]

(1)网络评论能够反映很多社会现实问题

(2)网络评论能够反映部分社会现实问题

(3)网络评论较少反映社会现实问题

(4)网络评论无法反映社会现实问题

第 16 题　网络评论能否解决社会现实问题？______[单选题]

(1)能解决

(2)能促进问题得到解决，如促进制度的建立与完善

(3)不能解决

第 17 题　您对阅读过的网络评论的内容是否满意______[单选题]

(1)很不满意　　(2)不满意

(3)一般　　(4)满意

(5)很满意

第 18 题　您是否看(听)过视频评论、音频评论、图片评论：______[单选题]

(1)是　　　　　　　　　　　(2)否

第19题　相对于传统的文字评论，您是否希望多看到视频、音频、图片等形式的网络评论？______[单选题]

(1)是　　　　　　　　　　　(2)否

第20题　您有没有通过微信、微博等发布过新闻事件或反映过社会现实问题？______[单选题]

(1)有　　　　　　　　　　　(2)没有

第21题　您是否写过网络评论______[单选题]

(1)写过较长篇幅的网络评论

(2)写过留言、跟帖等短评　(3)没有写过

第22题　您阅读他人发布的网络评论后，主要进行过何种方式的交流与互动______[单选题]

(1)通过"点赞"等符号表示认同或者反对

(2)通过评论文字表达认同或者反对

(3)通过网络留言联系过评论作者进行交流

(4)只是看看，基本没有进行过交流和互动

第23题　您认为相对于传统媒体发布的评论文章，网络评论有何优势？______[多选题]

(1)时效性强　　　　　　　　(2)互动性强

(3)专业化强　　　　　　　　(4)个性化强

(5)内容更新快　　　　　　　(6)其他

第24题　您更希望阅读媒体发布的评论为：______[单选题]

(1)专业人员写的评论

(2)网民所写的评论

(3)媒体将专业人员和网民所写评论综合编排的评论

第25题　您觉得当前的网络评论较多地关注哪些社会现象及问题？______[多选题]

(1)国家层面的大事　　(2)基层(如社区居民)较为普遍关注的社会问题

(3)国际时事　　　　　(4)其他

第 26 题　您希望当前的网络评论应加大哪方面的关注力度？______[多选题]

(1)国家层面的大事　(2)基层(如社区居民)较为普遍关注的社会问题

(3)国际时事　(4)其他

第 27 题　您关注的网络评论来自哪些媒体？______[多选题]

(1)党报党刊的网站及其开办的微信、微博、客户端、论坛等

(2)商业化媒体的网站及其开办的微信、微博、客户端、论坛等

(3)企事业单位开办的网站、微信、微博、客户端、论坛等

(4)朋友的公众号

第 28 题　您对党报党刊的网站及其开办的微信、微博、客户端、论坛等发布的评论的满意度如何？______[单选题]

(1)很不满意　(2)不满意

(3)一般　(4)满意

(5)很满意

第 29 题　您认为党报党刊的网站及其开办的微信、微博、客户端、论坛等发布的评论应加强对哪些内容的关注？______[多选题]

(1)国家层面的大事，如中央政策、文件的解读

(2)基层群体普遍关注的问题，如城市社区居民的权益等

(3)国际政治、经济形势

(4)其他

第 30 题　您阅读过哪些主流党媒的评论专栏及其评论内容：______[多选题]

(1)人民网的强国论坛、人民时评、清风时评　(2)光明网的光明时评

(3)湖北日报网(荆楚网)的东湖评论　(4)荆州日报网(楚网)的时评

(5)其他______

第 31 题　您觉得小区有哪些问题值得党媒的评论关注和讨论：______[多选题]

(1)物业公司的服务质量和态度问题

(2)小区业委会工作监督机制缺乏等问题

(3)小区公共收益的归属和使用问题

(4)小区绿化问题

(5)小区安全问题(如高空抛物、监控设备老化失修、业主遛狗不牵绳)

(6)小区业主侵占公共绿地

(7)小区业主无故违章搭建

(8)小区公共区域停车位及停车费的收费问题

(9)小区步梯房加装电梯的问题

(10)其他

第32题　您对党报党刊所办的网络媒体(如人民网、湖北日报网)开展评论工作有何建议：______[填空题]

第33题　为方便与您进行进一步交流，若您同意，可留下您的电话或微信等联系方式：______[填空题]

课题负责人：刘洁，华中科技大学新闻与信息传播学院教授、博士生导师

课题组成员：(按行文顺序排列)

杜　娟，华中科技大学新闻与信息传播学院博士生

李若竹，华中科技大学新闻与信息传播学院硕士生

李益民，华中科技大学新闻与信息传播学院硕士生

柯　艺，华中科技大学新闻与信息传播学院博士生

魏晶晶，华中科技大学新闻与信息传播学院硕士生

张社宁，华中科技大学新闻与信息传播学院博士生

莱再提·吾拉孜，华中科技大学新闻与信息传播学院硕士生

影响用户对社交媒体上新闻跟帖意愿的因素探究

牛 静 张 阳

社交媒体改变人们获取信息的路径，促进自媒体的繁荣，对专业媒体的信息传播模式与传播格局带来了重大的冲击。① 目前，社交媒体已逐渐成为公众进行新闻获取、新闻评论、新闻转发的重要渠道。据中国互联网络信息中心调查，每天上网看新闻的网民比例高达 61.9%；在评论方面，在微信、微博上参与新闻评论的网民比例分别达到 62.8%和 50.2%；在新闻转发方面，朋友圈、微信公众号渠道转发率最高，分别为 43.2%和 29.2%。②

社交媒体已成为网络舆论的重要源头。用户自发地发表见解、反馈信息、讨论国家大事，增加了信息发布的层次。对于越来越多的用户而言，观看评论和观看信息一样具有价值。③ 网站评论区作为互联网媒体所提供的，就新闻等主题发表、交换意见的场所，网民在这些评论区中汇聚意见，形成舆论。④ 探究影响用户在社交媒体上浏览新闻时评论或不评论的因素，有助于建设积极活跃的互联网舆论生态环境。

一、文献综述与研究问题

（一）用户浏览新闻及参与跟帖行为

目前，网络新闻进入比较成熟的发展阶段，社交平台成为新闻信息广泛

① 彭兰. 网络传播概论（第四版）[M]. 北京：中国人民大学出版社，2017：6-7.
② http://www.cnnic.net.cn/hlwfzyj/hlwxzbg/mtbg/201701/t20170111_66401.htm.
③ 曾祥敏. 中国新媒体研究报告 2019[M]. 北京：人民日报出版社，2019：34-35.
④ 刘志杰. 网民新闻参与研究[D]. 重庆大学，2017：1.

传播及新闻素材收集的重要渠道。一方面，微博、微信等社交工具与资讯客户端的协同，极大提升了新闻传播的范围和速度；另一方面，基于社交的自媒体应用在用户规模方面的优势，拓展了新闻素材的来源。①

社交媒体渐成用户在网络上获取新闻的主要渠道。基于用户规模和高频使用的优势，移动社交平台、手机浏览器已成为用户在互联网上浏览新闻的主要入口。企鹅智酷2015的一项调查显示，70.2%的用户过去一年要比往年更多地使用社交应用看新闻，不用社交应用看新闻的用户只有10.3%。② 皮尤研究中心一项调查显示，68%的美国参与者使用社交媒体来观看新闻。③此外，匡文波调查发现，我国网民在接收新闻信息时，倾向于通过移动端从微信、微博、抖音等新媒体渠道获取信息。④

研究问题1：用户主要在哪些社交平台上看新闻，浏览频率和时长如何？

网民普遍关注新闻评论，但经常参与跟帖的仍较少。中国互联网络信息中心的调查显示，67%的用户会关注新闻后面的跟帖，但参与评论的比例仅为8.2%。⑤ 周懿瑾在对网易新闻客户端的研究中，发现大部分用户尚属于“围观”阶段，一般情况下主要是看帖而不是跟帖，偶尔情况下才会主动跟帖。⑥ Barnes 发现，在所有用户中，绝大多数人会阅读评论，但只有4.1%的用户定期或经常发表评论。⑦ Jomini Stroud 在一项调查中发现，在新闻后面跟帖的用户只占14%，而51%的用户既不阅读跟帖也不跟帖，35%的用户阅读跟帖但不跟帖。活跃的跟帖者更是稀少，即使在14%跟帖的用户中，每天跟

① http://www.cnnic.cn/hlwfzyj/hlwxzbg/sqbg/201712/P020180103485975797840.

② https://tech.qq.com/original/biznext/b138.html.

③ https://www.pewresearch.org/fact-tank/2019/04/10/share-of-u-s-adults-using-social-media-including-facebook-is-mostly-unchanged-since-2018/.

④ 唐旭军，黄楚新. 中国新媒体发展报告 No. 11（2020）[M]. 北京：社会科学文献出版社，2020：105-119.

⑤ http://www.cnnic.net.cn/hlwfzyj/hlwxzbg/mtbg/201701/t20170111_66401.htm.

⑥ 周懿瑾. 移动网民新闻阅读的特征、使用习惯和动机[J]. 新闻记者，2013（10）：64-70.

⑦ Renee Barnes. Understanding the Affective Investment Produced Through Commenting on Australian Alternative Journalism Website New Matilda[J]. *New Media & Society*, 2015, 17（5）：810-826.

帖的也只占 6.3%。①

少数的活跃用户贡献了较多的跟帖。频繁跟帖的用户占比不大，但作为活跃的核心用户，他们贡献了较多的跟帖。周懿瑾在调查中发现，所有参与跟帖的用户中，“偶尔才会跟帖”的用户占比超出 74%，10 条新闻有 5 条以上会参与跟帖的用户占比约为 12%。② 中国互联网信息中心对网络新闻用户进行群体细分时发现，经常参与意见表达的用户集中在 25~34 岁，且其中的高学历用户更乐意表达观点。③ 活跃用户聚集在知乎、果壳、分答等知识问答社区和网络社群，在集中爆发的网络舆论热点事件产生、发酵和传播过程中起到了非常重要的作用。④ 因此，厘清多数用户不参与评论和少数活跃用户参与评论的原因，对于探究网络舆论的形成原因将大有帮助。

研究问题 2：多少用户会阅读网民在新闻后面的跟帖，并进一步参与跟帖？用户的跟帖行为具有什么特征？

（二）影响用户对新闻跟帖意愿的因素

本研究检索文献发现，影响用户对新闻跟帖意愿的因素可归纳为四个方面。

第一，侧重于研究新闻本身对跟帖意愿的影响。第二，从用户个人动机和特征出发，探讨用户跟帖动机与跟帖意愿的关系。第三，探究社交平台的管理政策和用户跟帖意愿的关系。第四，从评论区的跟帖内容出发，研究跟帖区的讨论环境与用户跟帖意愿与行为的关系。

1. 新闻与跟帖意愿

国内外有很多研究关注到了用户跟帖意愿和新闻的关系。一般来说，用户跟帖的意愿和新闻本身直接相关，新闻的话题、情感倾向、内容的具体组

---

① https://mediaengagement.org/wp-content/uploads/2016/03/ENP-News-Commenters-and-Comment-Readers1.

② 周懿瑾. 移动网民新闻阅读的特征、使用习惯和动机[J]. 新闻记者，2013(10)：64-70.

③ http://www.cnnic.net.cn/hlwfzyj/hlwxzbg/mtbg/201701/t20170111_66401.htm.

④ 周懿瑾. 移动网民新闻阅读的特征、使用习惯和动机[J]. 新闻记者，2013(10)：64-70.

织和外在呈现形式都会影响用户跟帖的意愿。

新闻可通过引起用户的兴趣或刺激用户的情感，激发用户的跟帖意愿。Jodi McFarland 认为，往往是对新闻的强烈兴趣或情感反应引发了评论的欲望。① Thomas B. Ksiazek 也发现，用户倾向于对有趣且能激发情感的故事进行评论。②

研究问题 3：用户更愿意在感兴趣的新闻后面跟帖吗？

研究假设 3：用户更愿意在感兴趣的新闻后面跟帖。

在刺激用户的情感方面，负面新闻可能要比正面新闻高效得多。负面情绪，尤其是愤怒，往往比社交媒体上的其他情绪传播得更快。③ 研究发现，用户对负面新闻的评论比正面新闻要多得多，而涉及积极话题的新闻收到的评论较少。④

总体而言，用户往往在敏感话题⑤和有争议的⑥新闻后面发表评论。此外，用户跟帖的意愿还和新闻的话题类型有关。调研数据证实，政治新闻更容易引起人们的评论。Jomini Stroud 发现，与体育、商业、科技和医疗新闻相比，有关美国政治或国内政策的新闻更容易引起用户的评论。⑦ Boczkowski 和 Mitchelstein 发现关于公共事务的文章用户评论数量最多，尤其是政治。⑧

---

① https://search.proquest.com/docview/1460261811/36E1ED36E35F4AA3PQ/1? accountid=11524.

② Thomas B Ksiazek. Commenting on the News: Explaining the degree and quality of user comments on news websites[J]. *Journalism Studies*, 2016(5): 650-673.

③ https://www.researchgate.net/publication/306186965_Easier_contagion_and_weaker_ties_make_anger_spread_faster_than_joy_in_social_media.

④ Qian Liu & Mi Zhou. Understanding News 2.0: A framework for explaining the number of comments from readers on online news[J]. *Information & Management*, 2015, 52(7): 764-776.

⑤ Toepfl. Targeting dominant publics: How counterpublic commenters align their efforts with mainstream news[J]. *New Media & Society*, 2018, 20(5): 2011-2027.

⑥ Tenenboim. What prompts users to click and comment: A longitudinal study of online news[J]. *Journalism: Theory, Practice & Criticism*, 2015, 16(2): 198-217.

⑦ https://mediaengagement.org/wp-content/uploads/2016/03/ENP-News-Commenters-and-Comment-Readers1.

⑧ Boczkowski, Mitchelstein. How Users Take Advantage of Different Forms of Interactivity on Online News Sites: Clicking, E-Mailing, and Commenting [J]. *Human Communication Research*, 2012, 38(1): 1-22.

具体到新闻内容的组织上，Weber 发现，评论数量的多少与新闻接近性、事实轻重、报道连续性相关。与用户所在群体有关的新闻、连续报道的新闻将获得更多评论。仅仅提供关于事件的报道，而没有进一步的解释或情境分析，会显著减少参与跟帖的数量。①

除了新闻的内容，报道的形式也可以用来解释其和用户跟帖意愿之间的关系。新闻机构越来越多地采用多媒体的方式来报道新闻，除了简单的基于文本讲故事，数字平台的可视性使记者能够整合视频、照片、音频和信息图表来增强用户体验。② Xiaodong Feng 对部分新浪微博账号的跟帖进行内容分析发现，用户参与评论的意愿受到信息丰富度的影响，多媒体形式更丰富的帖子会带来更多的用户互动。③

2. 跟帖动机与跟帖意愿

部分研究考查了用户跟帖的动机。Diakopoulos 从使用满足理论出发，将用户参与跟帖的动机分为以信息为中心（添加信息或指出错误的信息）的动机、个人身份动机、社会互动动机、娱乐动机、说服动机。④ 张雯对突发风险事件中国公众的跟帖行为进行研究，发现利己的“情绪满足”和利他的“社会贡献”影响着公众的跟帖意愿。⑤ 表明立场和观点是多数用户参与跟帖的动机。Canter 发现，用户跟帖的主要动机是想对新闻的主题表达个人观点；⑥ Hmielowski 发现，当用户感觉自己的立场受到挑战时，他们更有可能

---

① Weber Patrick. Discussions in the comments section: Factors influencing participation and interactivity in online newspaper reader comments[J]. *New Media & Society*, 2013, 16(6): 941-957.

② Thomas Ksiazek. Commenting on the News: Explaining the degree and quality of user comments on news websites[J]. *Journalism Studies*, 2016(5): 650-673.

③ Xiaodong Feng. Why do people comment on government social media? ——An empirical analysis on China's local governments in Sina Weibo[J]. *International Journal of Internet and Enterprise Management*, 2019(2): 160-173.

④ Diakopoulos. Towards Quality Discourse in Online News Comments[J]. *CSCW '11: Proceedings of the ACM* 2011 *conference on Computer supported cooperative work*, 2011: 133-142.

⑤ 张雯. 突发风险事件中公众跟帖行为影响因素分析——基于探索性序列设计的混合研究[J]. 情报，2019(7): 138-145.

⑥ Canter, Lily. The Misconception of Online Comment Threads: Content and Control on Local Newspaper Websites[J]. *Journalism Practice*, 2013, 7(5): 604-619.

发表评论。①

用户跟帖的动机会因为新闻类型的差异而有所不同。首先，56.0%的用户是为了表达一种观点或情感而跟帖，其次，是为了增加信息容量、纠正错误信息和参与辩论。不过，对于美国政治新闻，大多数用户跟帖的目的是为了表达一种情感或观点、参与辩论和教育他人。对于本地或社区新闻，大多数跟帖者是为了分享经验或对他人表示同情，想成为社区的一部分。②

研究问题4：用户参与跟帖的动机是什么？不愿意参与跟帖的原因是什么？

3. 外部政策与跟帖意愿

社交媒体的管理政策，如对跟帖管理的严格管理和跟帖非匿名原则，将影响用户的跟帖意愿。在社交网站上的匿名将提高用户的跟帖意愿。Jomini Stroud的一项调查显示，66.6%的人认为匿名可以让人们表达他们平时不愿意表达的观点。③ Diakopoulos发现，隐私脆弱性是用户不愿发表评论的原因，不完全的匿名导致用户不想跟帖。④ 此外，Weber发现，网站对用户的评论管理越严格，用户发表评论的意愿就越低。⑤

匿名制在提高跟帖意愿的同时，也带来了大量低质量的跟帖。实证研究发现，充满攻击性和冲动性的低质量评论通常与匿名有关，很少有匿名的高质量评论。出现这一现象的原因可能是匿名身份下的用户希望进行情绪宣泄。网民隐匿自己在现实社会的身份、年龄、性别和职业，由此带来的身份转换、可免责等使网民常把互联网空间当成摆脱现实社会约束、减轻压力的渠道，他们会在互联网平台通过表达现实中不敢发表的言论、选择某一对象进行尖

① Hmielowski. How Could You ThinkThat? Understanding Intentions to Engage in Political Flaming[J]. *New Media & Society*, 2015, 17 (8): 1201-1219.

② https://mediaengagement.org/wp-content/uploads/2016/03/ENP-News-Commenters-and-Comment-Readers1.

③ https://mediaengagement.org/wp-content/uploads/2016/03/ENP-News-Commenters-and-Comment-Readers1.

④ Diakopoulos. Towards Quality Discourse in Online News Comments[J]. *CSCW '11: Proceedings of the ACM* 2011 *conference on Computer supported cooperative work*, 2011: 133-142.

⑤ Weber Patrick. Discussions in the comments section: Factors influencing participation and interactivity in online newspaper reader comments[J]. *New Media & Society*, 2013, 16(6): 941-957.

锐的辱骂或猛烈的争吵来宣泄情绪。①

4. 评论区环境与跟帖意愿

用户跟帖的意愿，除了受到新闻本身、外部政策和个人动机的影响外，还受到评论区其他用户跟帖内容的影响。前述研究证明，大多数人都会阅读评论，甚至一些用户对跟帖的关注超过新闻本身。廖福生在研究网易新闻的跟帖时发现，“有些网友来网易不是来看新闻，而是来看跟帖的”。②

李良荣发现中国网络空间的舆论存在一种“前十效应”，即网络上出现的某些新闻或社会现象，前十位网民的意见和评论决定了后续数十甚至成百上千的意见和评论的内容与态度，从而形成网络舆论。具体而言，前条评论与后续的评论不仅具有议题上的相关性，还存在情感态度上的相关性。③ Noriko Hara 认为，先前的跟帖和讨论的上下文会影响人们后续跟帖的内容。④ 廖福生发现，新闻跟帖常常出现“歪楼”现象，某些网友不看新闻内容就匆匆留言，跟帖内容与新闻原文毫不相干，出现曲解新闻内容的现象，削弱了新闻的主体地位。⑤ 因此，评论区其他用户跟帖内容对用户跟帖意愿的影响不容忽视。

从众理论认为，在群体的引导和压力下，个人的观念和行为会在不知不觉中与大多数人的观念和行为趋同。一项定性分析表明，用户可能会受到环境因素的影响，跟风发表正面(或负面)的评论。⑥

---

① 黄河. 移动互联网环境下群体极化的特征和生发机制——基于“江歌案”移动端媒体文本和网民评论的内容分析[J]. 国际新闻界, 2019(2): 38-61.

② 廖福生. 对门户网站新闻跟帖特点的分析——以网易新闻为例[J]. 东南传播, 2010(6): 88-90.

③ 李良荣. 网络舆论中的“前 10 效应”——对网络舆论成因的一种解读[J]. 新闻记者, 2013(2): 50-53.

④ Noriko Hara. Content analysis of online discussion in an applied educational psychology course[J]. *Instructional Science*, 2000, 28(2): 15-52.

⑤ 廖福生. 对门户网站新闻跟帖特点的分析——以网易新闻为例[J]. 东南传播, 2010(6): 88-90.

⑥ So-Hyun Lee. Why people post benevolent and malicious comments online [J]. *Communications of the ACM*, 2015.

研究问题 5：感知意见一致性是否会影响跟帖意愿？

研究假设 5：用户感知到自己的意见与公众越一致，跟帖意愿越高。

但是，用户受到正面信息和负面信息影响的程度可能不同。消极偏见理论认为，人们在形成印象时更看重负面信息而不是正面信息。Meyerowitz 发现，消极框架信息与积极框架信息相比，其对态度的形成有更大的影响。① 党明辉通过对在线新闻跟帖的内容分析，认为正面叙述框架对负面情绪化表达没有显著影响，但负面叙述框架能够显著影响负面情绪化表达。② Ashley 也发现，对消极情绪的认知偏见使人们更关注负面信息而不是正面信息。负面信息不仅激发注意力，还可以激发情绪，提高用户评论的意愿。③

研究问题 6：阅读负面跟帖用户的跟帖意愿，是否高于阅读正面跟帖用户的意愿？

研究假设 6：阅读负面跟帖用户的跟帖意愿，高于阅读正面跟帖用户的意愿。

虽然负面情绪促使个人参与讨论，但不一定有助于提高这些讨论的质量。相反，负面情绪已被证明会激起言语攻击。④ Ashley 认为，对消极情绪的认知偏见可能会鼓励新闻用户积极发表那些包括咒骂或其他类型的不文明语言的评论。⑤

近年来，公众讨论中的不文明行为越来越受到关注。Kevin Coe 对一家地方报纸 3 周内的评论进行内容分析时发现，不文明行为经常发生，每五条评

---

① Meyerowitz. The effect of message framing on breast selfexamination: Attitudes, intentions, and behavior[J]. *Journal of Personality and Social Psychology*, 1978(52): 500-510.

② 党明辉. 公共舆论中负面情绪化表达的框架效应——基于在线新闻跟帖评论的计算机辅助内容分析[J]. 新闻与传播研究, 2017(4): 41-63.

③ Ashley Muddiman. News Values, Cognitive Biases, and Partisan Incivility in Comment Sections[J]. *Journal of Communication*, 2017(67): 586-609.

④ Stucke, Sporer. When a grandiose self-image is threatened: Narcissism and selfconcept clarity as predictors of negative emotions and aggression following ego-threat[J]. *Journal of Personality*, 1987(7): 509-532.

⑤ Ashley Muddiman. News Values, Cognitive Biases, and Partisan Incivility in Comment Sections[J]. *Journal of Communication*, 2017(67): 586-609.

论中，至少有一条是不文明的。① 不文明的帖子可能导致态度两极分化，有损思想开放，并增加消极的群体间情绪。②

根据学者 Borah 的定义，不文明的评论通常被认为是“故意攻击某人或某事，并在此过程中通过使用辱骂、人身攻击、冒犯性语言、亵渎和侮辱性语言来煽动愤怒或恼怒”的评论。③ 不文明的评论会激发负面情绪，进而激发用户释放这些情绪的欲望。用户通过撰写回应评论来捍卫个人信仰和态度，往往导致更多的用户参与评论。④

研究问题 7：阅读文明与不文明跟帖用户的跟帖意愿有差异吗？

研究假设 7：阅读文明与不文明跟帖用户的跟帖意愿存在差异。

研究表明，人们会受到环境的影响而做出具有攻击性的行为。Justin Cheng 通过一项实验发现，个人的负面情绪和看到别人不文明的帖子都会极大地增加用户恶意攻击的可能性，并且两者加起来会使这种可能性加倍。⑤ So-Hyun Lee 认为，不文明的跟帖有可能导致后续更多不文明的跟帖。⑥

也有研究得出了相反的结论，认为不文明的评论将降低用户参与跟帖的意愿。Barnes 认为，低质量的讨论会抑制评论的动机。⑦ Jomini Stroud 发现，

① Kevin Coe. Online and Uncivil? Patterns and Determinants of Incivility in Newspaper Website Comments[J]. *Journal of Communication*, 2014(7): 658-679.

② Anderson. The “nasty effect”: online incivility and risk perceptions of emerging technologies[J]. *Journal of Computer-Mediated Communication*, 2014, 19(3): 373-387.

③ Borah. Does it matter where you read the news story? Interaction of incivility and news frames in the political blogosphere[J]. *Communication Research*, 1991(41): 809-827.

④ Ksiazek. Civil Interactivity: How News organization Commenting Policies Explain Civility and Hostility in User Comments[J]. *Journal of Broadcasting and Electronic Media*, 1991, 59(4): 556-573.

⑤ Justin Cheng. Anyone Can Become a Troll: Causes of Trolling Behavior in Online Discussions[J]. *Social and Information Networks*, 2017(7): 52-69.

⑥ So-Hyun Lee. Why people post benevolent and malicious comments online [J]. *Communications of the ACM*, 2015.

⑦ Renee Barnes. Understanding the Affective Investment Produced Through Commenting on Australian Alternative Journalism Website New Matilda[J]. *New Media & Society*, 2015, 17(5): 810-826.

避免负面影响是人们在社交网络上不参与评论的最主要的原因。① 其中，29.4%的用户会因其他评论者不文明跟帖而拒绝参与评论，32.9%的用户会为了避免冲突而拒绝参与评论，33.9%的用户会因为跟帖具有争议性而拒绝评论。

Prochazka 发现，用户在新闻下的评论分为有无理据两类。有理据的用户在评论时会陈述一个结论并解释得到这个结论的理由，没有理据的用户评论时只是表达观点而没有论证。② 用户发表跟帖既是表达意见的过程，也是一个判断与决定的过程。按照心理学家的研究，判断感直接影响到人们是否对群体压力采取屈从态度。人们对自己的判断感越不确定，就越容易受到他人的影响。③ 某一问题的复杂程度将影响用户的判断感，简单化的明确意见往往增强个体的判断感，而过多的信息量将增加人们判断的成本，削弱判断感。当一个问题很复杂时，有可能增加"沉默的螺旋"的概率，用户发表意见的意愿可能降低。④ 但目前，评论有无理据是否会影响到用户的跟帖意愿这一假设尚未得到证实。

研究问题 8：阅读无理据跟帖用户的跟帖意愿，是否高于阅读有理据跟帖用户的意愿？

研究假设 8：阅读无理据跟帖用户的跟帖意愿，高于阅读有理据跟帖用户的跟帖意愿。

笔者检索国内外研究文献发现，国内对用户跟帖意愿影响因素的研究总体偏向于经验层面的归纳总结，或只是对某一个案的研究，采用实证研究方法的较少。国外学者对实证研究方法非常关注，已有大量研究通过内容分析和实验法，验证了影响用户跟帖意愿的因素。以往研究对用户跟帖有无理据是否对跟帖意愿造成影响的研究较少，且尚未有针对中国社交媒体用户的相

① https://mediaengagement.org/wp-content/uploads/2016/03/ENP-News-Commenters-and-Comment-Readers1.

② Fabian Prochazka. Effects of Civility and Reasoning in User Comments on Perceived Journalistic Quality[J]. *Journalism Studies*, 2016, 19(1): 5.

③ [美]迈尔斯. 社会心理学(第八版)[M]. 侯玉波，译. 北京：人民邮电出版社，2006：167.

④ 彭兰. 网络传播概论(第四版)[M]. 北京：中国人民大学出版社，2017：6-7.

关研究。所以，本研究拟采取实验法，将跟帖的情感态度、文明程度和有无理据作为影响用户跟帖的因素进行研究。

二、研究方法

为了检验前文提出的假设，本研究将采用实验法，来调查用户在社交媒体上对新闻的跟帖意愿是否受到相关因素的影响。实验拟设计的方案为：2(新闻跟帖：正面、负面)×2(新闻跟帖：有理据、无理据)×2(新闻跟帖：文明、不文明)的三因子组间实验。但因为正面的跟帖往往不会不文明，所以除去正面跟帖在不文明的跟帖下面的两种情况，所以，实验共有6组(表1)。

表1　六组实验因子

组别	因子1	因子2	因子3
1	正面	有理据	文明
2	正面	无理据	文明
3	负面	有理据	文明
4	负面	有理据	不文明
5	负面	无理据	文明
6	负面	无理据	不文明

研究初步招募337名被调查者参加网上实验。为更好地发现影响用户跟帖意愿的因素，研究只允许在社交媒体上跟帖的用户参与实验。337人中，214人符合被试条件，并参与了实验。参与实验者被要求阅读用截图形式呈现的来自“某一社交媒体”推送的新闻和评论区的跟帖。阅读新闻和跟帖之后，要求实验参加者填写网络问卷，以测量用户对实验条件的感知、跟帖意愿以及社交媒体新闻使用的行为。未参与实验的被调查者，研究将用问卷测量他们社交媒体新闻使用的行为以及不愿意参加跟帖的原因，作为论述或解释研究结论的材料。

核对214位实验参与者的数据，发现64份问卷作答时间过短，前后选项矛盾，不符合要求，遂从具体分析中剔除。核查未参加实验的123位被调查者的问卷，发现18份问卷作答时间过短，前后选项矛盾，不符合要求，也从具体分析中剔除。所以，研究分析的样本为150份实验者的数据(实验共分6组，每一组25条有效数据)，105份未参加实验的被调查者的数据。

(一)被试者情况

被试者大多数为高校的大学生，占到92%，但其他职业也有分布。年龄分布上，18~33岁占98%。性别上，女性占70%，男性占30%。大学本科及以上学历占比97%以上。

(二)实验材料

本研究中的实验材料是一篇有关为快递员评职称的新闻，报道的内容是，36名武汉快递从业人员将被评为助理工程师的资格，他们将是武汉市首批拥有专业职称的快递从业人员。报道和跟帖用截图的形式呈现，并称来自某一社交媒体平台。

报道原型来自澎湃新闻在新浪微博上发表的新闻及网友的跟帖。按照实验的6个组别，研究者制作了6份材料。材料为一张图片，上方为新闻报道，下方为网友的跟帖。每篇报道后的跟帖为5条，并按照3个因子(跟帖正面或负面、跟帖文明或不文明、跟帖有理据或无理据)两两组合呈现。除上述3个因子外，其他内容在不同组别的材料中完全相同。

最后，把实验材料以及问卷调查的问题，利用问卷星平台进行发布。被试者完成实验后，需要继续填写问卷回答问题。实验材料将以附录形式呈现。

(三)变量测量

1. 自变量

本研究的自变量是用户跟帖的三个变化因子。分别为：(1)文明或不文明；(2)正面或负面；(3)有理据或无理据。

2. 因变量

本研究的因变量是用户的跟帖意愿，参考了 Marc Ziegele① 和 Tai-Yee Wu② 的测量指标，询问被试者在阅读完新闻及跟帖时“我想对新闻发表评论”的意愿。问题采用李克特 5 级量表来测量用户的跟帖意愿，设计成从“非常不同意”到“非常同意”五个等级，分别赋值 1 至 5 分。

3. 其他测量

本研究还测量了被试者对实验操纵的感知，通过询问被试者是否感知到跟帖的文明或不文明、有无理据和正面或负面态度，验证实验条件的刺激是否被感知到。对文明的测量，参考了 Thomas B. Ksiazek③ 的研究，询问了被试者对“评论在故意攻击和贬低他人”“评论中冒犯性的语言可能会惹恼他人”“评论中辱骂他人的现象很明显”三个问题的感知程度，问题采用李克特 5 级量表测量，设计成从“非常不符合”到“非常符合”五个等级，分别赋值 1 至 5 分。研究将三个问题的得分取算术平均数，用来衡量用户对跟帖文明程度的感知。数值越高，代表用户感知到的跟帖越文明，反之则越不文明。

对有无理据的测量参考了 Rony Medaglia④ 的研究，询问了被试者对“您觉得评论中的观点有论据支撑”这个问题的感知程度，问题采用李克特 5 级量表测量，设计成从“非常不符合”到“非常符合”五个等级，分别赋值 1 至 5 分。对正面或负面态度的测量，询问了被试者“我觉得上述评论区传达的信息的态度是”一个问题，并采用李克特 5 级量表测量，设计成从“非常负面”到“非常正面”五个等级，分别赋值 1 至 5 分。

我们还测量了其他可能影响被试者跟帖意愿的变量，以补充研究结论。

---

① Marc Ziegele. The dynamics of online news discussions: effects of news articles and reader comments on users' involvement, willingness to participate, and the civility of their contributions[J]. *Information, Communication & Society*, 2018, 21(10): 1419-1435.

② Tai-Yee Wu. To comment or not to comment: Examining the influences of anonymity and social support on one's willingness to express in online news discussions[J]. *New Media & Society*, 2018, 20(12): 4512-4532.

③ Thomas Ksiazek. Commenting on the News: Explaining the degree and quality of user comments on news websites[J]. *Journalism Studies*, 2016(5): 650-673.

④ Rony Medaglia. Public deliberation on government-managed social media: A study on Weibo users in China[J]. *Government Information Quarterly*, 2017, 34(3): 533-544.

研究考察了用户感知公众意见的一致性、对新闻的感兴趣程度两个变量对跟帖意愿的影响。用户感知公众意见的一致性是指用户感知到的公众意见与自身意见的一致程度，测量参考了 Eun-Ju Lee① 的研究，询问了被试者“我认为其他评论者会同意我的观点”一个问题，问题采用李克特 5 级量表测量，设计成从“非常不符合”到“非常符合”五个等级，分别赋值 1 至 5 分。测量被试者对新闻的感兴趣程度，我们直接询问被试者“我对这篇新闻感兴趣”一个问题，问题采用李克特 5 级量表测量，设计成从“非常不符合”到“非常符合”五个等级，分别赋值 1 至 5 分。

三、研究发现

（一）被调查者社交媒体新闻使用行为

255 名被调查者中，大多数人表示对网友的评论感兴趣并经常阅读。其中，72.91%的被调查者对网友撰写的评论感兴趣，72.57%的被调查者经常阅读其他用户的评论。

约六成用户称会在社交媒体上参与对新闻的评论。具体而言，58.82%的被调查者会参与社交媒体上对新闻的评论，41.18%的被调查者不会参与社交媒体上对新闻的评论。

研究首先调查了会在社交媒体上参与新闻跟帖的用户的新闻使用行为。其次，研究调查了不会在社交媒体上参与新闻跟帖的用户的新闻使用行为。两部分的数据如下。

1. 会在社交媒体上参与新闻跟帖的用户的新闻使用行为

（1）在社交媒体上，用户平均每天花多长时间看新闻

平均每天看新闻超过 1 小时的用户约占 50%，看新闻超过 2 小时的用户约占 30%，看新闻少于 10 分钟的用户仅占 2.67%。会在社交媒体上参与新闻

① Eun-Ju Lee. That's Not the Way It Is: How User-Generated Comments on the News Affect Perceived Media Bias[J]. *Journal of Computer-Mediated Communication*, 2012(5): 32-45.

跟帖的用户，浏览新闻的行为比较频繁，且浏览时间长(图 1)。

浏览新闻的时间	占比（%）
10分钟或更少	2.67%
10～30分钟	18%
31～60分钟	27.32%
1～2小时	22.67%
2～3小时	12.67%
3小时以上	16.67%

图 1　用户平均每天在社交媒体上看新闻的时间

(2)用户在哪些社交媒体上浏览新闻

用户浏览新闻最常用的社交媒体平台是微博，其次是微信和 B 站。26.73%的用户经常在微博上浏览新闻，26.29%的用户经常在微信上浏览新闻，14.44%的用户经常在 B 站上浏览新闻。微博、微信、B 站、知乎、QQ 空间是用户通过社交媒体获取新闻的主要渠道，在这些平台上浏览新闻的用户占到了近九成(图 2)。

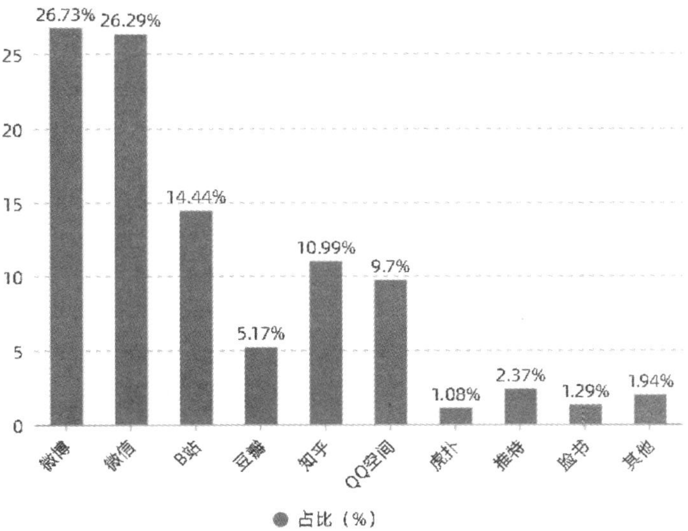

图 2　用户在哪些社交媒体上浏览新闻

(3)用户是否经常阅读网友在新闻后面的评论

参与新闻跟帖的用户中，超过80%的用户经常阅读网友在新闻后面的评论，仅有约15%的用户不经常阅读网友在新闻后面的评论(图3)。

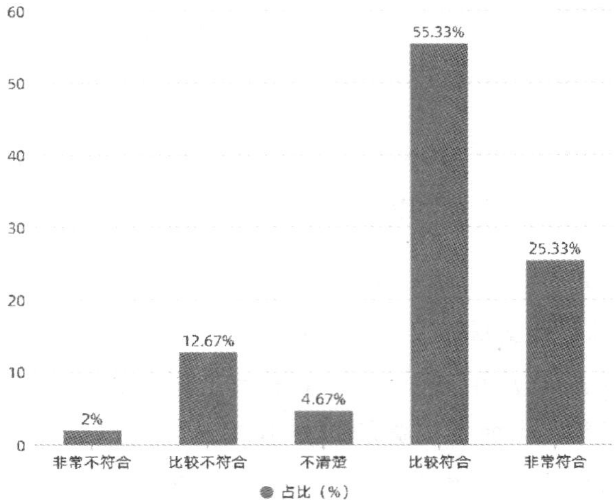

图3　用户是否阅读网友在新闻后面的评论

(4)用户参与评论的动机

在用户对社交媒体上的新闻发表评论的动机中，表达我的意见、表达我的情绪和放松娱乐是最常见的三大动机，具体来说，18.26%的用户为表达我的意见，13.02%的用户为表达我的情绪，12.37%的用户为放松娱乐。希望我的意见获得网友认可、与他人交换和分享知识、纠正错误信息、与他人进行辩论及互动、为新闻或评论补充信息都是用户常见的参与评论的动机。仅有3.82%的用户的动机是说服与教育他人，说明大多数用户参与跟帖并不是为了改变其他人的看法(图4)。

(5)用户在什么情况下更可能在社交媒体上对新闻发表评论

当用户对新闻的主题感兴趣时，更有可能在社交媒体上发表评论。其中，30.11%的用户认为，自己会因为对新闻感兴趣而参与跟帖。20.22%的用户看到别人有理有据的讨论时，会参与跟帖。19.03%的用户和他人有不同意见时，会参与跟帖。16.99%的用户和他人有相同意见时，会参与跟帖。当用户看到辱骂和冒犯性的评论时，参与评论的可能性最低，为13.55%(图5)。

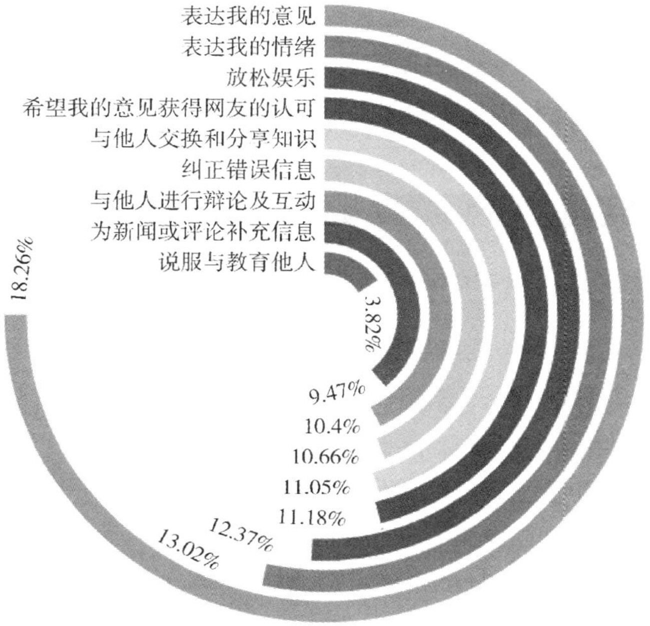

图 4　用户参与评论的动机

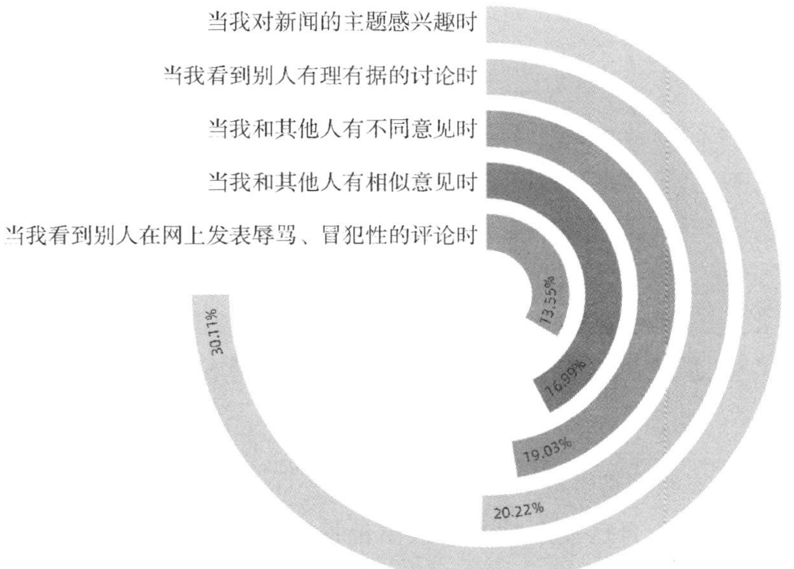

图 5　用户在什么情况下更有可能在社交媒体上对新闻发表评论

(6)用户如何看待社交媒体上其他用户在新闻后面发表的评论

57.75%的用户认为，互联网上的讨论将使人们更好地相互了解，但是42.25%的用户认为互联网上的讨论将使人们的观点更极端(图6)。

/	占比（%）
这些讨论使人们之间更好地相互了解	57.75%
这些讨论导致人们的观点更极端	42.25%

图6　用户如何看待互联网上的讨论

(7)用户平时在社交媒体上对新闻跟帖时是否文明

绝大多数用户认为自己的跟帖是文明的，占90%以上。只有不到5%的用户承认，自己在社交媒体上的评论是不文明的(图7)。

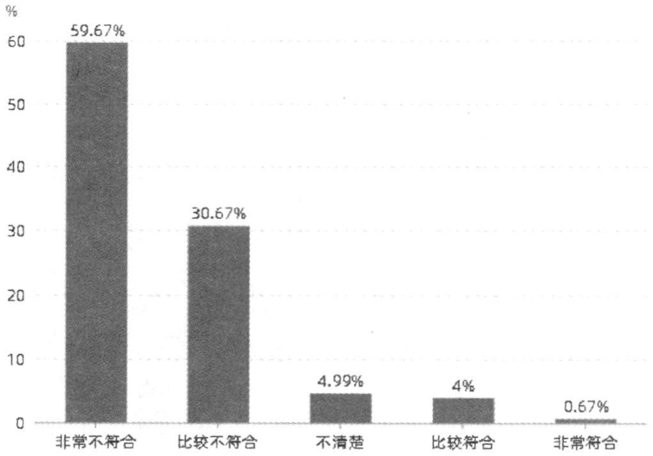

图7　用户平时在社交媒体上对新闻跟帖时是否文明

(8)用户发表跟帖是否有论据支撑

80%的用户认为自己在跟帖时会提出论据支持自己的观点，只有不到10%的用户明确认为自己跟帖时不会提出支持观点的论据(图8)。

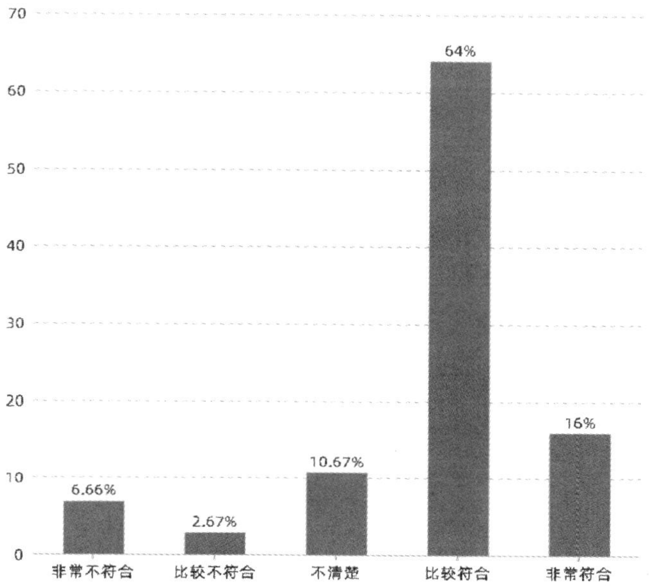

图 8　用户发表跟帖是否有论据支撑

2. 不会在社交媒体上参与新闻跟帖的用户的新闻使用行为

(1)不在社交媒体上对新闻跟帖的原因

约 54%的被调查者认为，害怕冲突和争议是他们不愿发表评论的一个重要原因。其中，15. 35%的用户为避免冲突而不愿发表评论，14. 32%的用户因为网友的评论不文明不愿发表评论，12. 53%的用户因为话题或评论具有争议而拒绝评论，11. 51%的用户因为害怕说错话而不愿发表评论。

约 22%的被调查者因为对话题不感兴趣和不了解而不想评论。其中，对话题不感兴趣的用户为 11%，对话题不了解的为 11%。约 13%的被调查者认为评论不能改变人们的观点因而不跟帖。

约 7%的被调查者认为，不跟帖的原因是因为评论后常常没有反馈。约 4. 6%的被调查者因为评论操作不方便而不评论(图 9)。

(2)用户的跟帖阅读行为

虽然在调查中，41. 12%的用户不经常发表评论，但是这四成用户中，近 64%的用户会阅读网友的评论，只是不发表自己的评论。近 66%的用户对新闻后面的评论感兴趣(图 10)。

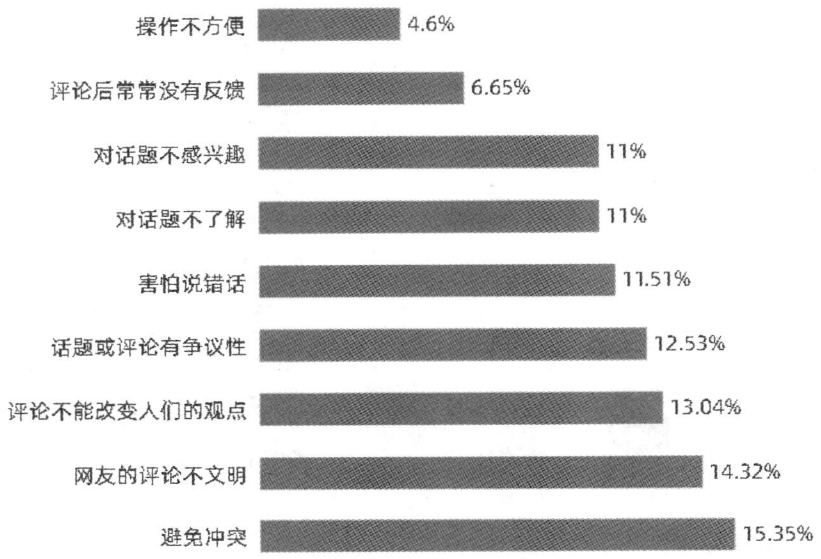

图 9　用户不对新闻跟帖的原因

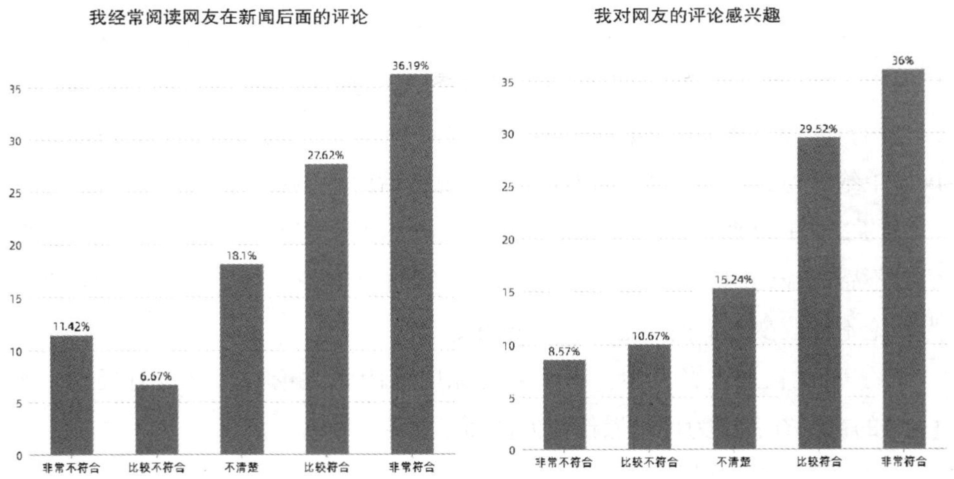

图 10　用户的跟帖阅读行为

(二)被试者跟帖意愿影响因素分析

根据前述实验要求，只有会在社交媒体上参与新闻跟帖的用户才能够参加实验，成为被试者。以下内容为对被试者跟帖意愿的影响因素的分析。

1. 问卷的信度与效度

分析得知，问卷总体的 Cronbach α 系数为 0.797，研究整体信度较高。在效度上，使用 KMO 和 Bartlett 检验进行效度验证，总体的 KMO 值为 0.741，介于 0.7 ~ 0.8 之间，研究数据效度较好。

2. 对实验刺激的感知分析

总体而言，被试者能够在一定程度上感知到帖子的正负面情感态度、文明程度和有无理据。但是，对某一变量的感知并不是独立的，而受到其他因素影响。具体而言，负面、不文明和无论据关系更密切(表 2)。

表 2　对实验刺激的感知效果

正负面情感态度的感知	相比有论据的跟帖，无论据的跟帖导致被试者对负面情绪的感知变强
	相比文明的跟帖，不文明的跟帖导致被试者对负面情绪的感知变强
文明程度的感知	相比有论据的跟帖，无论据的跟帖导致被试者对负面情绪的感知变强
	相比正面的跟帖，负面情绪将增强被试者对敌意程度的感知
理据强度的感知	相比文明的跟帖，不文明的跟帖导致被试者对论据强度的感知变弱
	相比正面的跟帖，负面情绪将削弱被试者对跟帖强度的感知

3. 阅读不同跟帖与跟帖意愿的关系分析

首先对 6 组被试者跟帖意愿进行描述分析，每一组被试者均为 25 名，从第 1 组到第 6 组，用户跟帖意愿得分的平均分分别为：2.12 分、1.92 分、1.96 分、1.92 分、2.56 分、2.68 分(表 3)。阅读负面、无理据跟帖(第 5 组、第 6 组)的用户参与评论的意愿明显高于阅读其他跟帖的用户(第 1 至第 4 组)。

表 3　阅读不同跟帖与跟帖意愿的关系

被试者阅读的不同类型的跟帖	被试数	平均值	标准偏差	标准错误	平均值的 95% 置信区间	
					下限	上限
第 1 组：正面、文明、有理据的跟帖	25	2.12	1.201	0.240	1.62	2.62
第 2 组：正面、文明、无理据的跟帖	25	1.92	0.954	0.191	1.53	2.31
第 3 组：负面、文明、有理据的跟帖	26	1.96	0.999	0.196	1.56	2.37
第 4 组：负面、不文明、有理据的跟帖	25	1.92	0.954	0.191	1.53	2.31
第 5 组：负面、文明、无理据的跟帖	25	2.56	1.193	0.239	2.07	3.05
第 6 组：负面、不文明、无理据的跟帖	25	2.68	0.988	0.198	2.27	3.09

我们以跟帖的不同组别为自变量，跟帖意愿为因变量，进行单因素方差分析(表 4)。结果显示，阅读不同的跟帖对跟帖意愿的影响具有显著性($F=2.623$，$p=0.027<0.05$)。

表 4　单因素方差分析结果

	平方和	自由度	均方	F	显著性
组间	14.549	5	2.910	2.623	0.027
组内	160.882	145	1.110		
总计	175.430	150			

我们继续对单因素方差检验的结果进行多重比较，发现第 5 组与第 2 组

(p=0.033<0.05)、第3组(p=0.044<0.05)和第4组(p=0.033<0.05)被试者的跟帖意愿的差异具有显著性，第6组与第2组(p=0.012<0.05)、第3组(p=0.016<0.05)和第4组(p=0.012<0.05)被试者的跟帖意愿的差异具有显著性(表5)。

阅读负面且无理据跟帖的被试者和阅读负面且有理据跟帖的被试者在跟帖意愿上有显著差异。也就是说，在负面态度的跟帖下，有无理据会造成被试者跟帖意愿的显著性差距，阅读无理据跟帖的被试者跟帖意愿更高。阅读负面且无理据跟帖的被试者和阅读正面且无理据跟帖的被试者在跟帖意愿上有显著差异。也就是说，在无理据的跟帖下，态度的正面和负面会造成被试者跟帖意愿的显著性差距，阅读负面跟帖的被试者的跟帖意愿更高。

在有理据的跟帖下，没有发现跟帖的正面和负面态度会导致跟帖意愿的差异。在跟帖为正面的情况下，没有发现有无理据会导致跟帖意愿的差异。无论何种情况，均未发现跟帖的文明程度的不同会导致跟帖意愿的差异(图11)。

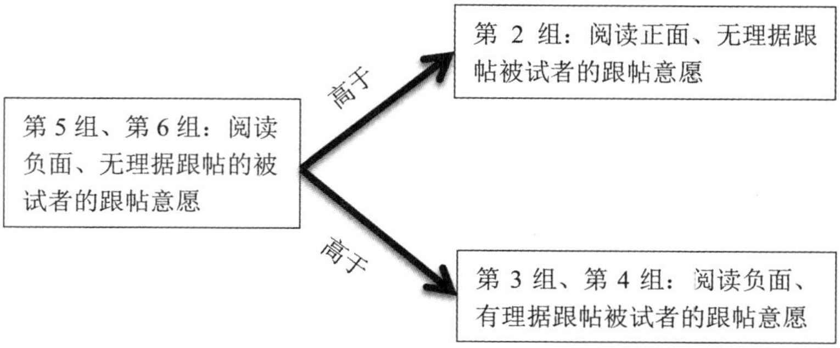

图11 跟帖意愿分析结果

4. 其他对跟帖意愿产生影响的因素分析

(1)感知公众意见的一致性与跟帖意愿

被试者对感知公众意见一致性评分的平均分为3.43分。约10%的被试者认为，其他评论者不会同意自己的观点，43%的被试者认为其他评论者会同意自己的观点，47%的被试者表示不清楚。我们进行相关分析发现，感知公

表 5　单因素方差分析多重比较

用户阅读的跟帖类型	用户阅读的跟帖类型	平均值差值（I-J）	标准错误	显著性	95%置信区间	
					下限	上限
第 5 组：负面、文明、无理据的跟帖	第 1 组：正面、文明、有理据的跟帖	0.44	0.298	0.142	-0.15	1.03
	第 2 组：正面、文明、无理据的跟帖	0.640*	0.298	0.033	0.05	1.23
	第 3 组：负面、文明、有理据的跟帖	0.598*	0.295	0.044	0.02	1.18
	第 4 组：负面、不文明、有理据的跟帖	0.640*	0.298	0.033	0.05	1.23
	第 6 组：负面、不文明、无理据的跟帖	-0.12	0.298	0.688	-0.71	0.47
第 6 组：负面、不文明、无理据的跟帖	第 1 组：正面、文明、有理据的跟帖	0.56	0.298	0.062	-0.03	1.15
	第 2 组：正面、文明、无理据的跟帖	0.760*	0.298	0.012	0.17	1.35
	第 3 组：负面、文明、有理据的跟帖	0.718*	0.295	0.016	0.14	1.3
	第 4 组：负面、不文明、有理据的跟帖	0.760*	0.298	0.012	0.17	1.35
第 4 组：负面、不文明、有理据的跟帖	第 1 组：正面、文明、有理据的跟帖	-0.2	0.298	0.503	-0.79	0.39
	第 2 组：正面、文明、无理据的跟帖	0	0.298	1	-0.59	0.59
	第 3 组：负面、文明、有理据的跟帖	-0.042	0.295	0.888	-0.62	0.54
第 3 组：负面、文明、有理据的跟帖	第 1 组：正面、文明、有理据的跟帖	-0.158	0.295	0.592	-0.74	0.42
	第 2 组：正面、文明、无理据的跟帖	0.042	0.295	0.888	-0.54	0.62
第 2 组：正面、文明、无理据的跟帖	第 1 组：正面、文明、有理据的跟帖	-0.2	0.298	0.503	-0.79	0.39

*：表示平均值差值的显著性水平为 0.05。

众意见的一致性与跟帖意愿有显著的相关性（r = 0.196，p = 0.016 <0.05），被试者感知到公众的意见和自己意见越一致，参与跟帖的意愿就越强。

（2）对新闻的感兴趣程度和跟帖意愿

38%的被试者称“对这篇新闻不感兴趣”，48%的用户称“对这篇新闻感兴趣”，14%的用户称不清楚。我们进行相关分析发现，对新闻的感兴趣程度与跟帖意愿有显著的相关性（r=0.421，p <0.01）。被试者对新闻越感兴趣，就越可能参与新闻的跟帖。

四、结论与讨论

社交媒体越来越成为受众获取新闻的主要入口，其交互性与连接性亦将重塑用户的新闻消费行为。用户不仅可以在社交媒体上浏览新闻，还可以浏览其他用户的评论，并参与跟帖。可见，用户不但是信息的消费者，还是信息的生产者。彭兰称，网络新闻用户在新闻生产中扮演着再生产者的角色，用户对某一个新闻的意见反响，会很大程度上提升新闻的关注度。① 同时，用户也可以通过评论和点赞等进行议程设置，影响舆论的走向。② 研究影响用户在社交媒体上参与新闻跟帖的因素，有助于我们更好理解舆论生态的形成机制。本研究重点关注了新闻跟帖区的不同环境如何影响用户跟帖的意愿，并检验了用户感知公众意见一致性和对新闻的感兴趣程度对跟帖意愿的影响。

研究佐证了部分学者的结论，发现用户参与评论的意愿会在一定条件下受到其他用户跟帖内容的影响。具体而言，其他用户的跟帖有无理据和跟帖的情感态度会对用户跟帖的意愿造成显著性影响。

当跟帖为负面时，无理据的评论更容易引起其他用户的跟帖。这一原因可从前文提到的“判断感”的概念得到解释。判断感越强，用户越倾向于发表意见。无理据的跟帖作为简单化的明确意见往往增强个体的判断感，有理据的跟帖将增加人们判断的成本，削弱判断感，导致用户不愿意跟帖。

① 彭兰. 网络传播概论（第四版）[M]. 北京：中国人民大学出版社，2017：176-177.

② 曾祥敏. 中国新媒体研究报告 2019[M]. 北京：人民日报出版社，2019：34-35.

当跟帖为无理据时，负面的评论更容易引起其他用户的跟帖。这一原因可以从“消极偏见理论”得到解释。消极偏见理论告诉我们，相比正面框架的信息，用户更容易关注负面的信息。因此，人们对于正面的跟帖往往没有进一步参与评论的愿望。

本研究没有发现文明或不文明的跟帖会导致用户的跟帖意愿产生差异，这一结论和此前假设相悖。我们还询问了未参与实验的被调查者，13%的被调查者认为因为其他用户的跟帖不文明，所以不愿意参与跟帖。我们未详细询问部分被试者不愿意参加跟帖的原因，跟帖的文明程度未对用户跟帖意愿造成影响，这一结论还需要后续研究进一步验证。

另一点有意思的发现是，80%的用户认为自己平时在社交媒体上对新闻跟帖时会提出理据支持自己的观点，但实验结果证实用户更倾向于在某些情况下参与无理据跟帖的讨论。这种用户在社交媒体上行为与意愿不相符的情况，有待后续学者进行研究。

研究还分析了感知公众意见的一致性对跟帖意愿的影响。分析发现，感知公众意见的一致性与跟帖意愿具有显著相关性。用户感知公众的意见与自身意见越一致，越倾向于发表评论，但相关性较低（$r = 0.196$）。相比之下，对新闻的感兴趣程度与跟帖意愿显著相关，且相关性较高（$r = 0.421$），即用户对新闻越感兴趣，越倾向于发表评论。

本研究的结果对新闻媒体在社交媒体上构建活跃的评论区，提升新闻传播的影响力具有现实指导意义。对于只在社交媒体上浏览新闻而不跟帖的用户，54%的用户是因为害怕冲突和争议而避免评论。想要提升用户的评论意愿，主要可以采用以下方法：(1)社交媒体需要减少跟帖区的冲突和争议因素，比如，减少不文明的跟帖，寻找用户意见的契合点而缩小话题的争议性。(2)媒体还可以鼓励用户积极大胆地参与评论，构建和谐讨论的网络公共空间，打消用户对“说错话”可能遭受惩罚的顾虑，降低用户间因冲突产生不良后果的可能性。(3)对于会在社交媒体上参与新闻跟帖的用户，社交媒体需要制造一定的负面话题吸引用户的注意，并设置一些无理据或理据简单的跟帖增强用户的判断感，以提高用户的跟帖意愿。(4)尽管本研究未发现跟帖的文明程度会对用户跟帖意愿造成影响，但仍需注意删除或筛掉跟帖区不文明的评论，并控制跟帖环境整体情感倾向，避免过于负面和消极。(5)媒体应鼓励用户发表多元化的评论，增加评论区意见的多样性，避免评论区意见单一。用户感知到意见的多样性，可以从中找到支持自己和反对自己的意见，参与跟帖的意愿或许会增强。(6)用户更愿意对自己感兴趣的新闻跟帖，媒体应该利用大数据绘制用户画像，并通过算法精准推荐用户感兴趣的新闻，激发用户评论的意愿。(7)在实际情况中，网友的跟帖具有集聚性。同一话题首发新闻的评论区，往往跟帖最活跃，后续发布内容跟帖数量却较少。媒体应该争分夺秒，对于社会热点话题，应争取首发。(8)平台的管理策略也会对用户的跟帖意愿产生影响。平台删帖过多和对评论区进行控评，会降低用户的跟帖意愿。平台应尽可能减少对用户跟帖内容的干涉和控制。总体而言，评论区的跟帖环境和用户的跟帖意愿是相互促进的关系，改善跟帖环境，有利于提高用户的跟帖意愿。更活跃的用户参与，也将增加意见的多样性和讨论深度，进一步改善跟帖环境。糟糕的跟帖环境，会导致多数用户跟帖意愿降低，少数用户的垃圾评论占据评论区，会进一步危害跟帖环境，造成恶性循环。

研究仅仅发现了负面和无理据的跟帖在一定条件下能提高用户的跟帖意愿，并未证明为何其他条件下负面和无理据的跟帖并未提高用户的跟帖意愿。研究也并未探究负面和无理据的跟帖如何影响用户的跟帖内容。比如，负面和无理据的跟帖，是否会进一步激发用户负面和无理据的跟帖，不文明的跟帖虽未对用户跟帖意愿产生影响，但是否会引起用户更多的不文明的评论？这一研究方向还有待后续研究者进一步探究。此外，本研究没有区分用户在不同社交媒体上评论行为的不同，不同的社交媒体有着不同的用户关系和舆论生态，接下来的研究应进一步考察不同的社交媒体对用户跟帖意愿可能造成的影响。

附录：

社交媒体用户的新闻评论行为调查问卷

您好！我们是华中科技大学新闻与信息传播学院媒体研究课题组，希望了解一下你的媒体使用习惯，选择无对错之分，根据你的直观感受填写即可。

1. 你平时会不会在社交媒体的帖子后面发表评论［单选题］*

社交媒体，例如微信、微博、B 站、豆瓣、知乎、QQ 空间、虎扑等各种论坛和博客等平台。

○会

○不会（请跳至第 25 题）

2. 请你从以下 6 个数字中随机选取一个数字［单选题］*

选择完毕后，请点击下一页。

○1

○2

○3

○4

○5

○6

以下图片分别编码为 1-6，答题者选择数字后，可以看到下面的对应图片，下面图片展示某一社交媒体平台的新闻及评论。请仔细阅读您抽到的新闻以及评论，谢谢您的配合！

数字 1 对应的内容

澎湃新闻

5月26日 10:52 来自 微博 weibo.com

【武汉"快递小哥"可以评职称了：36人获助理工程师资格】#武汉首批36人获快递专业职称#5月25日，记者从武汉市邮政管理局获悉，36名武汉快递从业人员，获得快递工程专业助理工程师资格，这是武汉首批拥有快递专业职称的人员。据了解，"快递工程"专业的职称评审，并不仅仅针对一线的快递小哥，而是针对整个物流快递行业，取得职称的大多是拥有大专以上学历、多年快递物流工作经历、从一线逐步成长起来的"情报分析师""运营监控员"以及企业的业务骨干。武汉晚报 武汉"快递小哥"可以评职称了：36人获助理工程… 查看图片

武汉"快递小哥"可以评职称了：36人获助理工程师资格

收藏 | 127 | 272 | 1201

风那边吹：这才是正道，快递员可以评职称的这个决定非常好。快递管理要求科学性，这样才能提高效率，保证准确度，形成整个产业的良性循环，不是一件容易的事情。评选的过程中，有一定的量化标准，达到了才可以评职称，保证从业人员的稳定和行业质量。在未来的一段时间内，这个行业会越来越凸显出它的重要性。

5月26日 11：03　　回复 | 赞

几度清溪：快递员评职称是可以的，我支持这个很棒的决定。外卖行业中，也有助理工程师，像饿了么的城市经理，一个省就四五个，要求最低学历211，物流快递行业管理经验2年以上，他们评一个跟工资奖金无关的助理工程师职称应该不算过分，也是十几年寒窗苦读，跟建筑、建设和IT领域一样，都是付出了时间精力，有专业知识的。

5月26日 11：03　　回复 | 赞

庖丁解牛：快递行业不只是在路上跑的快递小哥，背后还有很多需要各种能力和技术的职位，做规划、分析、监控等工作，这些岗位评职称真的是太棒了，快递员助理工程师是好样的！

5月26日 11：09　　回复 | 赞

希望世界和平的小李：每一个快递从业者都支持这个决定，顶起来！我是去年评的快递助理工程师，普通本科机电专业毕业，因为受不了工厂的束缚，辞职在快递行业搬了一年货，后面做了两年一线管理，内部成本核算、内部审计，市场开发……最后去年第四年，刚刚开始有这个职称，我觉得能评并不容易。

5月26日 11：09　　回复 | 赞

foxreal：恭喜恭喜，快递小哥可以评工程师啦！如果从业多年，专业性也达到了标准，是应该有一定的职称证明。这种事情都是实践出真知的，有足够的从业经验实践积累和理论积累，完全有资格。

5月26日 11：15　　回复 | 赞

数字 2 对应的内容

澎湃新闻

5月26日 10:52 来自 微博 weibo.com

【武汉"快递小哥"可以评职称了：36人获助理工程师资格】#武汉首批36人获快递专业职称#5月25日，记者从武汉市邮政管理局获悉，36名武汉快递从业人员，获得快递工程专业助理工程师资格，这是武汉首批拥有快递专业职称的人员。据了解，"快递工程"专业的职称评审，并不仅仅针对一线的快递小哥，而是针对整个物流快递行业，取得职称的大多是拥有大专以上学历、多年快递物流工作经历、从一线逐步成长起来的"情报分析师""运营监控员"以及企业的业务骨干。武汉晚报 武汉"快递小哥"可以评职称了：36人获助理工程… 查看图片

武汉"快递小哥"可以评职称了：36人获助理工程师资格

收藏 | 127 | 272 | 1201

风那边吹 ：这才是正道，快递员可以评职称的这个决定非常好

5月26日 11：03　　回复 | 赞

几度清溪：快递员评职称是可以的，我支持

5月26日 11：03　　回复 | 赞

庖丁解牛 ：太棒了，快递员助理工程师是好样的

5月26日 11：09　　回复 | 赞

希望世界和平的小李 ：每一个快递从业者都支持这个决定，顶起来

5月26日 11：09　　回复 | 赞

foxreal ：恭喜恭喜，快递小哥可以评工程师啦

5月26日 11：15　　回复 | 赞

数字 3 对应的图片

澎湃新闻

5月26日 10:52 来自 微博 weibo.com

【武汉"快递小哥"可以评职称了：36人获助理工程师资格】#武汉首批36人获快递专业职称#5月25日，记者从武汉市邮政管理局获悉，36名武汉快递从业人员，获得快递工程专业助理工程师资格，这是武汉首批拥有快递专业职称的人员。据了解，"快递工程"专业的职称评审，并不仅仅针对一线的快递小哥，而是针对整个物流快递行业，取得职称的大多是拥有大专以上学历、多年快递物流工作经历、从一线逐步成长起来的"情报分析师""运营监控员"以及企业的业务骨干。武汉晚报 武汉"快递小哥"可以评职称了：36人获助理工程... 查看图片

武汉"快递小哥"可以评职称了：36人获助理工程师资格

收藏 127 272 1201

风那边吹 ：评职称的做法是一种形式主义。我就问一句，其他行业评不评工程师呢？送餐工程师，扫街工程师，上菜工程师，理货工程师，收银工程师，保安工程师………这些行业和岗位，服务态度和职业道德比学历、经历重要得多。

5月26日 11：03 回复 | 赞

几度清溪：这些出主意制定快递员评职政策的决策者，根本没为底层服务人员真心谋福利，呵呵，只会哗众取宠。我认为，把提高收入和服务质量挂钩并改善福利保障，比这种职称更实惠。

5月26日 11：03 回复 | 赞

庖丁解牛 ：这样做太不像话，是在胡闹。快递公司是私企，评个职称有什么意义？本来市场可以完全无压力解决的事情，非得动用行政公权来设置门槛。那么，评职称谁来评，以什么标准？这都是很主观的判断。容易滋生腐败和权利寻租。

5月26日 11：09 回复 | 赞

希望世界和平的小李 ：这是个拍脑袋瓜的低水平决策，给快递员评工程师是在偷换概念。科研和服务有本质区别，送快递只是一个技能而已，工程师是指具有从事工程系统操作、设计、管理、评估能力的人员，通常只用于在工程学其中一个范畴持有专业性学位或相等工作经验的人士，不要因为决策水平低而破坏了工程师的含义。

5月26日 11：09 回复 | 赞

foxreal ：国家提倡减证便民，减少资格考试和职称限制。给快递员评职称明显违背了国家政策，总之，这个政策乱带节奏，是在给市场经济人才体制抹黑。

5月26日 11：15 回复 | 赞

数字 4 对应的图片

澎湃新闻

5月26日 10:52 来自 微博 weibo.com

【武汉"快递小哥"可以评职称了：36人获助理工程师资格】#武汉首批36人获快递专业职称#5月25日，记者从武汉市邮政管理局获悉，36名武汉快递从业人员，获得快递工程专业助理工程师资格，这是武汉首批拥有快递专业职称的人员。据了解，"快递工程"专业的职称评审，并不仅仅针对一线的快递小哥，而是针对整个物流快递行业，取得职称的大多是拥有大专以上学历、多年快递物流工作经历、从一线逐步成长起来的"情报分析师""运营监控员"以及企业的业务骨干。武汉晚报 武汉"快递小哥"可以评职称了：36人获助理工程… 查看图片

武汉"快递小哥"可以评职称了：36人获助理工程师资格

收藏 | 127 | 272 | 1201

风那边吹 ：制定政策的人是傻子吗，要么是脑子抽了，要么就是屁股歪了？我就问一句，其他行业评不评工程师呢？送餐工程师，扫街工程师，上菜工程师，理货工程师，收银工程师，保安工程师………这些行业和岗位，服务态度和职业道德比学历、经历重要得多，这群弱智气死人不偿命。

5月26日 11：03 回复 | 赞

几度清溪：出主意让快递员评工程师的人，都是蛀虫和垃圾，一群趾高气扬的狗官。根本没为底层服务人员真心谋福利，呵呵，只会哗众取宠。把提高收入和服务质量挂钩并改善福利保障，比这种职称更实惠，懂吗？不懂爬回祖坟睡觉去！

5月26日 11：03 回复 | 赞

庖丁解牛 ：唉！他妈的，都是一群弱智吗？狗屁，快递公司是私企，评个职称有什么意义？本来市场可以完全无压力解决的事情，非得动用行政公权来设置门槛。那么，评职称谁来评，以什么标准？这都是很主观的判断，容易滋生腐败和权利寻租。这新闻真傻逼，气死老子了！

5月26日 11：09 回复 | 赞

希望世界和平的小李 ：真是傻逼，一拍脑袋瓜就开始瞎逼逼，给快递员评工程师？呵呵，这只不过是在偷换概念。科研和服务有本质区别，送快递只是一个技能而已，工程师是指具有从事工程系统操作、设计、管理、评估能力的人员，通常只用于在工程学其中一个范畴持有专业性学位或相等工作经验的人士，不要因为脑子进水了而侮辱工程师的含义。

5月26日 11：09 回复 | 赞

foxreal ：国家提倡减证便民，减少资格考试和职称限制，还给快递员评职？除非是眼睛长在屁股上了，睁着眼违反国家政策，还乱带节奏，把给市场经济人才体制都给搞臭了，真是他娘的有毛病！

5月26日 11：15 回复 | 赞

数字 5 对应的图片

澎湃新闻
5月26日 10:52 来自 微博 weibo.com
【武汉"快递小哥"可以评职称了：36人获助理工程师资格】#武汉首批36人获快递专业职称#5月25日，记者从武汉市邮政管理局获悉，36名武汉快递从业人员，获得快递工程专业助理工程师资格，这是武汉首批拥有快递专业职称的人员。据了解，"快递工程"专业的职称评审，并不仅仅针对一线的快递小哥，而是针对整个物流快递行业，取得职称的大多是拥有大专以上学历、多年快递物流工作经历、从一线逐步成长起来的"情报分析师""运营监控员"以及企业的业务骨干。武汉晚报 武汉"快递小哥"可以评职称了：36人获助理工程... 查看图片
澎湃新闻
武汉"快递小哥"可以评职称了：36人获助理工程师资格
收藏
127
272
1201
风那边吹 ：出台这个政策有点不务正业
5月26日 11：03
回复 | 赞
几度清溪：唉，快递行业之怪现象，太不合理了
5月26日 11：03
回复 | 赞
庖丁解牛 ：害，这都能当工程师，我觉得太不合适
5月26日 11：09
回复 | 赞
希望世界和平的小李 ：会有这样的政策，我无语了
5月26日 11：09
回复 | 赞
foxreal ：怎么会想到给快递员评工程师，有点莫名其妙
5月26日 11：15
回复 | 赞

数字 6 对应的图片

澎湃新闻

5月26日 10:52 来自 微博 weibo.com

【武汉“快递小哥”可以评职称了：36人获助理工程师资格】#武汉首批36人获快递专业职称#5月25日，记者从武汉市邮政管理局获悉，36名武汉快递从业人员，获得快递工程专业助理工程师资格，这是武汉首批拥有快递专业职称的人员。据了解，“快递工程”专业的职称评审，并不仅仅针对一线的快递小哥，而是针对整个物流快递行业，取得职称的大多是拥有大专以上学历、多年快递物流工作经历、从一线逐步成长起来的“情报分析师”“运营监控员”以及企业的业务骨干。武汉晚报 武汉“快递小哥”可以评职称了：36人获助理工程... 查看图片

武汉“快递小哥”可以评职称了：36人获助理工程师资格

收藏 | 127 | 272 | 1201

风那边吹：制定政策的人是傻子吗，出台这个政策不干正事，要么是脑子抽了，要么就是屁股歪了

5月26日 11：03 回复 | 赞

几度清溪：真是快递行业之怪现象，太不合理了。出主意让快递员评工程师的人，都是蛀虫和垃圾，一群趾高气扬的狗官

5月26日 11：03 回复 | 赞

庖丁解牛：害，真是傻逼，一拍脑袋瓜就开始瞎逼逼，真是脑子进水了。这新闻真傻逼，气死老子了！

5月26日 11：09 回复 | 赞

希望世界和平的小李：眼睛长在屁股上了，乱带节奏，会有这样的政策，把什么都给搞臭了，真是他娘的有毛病！

5月26日 11：09 回复 | 赞

foxreal：怎么会想到给快递员评工程师，唉！他妈的，真是莫名其妙，都是一群弱智吗？

5月26日 11：15 回复 | 赞

请根据您所阅读的新闻及评论，回答以下几个问题。

3. 您觉得上述评论区传达的信息［单选题］ *

○非常负面

○比较负面

○中性

○比较正面

○非常正面

4. 您觉得网友的评论［矩阵量表题］ *

	非常不符合	比较不符合	不清楚	比较符合	非常符合
评论在故意攻击和贬低他人	○	○	○	○	○
评论中冒犯性的语言可能会惹恼他人	○	○	○	○	○
评论中辱骂他人的现象很明显	○	○	○	○	○

5. 您觉得评论中的观点有论据支撑［单选题］ *

○非常不符合

○不符合

○不清楚

○符合

○非常符合

6. 浏览完评论区后，您现在的感觉是［矩阵量表题］ *

	非常不符合	比较不符合	不清楚	比较符合	非常符合
欣喜的	○	○	○	○	○
兴奋的	○	○	○	○	○
充满希望的	○	○	○	○	○

续表

	非常不符合	比较不符合	不清楚	比较符合	非常符合
愤怒的	○	○	○	○	○
焦虑不安的	○	○	○	○	○
厌烦的	○	○	○	○	○

7. 您对新闻中为快递员评职称政策的看法是[矩阵量表题] *

	非常不同意	比较不同意	不清楚	比较同意	非常同意
您同意为快递从业人员评职称	○	○	○	○	○
您认为其他评论者会同意我的观点	○	○	○	○	○
您认为公众会同意为快递从业人员评职称	○	○	○	○	○

8. 您对快递员评职称的新闻及评论感兴趣吗？[矩阵量表题] *

	非常不同意	比较不同意	不清楚	比较同意	非常同意
您对这篇新闻感兴趣	○	○	○	○	○
您对新闻后面网友发布的评论感兴趣	○	○	○	○	○
您想知道更多有关快递员评职称的信息	○	○	○	○	○

9. 你愿意在这则新闻的跟帖区发表自己的评论吗？[矩阵量表题] *

	非常不同意	比较不同意	不清楚	比较同意	非常同意
您想对新闻发表评论	○	○	○	○	○
您想参与网友的讨论	○	○	○	○	○

请您耐心答题，您已经完成70%的内容啦，谢谢您的支持和配合

10. 您认为您分享这篇新闻及评论的可能性大不大[矩阵量表题] *

	非常小	比较小	不清楚	比较大	非常大
我向其他人分享该新闻的可能性	○	○	○	○	○
我向其他人分享评论部分的可能性	○	○	○	○	○

以下问题，将对您平时在社交媒体上阅读新闻或发表评论的习惯进行询问，请您回忆最近几周在社交媒体上阅读新闻及发表评论的经历，并如实回答，谢谢您的配合！

11. 您的年龄是？[单选题] *

○18岁以下

○18~25岁

○26~33岁

○34~41岁

○42~49岁

○50~57岁

○58~65岁

○65岁以上

12. 您的性别是？[单选题] *

○男

○女

13. 到目前为止，您的最高学历(包括在读)是？[单选题] *

○初中及以下

○高中/中专

○大学专科

○大学本科

○硕士及以上

14. 您每月的可支配收入大约是[单选题] *

○500 元以下

○500~2999 元

○3000~4999 元

○5000~7999 元

○8000~9999 元

○10000 元以上

15. 您目前从事的职业(请下拉选择)：[单选题] *

○全日制学生

○教师

○工人

○记者

○国家机关、党群组织、事业单位工作人员

○销售人员

○市场/公关人员

○客服人员

○行政/后勤人员

○人力资源

○财务/审计人员

○医护人员

○文职/办事人员

○技术/研发人员

○管理人员

○顾问/咨询

○律师

○其他

16. 在社交媒体上，您平均每天花多长时间看新闻？［单选题］ *

社交媒体，例如微信、微博、B 站、豆瓣、知乎、QQ 空间、虎扑等各种论坛和博客等平台。

○10 分钟或更少

○10～30 分钟

○31～60 分钟

○1～2 小时

○2～3 小时

○3 小时以上

17. 您平时在哪些社交媒体上浏览新闻［多选题］ *

□微博

□微信

□B 站

□豆瓣

□知乎

□QQ 空间

□虎扑

□推特

□脸书

□其他 ________________ *

18. 您在社交媒体上如何浏览新闻？［矩阵量表题］ *

	非常不同意	比较不同意	不清楚	比较同意	非常同意
使用社交媒体获取新闻信息是我日常生活的一部分	○	○	○	○	○
我经常从社交媒体中获取时事新闻	○	○	○	○	○

19. 您在社交媒体上如何浏览网友评论[矩阵量表题] *

	非常不符合	比较不符合	不清楚	比较符合	非常符合
您对网友在新闻后面的评论感兴趣	○	○	○	○	○
您经常阅读网友在新闻后面的评论	○	○	○	○	○

20. 多数情况下，您评论是为了[矩阵量表题] *

	非常不同意	比较不同意	不清楚	比较同意	非常同意
表达您的情绪	○	○	○	○	○
表达您的意见	○	○	○	○	○
为新闻或评论补充信息	○	○	○	○	○
纠正新闻或评论中的错误信息	○	○	○	○	○

21. 多数情况下，您评论是为了[矩阵量表题] *

	非常不同意	比较不同意	不清楚	比较同意	非常同意
与他人交换和分享知识	○	○	○	○	○
与他人进行辩论及互动	○	○	○	○	○
说服与教育他人	○	○	○	○	○
希望您的意见获得网友的认可	○	○	○	○	○
放松娱乐	○	○	○	○	○

22. 您什么时候更有可能在社交媒体上对新闻发表评论[矩阵量表题] *

	非常不同意	比较不同意	不清楚	比较同意	非常同意
当您和其他人有相似意见时	○	○	○	○	○
当您和其他人有不同意见时	○	○	○	○	○
当您看到别人在网上发表辱骂、冒犯性的评论时	○	○	○	○	○
当您看到别人有理有据的讨论时	○	○	○	○	○
当您对新闻的主题感兴趣时	○	○	○	○	○

23. 您怎么看待社交媒体上用户之间的讨论？[矩阵量表题] *

	非常不同意	比较不同意	不清楚	比较同意	非常同意
这些讨论对社会有益	○	○	○	○	○
这些讨论使人们可以更好地相互了解	○	○	○	○	○
这些讨论导致人们的观点更极端	○	○	○	○	○

24. 您在社交媒体上发表评论，有以下情况吗？[矩阵量表题] *

	非常不符合	比较不符合	不清楚	比较符合	非常符合
您会在跟帖区故意攻击某人或某事	○	○	○	○	○

续表

	非常不符合	比较不符合	不清楚	比较符合	非常符合
您会使用冒犯性的语言辱骂和惹恼他人	○	○	○	○	○
您会提出论据来支持您的观点	○	○	○	○	○

25. 您不在社交媒体的评论区评论，可能是因为[矩阵量表题] *

	1	2	3	4	5
话题或评论有争议性	○	○	○	○	○
评论不能改变人们的观点	○	○	○	○	○
避免冲突	○	○	○	○	○
网友的评论不文明或充满敌意	○	○	○	○	○

26. 您不在社交媒体的评论区评论，可能是因为[矩阵量表题] *

	1	2	3	4	5
对话题不了解	○	○	○	○	○
对话题不感兴趣	○	○	○	○	○
害怕说错话	○	○	○	○	○
操作不方便	○	○	○	○	○
评论后常常没有反馈	○	○	○	○	○

27. 您在社交媒体上阅读网友的评论吗？［矩阵量表题］＊

	1	2	3	4	5
您对网友的评论感兴趣	○	○	○	○	○
您经常阅读网友在新闻后面的评论	○	○	○	○	○

作答已经结束，谢谢您的支持与配合！

课题负责人：牛静，华中科技大学新闻与信息传播学院教授、博士生导师

课题组成员：张阳，南京大学新闻传播学院硕士研究生

社交媒体时代微博用户对新闻发表评论的影响因素研究

牛　静　王冰晶

一、引言

新媒体的快速发展极大地改变了传统的信息传播模式，带来了社会秩序重构与话语权力的重组。新媒体的开放性、去中心化、互动性、传播迅速、海量用户等特性已经使其成为强有力的网络舆论场所。在声势浩大的网络舆论背后，是众多网民的意见表达。① 意见表达保障着公民权益，能够发挥新媒体平台的舆论监督功能，通过意见表达了解社会舆论和民意，能够推进社会治理和实际问题的解决。

《2020—2021 年中国移动社交行业研究报告》指出，微信、QQ、微博在月度活跃用户规模上达到亿级，头部社交产品地位坚固。② 相比较更注重熟人社交的微信、QQ，微博则是构建了一个公共的话语广场，是所有用户获取和发布信息、公开表达意见的重要渠道，是重大舆情事件的发源地和发酵场所。新闻媒体的官方微博以发布社会问题、时事政治、公共政策等社会事件为主，容易引起微博用户的跟帖行为，其评论区是网民表达意见的主要场所。本文以微博用户在新闻媒体微博评论区的意见表达行为作为研究对象，探究微博用户意见表达的影响因素，并从媒体官微的角度为如何引导微博用户充分发表意见提出建议。

① 陈旭辉，柯惠新. 网民意见表达影响因素研究——基于议题属性和网民社会心理的双重视角[J]. 现代传播，2013(3)：117-122.

② https://www.iimedia.cn/c400/76205.html.

二、文献综述与研究假设

传统的意见表达渠道主要是通过人际渠道和机构渠道，存在时空局限、反馈缓慢等缺陷。网络平台为人们提供了更为开阔自由的公共话语空间，成为人们意见观点的聚集点和发散地。网络意见表达弥补了传统意见表达渠道的不足，成为现今人们行使言论自由权的重要方式。网络意见表达行为也受到了学界的关注，关于意见表达影响因素的研究开始增多。本文基于微博用户行为的特征选取孤立恐惧感、意见气候感知、自我效能感、媒介素养四个内在动因和匿名性一个外在变量，探讨这些变量对微博用户在评论区的意见表达行为的影响。

(一)孤立恐惧感、意见气候感知与网络意见表达

沉默的螺旋理论是由德国学者伊丽莎白·诺尔-诺依曼于 1974 年提出的大众媒介强效果论，是研究个体意见表达的重要理论。“作为传播效果研究领域的第三代发展阶段上的重要理论成果，沉默的螺旋理论，主要是从社会心理学的角度研究舆论的形成过程，探讨对于孤独的恐惧，对于意见气候的感知、个人的意见表达等核心概念及其相互作用的机制。”①诺伊曼认为人们在公开发表意见时，会对周围环境中的观点进行确认判断，并与自己的观点进行比较。② 如果他们认为，自己的观点与公共舆论一致，占据主导地位，那么他们就会自信地加入谈话，无论是私人场合还是公共场合；当他们认为自己属于少数群体，自己的观点处于“弱势”地位时，就会小心谨慎并且沉默下来。一方的“沉默”造成另一方意见的强势，使“优势”意见显得更加强大，这种强大反过来又迫使更多的持不同意见者转向“沉默”。如此循环下去，便形成了一个“一方越来越大声疾呼，而另一方越来越沉默下去的螺旋式过

① 廖圣清. 新媒介技术环境下上海大学生的意见表达研究[J]. 新闻大学，2017(6)，104-112.

② [德]伊丽莎白·诺尔-诺依曼. 沉默的螺旋：舆论——我们的社会皮肤[M]. 董璐，译，北京：北京大学出版社，2013：215-216.

程”。①

沉默的螺旋理论是研究意见表达的重要理论，其中“孤立恐惧感”和“意见气候感知”作为影响意见表达的重要的个体心理因素，已经得到不少学者的验证和补充。

1965 年社会心理学家所罗门·阿什提出“孤立恐惧感”这一概念。人作为一种社会动物，总是力图从周围环境中寻求支持，避免陷入孤立状态，这是人的“社会天性”。出于这样的心理，当人们处于少数意见一方时，往往会保持沉默或改变立场。学者认为在网络环境下被孤立的恐惧的心理对网民的意见表达依旧产生负面影响。谢新洲通过问卷调查发现社会孤立动机并不会在网上消失，互联网的出现没有改变人本能对社会孤立的恐惧。② 周凯等通过深度访谈发现香港大学生因担心同伴疏离、排挤或否定，在社交媒体上参与公共话题讨论时，往往不敢畅所欲言。③ 李琪等通过情景模拟实验法发现社交平台上对孤立的恐惧和个人表达意愿呈显著负相关，沉默螺旋效应在社交媒体平台中依然存在。④ Shirley S. Ho、Douglas M. McLeod 通过研究证明了无论是在面对面还是网络平台的讨论小组中，对孤立恐惧的程度越高，个人的表达意愿也就越低。但是网络环境下孤立恐惧的影响有所削弱。⑤ 因此，本文基于以上论述，提出假设 1：

H1：微博用户的孤立恐惧感对微博评论区的意见表达行为有负向影响。

意见气候是指自己所处环境中意见分布的情况，包括现有意见和未来可能出现的意见。当个体感知到自己的观点与周围多数意见处于一致时，他们便倾向于积极大胆地表明自己的看法；当个体感知自己的观点处于劣势时，

① 郭庆光. 传播学教程[M]. 北京：中国人民大学出版社，2011：200.

② 谢新洲. “沉默的螺旋”假说在互联网环境下的实证研究[J]. 现代传播，2003(6)：17-22.

③ 周凯，刘伟，凌惠. 社交媒体、“沉默螺旋”效应与青年人的政治参与——基于25 位香港大学生的访谈研究[J]. 现代传播，2016(5)：143-148.

④ 李琪，王璐瑶. 社交媒体环境中不同意见气候条件下的沉默螺旋效应研究[J]. 软科学，2017(8)：95-98.

⑤ Ho S S, McLeod D M. Social-psychological influences on opinion expression in face-to-face and computer-mediated communication[J]. *Communication Research*, 2008, 35(2): 190-207.

他们往往会屈于环境压力而选择沉默或者附和。学者通过问卷法、访谈法证实了在微博、Facebook 等社交媒体上意见气候感知一致性正向影响个人的意见表达行为。①②③ Keith Hampton、Lee Rainie 等就斯诺登事件对社交媒体用户进行研究，发现如果社交媒体上的朋友和其他用户与自己的意见一致，个体则愿意去分享和讨论；若是观点相左，个体则不太可能在网络上说出自己的看法。④ 廖圣清发现微博微信等社交媒体是大学生感知意见气候的主要渠道，意见气候感知的频率和满足程度对大学生网络意见表达具有增强作用。⑤基于上述论述，本文提出假设 2：

H2：微博用户感知到的意见气候一致性对微博评论区的意见表达行为有正向影响。

(二)匿名性与网络意见表达

不少学者认为网络平台的匿名性增强了网民主体地位，给人安全感，个体在意见表达时较少顾及社会规范的约束，自身面临较小的社会压力，网民认为自己可以自由地发表言论，无须对自己的行为承担心理上的负担。⑥⑦ McLeod 等在调查中通过比较参与访谈者的意愿(线上或是面对面)，发现相比面对面环境，访谈者更愿意在线表达他们的观点。⑧ Mc Devitt 等研究表明，

① 周凯，刘伟，凌惠. 社交媒体、“沉默螺旋”效应与青年人的政治参与——基于 25 位香港大学生的访谈研究[J]. 现代传播，2016(5)：143-148.

② 朱靓. 基于沉默的螺旋理论的微博用户意见表达研究[D]. 电子科技大学，2015：60.

③ Yun G W , Park S Y. Selective posting：willingness to post a message online[J]. *Journal of Computer-Mediated Communication*，2011，16(2)：201-227.

④ Hampton K，Ramie L，Lu W，et al. *Social media and the spiral of silence*[R]. Pew Research Center，Washington，2014：8.

⑤ 廖圣清. 新媒介技术环境下上海大学生的意见表达研究[J]. 新闻大学，2017(6)：104-112.

⑥ 王国华，戴雨露. 网络传播中的“反沉默螺旋”现象研究[J]. 北京理工大学学报(社会科学版)，2010(6)：116-120.

⑦ 朱珉旭. 当代视域下“沉默的螺旋”理论的反思[J]. 国际新闻界，2014(1)：66-75.

⑧ Ho S S，McLeod D M. Social-psychological influences on opinion expression in face-to-face and computer-mediated communication[J]. *Communication Research*，2008，35(2)：190-207.

网络匿名性会减小个体感受到的群体压力，从而促进群体成员参与意见讨论。① Pin Luarn 和 Ai-Yun Hsieh 通过实验法发现，Facebook 上的匿名用户比非匿名用户更愿意表达自己的真实意愿。② 因此，本文提出假设 3：

H3：微博平台的匿名性对微博用户在评论区的意见表达行为有正向影响。

（三）自我效能感与网络意见表达

美国心理学家班杜拉提出自我效能感这一概念，将其定义为人们对自身能否利用所拥有的技能去完成某项工作行为的自信程度。③ 自我效能感是人的能动性基础，自我效能感水平较高的人，对自己的能力充满信心，认为个人行为能够产生作用，解决问题。而意见表达作为一种社会参与行为，在一定程度上能够推动某类社会问题的解决。张金海等以“抵制家乐福”事件为议题进行实证研究，发现自我效能感对网络意见的顺利表达具有显著的正向影响。④ 一些学者将自我效能感升级为政治效能感，发现大学生群体⑤、市民群体⑥的政治效能感对个人网络意见表达均有显著的正向影响。基于以上论述，本文提出假设 4：

H4：微博用户的自我效能感对微博评论区的意见表达行为有正向影响。

---

① McDevitt M，Kiousis P，Jorgensen K W. Spiral of moderation：opinion expression in computer-mediated discussion[J]. *International Journal of Public Opinion Research*，2003，15(4)：444-470.

② Luarn P，Hsieh A Y. Speech or silence：the effect of user anonymity and member familiarity on the willingness to express opinions in virtual communities[J]. *Online Information Review*，2014，8(7)：881-895.

③ 徐田田. 微博热门话题环境下大学生意见表达策略研究[D]. 上海外国语大学，2019：16.

④ 张金海，周丽玲，李博. 沉默的螺旋与意见表达——以“抵制家乐福”事件为例[J]. 国际新闻界，2009(1)：45-48.

⑤ 周葆华，吕舒宁. 大学生网络意见表达及其影响因素的实证研究——以“沉默的螺旋”和“意见气候感知”为核心[J]. 当代传播，2014(5)：34-38.

⑥ 廖圣清. 上海市民的意见表达及其影响因素研究[J]. 新闻大学，2010(2)：41-49.

(四)媒介素养与网络意见表达

“媒介素养”一词译自英文“Media Literacy”，英国文学批评家 E. R. 利维斯和他的学生丹尼斯·桑普森在《文化和环境：培养批判意识》一书中首次提出了“媒介素养”这一概念。① 1992 年美国媒介素养中心将该概念定义为人们面对各种媒介信息时所表现出的选择能力、理解能力、质疑能力、评估能力、创造能力、制作能力和思辨反应能力。② 这也是目前学界引用较多的定义。国内学者谢金文认为媒介素养指人们对大众传媒的认识、利用和参与方面的素养，包括具有利用传媒的技能。③ 媒介素养是网民的一项基本素养，对于社交媒体环境下网民的言语和行为有着直接的影响。已有研究表明，社会弱势群体由于缺乏基本的媒介素养导致其网络表达不畅，很难通过媒介来发声。孟宇擎通过调查发现听障青少年对媒介信息辨别分析能力低下，媒介使用频次低且媒介使用行为单一，这影响了他们真实有效地参与媒介表达，导致其处于社会中的“失语”地位，社会地位愈发边缘化，形成弱势的恶性循环。④ 打工群体由于缺乏对大众媒介的基本认知和使用能力，并且对大众媒介信息的理解和接受程度不高，他们很少参与社会舆论中发表自己观点，更难以通过大众媒介表达自己的权益诉求。⑤ 在数量庞大、鱼龙混杂的信息时代，良好的媒介素养能够让人有效利用媒介技术和资源获取所需信息，理解分析信息，辨别信息真伪且主动参与对社会事务的管理中。基于此，本文认为当微博用户媒介素养越高时，即对信息的辨认、使用、媒介参与等能力越高，其在微博评论区进行意见表达的可能性也越大。因此，本文提出假设 5：

H5：微博用户的媒介素养对微博评论区的意见表达行为具有正向影响。

① 王艳. 民意表达与公众参与：微博意见领袖研究[D]. 中国社会科学院，2014：122.

② 海群. 传播学教育新方向：从媒介研究到媒介素养[J]. 现代传播，2003(6)：89-92.

③ 谢金文. 传媒人的媒介素养浅谈[J]. 新闻记者，2004(11)：41.

④ 孟宇擎. 济南市听障青少年媒介使用和媒介表达调查研究[D]. 电子科技大学，2014：41.

⑤ 曹茸. 多元视角下新生代农民工权益诉求的媒介表达[D]. 武汉大学，2014：75.

三、研究设计

（一）变量及测量

本研究中5个自变量的量表在参考已有研究的成熟量表的基础上，结合微博用户行为特点对相关题项加以适当修改，采用5级李克特量表进行测量。变量概念定义见表1。

表1 变量概念

变量名称	题项内容	参考文献
孤立恐惧感	如果有人不同意我的观点，我会感到不安或担心被孤立	Jesse Fox，Lanier Frush Holt（2018）；Kurt Neuwirth(2000)
	当发现我的观点与大多数人不一致时，我会避免公开表达我的观点	
	我很希望自己的观点被其他人关注和认可	
	对我来说，融入我所在的群体很重要	
	我喜欢坚持自己的观点，即使每个人都反对我	
	我喜欢就一个有争议的问题进行辩论	
匿名性	在微博中，非好友微博用户无法从我发布的微博中识别出我的现实身份	黄京华,常宁(2014)；徐田田(2019)
	我更愿意在匿名的情况下去表达我的观点	
	我更容易在匿名的情况下表达直接和批判性的观点	
	我可以控制我在微博的匿名程度	
自我效能感	我有信心能有效地应付任何突如其来的事情	周葆华，吕舒宁（2014）
	如果我付出必要的努力，我一定能解决大多数的难题	
	面对一个难题时，我通常能找到几个解决方法	
	当我在微博上看到新闻时，我觉得自己能够很好地理解其中的信息	
	我有能力对新闻中的社会问题提出建设性的建议	
	我认为微博上的新闻评论有助于推动事件或问题的解决	

续表

变量名称	题项内容	参考文献
媒介素养	我能够获得足够有用的媒介信息用于生活和学习	李金城(2017)
	我能够熟练使用软件工具进行信息检索	
	我能够通过寻找佐证资料判断信息的可信度	
	我能够通过标题、内容等判断信息的可信度	
	我经常通过网络参与社会公共事件的讨论	
	我能够对图像、音视频素材进行格式转换、压缩与增强	
意见气候感知	我与现实社会中绝大多数人观点的一致程度	周葆华，吕舒宁(2014)
	我与身边多数朋友观点的一致程度	
	我与微博上主流媒体观点的一致程度	
	与新闻事件相关的微博评论区中的多数网友观点的一致程度	

本研究的因变量是微博用户对新闻的意见表达行为。微博功能的多样化决定了用户意见表达行为的多样化，根据对微博用户评论区行为的观察，我们将微博用户在新闻微博下的意见表达行为分为以下五类：(1)在微博评论区对新闻进行评论；(2)点赞该新闻；(3)快转或转发该新闻；(4)分享新闻到私信和QQ、微信等其他社交媒体；(5)不评论、点赞或转发，仅仅浏览新闻。

(二)量表的检验与修订

本文中的量表是对已有的量表进行修订而得出的，但考虑到中西方表述的差异性会有损问卷信效度，所以需要对问卷中的量表进行前测，并根据前测结果进行修订。本文预先以50份问卷对5个自变量量表进行检验和修正。

对孤立恐惧感的6个题项进行信度检验，Cronbach α 系数为0.341，信度不高。删去CITC值(校正项总计相关性)较低的题项“我喜欢坚持自己的观点，即使每个人都反对我”“我喜欢就一个有争议的问题进行辩论”后，α 系数为0.622，量表信度可以接受。对孤立恐惧感进行效度检验，KMO值为

0.631，P 值为 0.000 小于 0.005，适合做因子分析。主成分分析法提取出 2 个因子，其中题项“当发现我的观点与大多数人不一致时，我会避免公开表达我的观点”的因子载荷量低于 0.5，与其他 3 题项不属于同一成分，予以删除。

对匿名性 4 个题项进行信度检验，Cronbach α 系数为 0.402，信度不高。删去 CITC 值(校正项总计相关性)较低的题项“在微博中，非好友微博用户无法从我发布的微博中识别出我的现实身份”“我可以控制我在微博的匿名程度”后，α 系数为 0.755，量表信度较好。对匿名性进行效度检验，KMO 值为 0.609，P 值为 0.000，适合做因子分析。主成分分析法提取出 1 个因子，两个题项的因子载荷量均大于 0.5，结构效度良好。

对自我效能感进行信度检验，Cronbach α 系数为 0.665，信度良好。对自我效能感进行效度检验，KMO 值为 0.683，P 值为 0.000，适合做因子分析。主成分分析法提出 2 个因子，其中题项“当我在微博上看到新闻时，我觉得自己能够很好地理解其中的信息”“我有能力对新闻中的社会问题提出建设性的建议”和“我认为微博上的新闻评论有助于推动事件或问题的解决”的因子载荷量低于 0.5，予以删除。

对媒介素养进行信度检验，Cronbach α 系数为 0.744，信度良好。对媒介素养进行效度检验，KMO 值为 0.700，P 值为 0.000，适合做因子分析。主成分分析法提出 2 个因子，其中题项“我能够通过标题、内容等判断信息的可信度”“我经常通过网络参与社会公共事件的讨论”“我能够对图像、音视频素材进行格式转换、压缩与增强”的因子载荷量低于 0.5，予以删除。

对意见气候感知量表进行信度检验，Cronbach α 系数为 0.853，信度良好。对其进行效度检验，KMO 值 0.734，P 值为 0.000，适合做因子分析。主成分分析法提取出 1 个因子，4 个题项的因子载荷量均大于 0.5，结构效度良好，无须删除题项。

经过前测 50 份问卷的回收和数据分析，通过信效度分析，调整部分测度项目，使量表更加适合于本文使用，为后期正式的数据分析提供较好的基础。调整后的问卷量表如下：

表 2 修订后的量表

变量名称	题项内容	参考文献
孤立恐惧感	如果有人不同意我的观点，我会感到不安或担心被孤立	Jesse Fox，Lanier Frush Holt（2018）；Kurt Neuwirth(2000)
	我很希望自己的观点被其他人关注和认可	
	对我来说，融入我所在的群体很重要	
匿名性	我更愿意在匿名的情况下去表达我的观点	徐田田(2019)
	我更容易在匿名的情况下表达直接和批判性的观点	
自我效能感	我有信心能有效地应付任何突如其来的事情	周葆华，吕舒宁（2014）
	如果我付出必要的努力，我一定能解决大多数的难题	
	面对一个难题时，我通常能找到几个解决方法	
媒介素养	我能够获得足够有用的媒介信息用于生活和学习	李金城(2017)
	我能够熟练使用软件工具进行信息检索	
	我能够通过寻找佐证资料判断信息的可信度	
意见气候感知	我与现实社会中绝大多数人观点的一致程度	周葆华，吕舒宁（2014）
	我与身边多数朋友观点的一致程度	
	我与微博上主流媒体观点的一致程度	
	与新闻事件相关的微博评论区中的多数网友观点的一致程度	

(三)数据收集

本文以微博用户为研究对象，通过网络问卷调查进行数据收集。利用问卷星平台设计网络问卷，通过微信、微博、豆瓣、QQ 等社交平台发放，共回收 495 份问卷，其中有效问卷 413 份，回收率为 83.43%。

四、数据分析与研究发现

本文主要使用统计软件 SPSS 20 对数据进行分析，探究影响微博用户在评论区进行意见表达的因素。

（一）样本描述性分析

1. 样本人口统计学描述

本文共收集到 413 个有效样本，其年龄、性别、学历、职业的统计学状况见表 3。在有效样本中，女性占比较大，样本年龄主要集中在 19～30 岁，样本中学生占比最多。在学历上，样本以大学本科/专科和研究生为主，受教育程度处于较高水平。

表 3　人口变量描述性统计

项目	类别	频率	百分比(%)
年龄	18 岁及以下	12	2.91
	19～25 岁	344	83.29
	26～30 岁	43	10.41
	31～35 岁	5	1.21
	36～40 岁	3	0.73
	41～45 岁	3	0.73
	46～50 岁	2	0.48
	51 岁及以上	1	0.24
性别	男	70	16.95
	女	343	83.05
学历	初中及以下	5	1.21
	高中/中专/技校	12	2.91
	大学本科/专科	269	65.13
	研究生	127	30.75

续表

项目	类别	频率	百分比(%)
职业	党政机关公务员	13	3.15
	事业单位工作人员	23	5.57
	企业单位工作人员	38	9.20
	私营企业主、个体户及小雇主	7	1.69
	自由职业者	13	3.15
	农民	2	0.48
	学生	311	75.30
	未从事工作	6	1.45
合计		413	100.0

2. 微博浏览行为描述性分析

从微博用户浏览媒体官方微博的情况来看，浏览人民日报微博的人数最高，占比81.11%，其次为央视新闻微博，占比61.74%。媒体官微较强的权威性、真实性及时效性是微博用户选择浏览它的主要原因。

3. 微博评论区意见表达行为描述性分析

从微博用户对媒体官方微博的评论意愿来看，73.37%的样本认为微博评论区其他人的观点不会影响自己发表或不发表评论，即无论评论区观点与自身观点是否冲突或者一致，都不会影响样本的评论意愿。

从微博用户在新闻微博评论区的表达频率来看，意见表达行为频率从高到低依次为：仅仅浏览新闻，点赞新闻，快转或转发新闻，分享新闻到私信和群、QQ、微信等其他社交媒体，在微博评论区对新闻进行评论。这反映出微博用户对新闻发表评论的积极性较低，主要是浏览新闻。

从微博用户不对新闻进行评论的原因来看，“对于新闻没有深入了解，无法发表评论”占比最高，达64.16%，其次是“与评论区网友观点不一致，不想和别人争论”。可见微博用户进行微博评论一般是基于对新闻议题有一定的了解后所采取的行动。

4. 样本变量的描述性分析

为了了解影响微博评论区意见表达的分布特征，本文对各变量测量项进行了均值和标准差的统计，结果见表4，5个自变量的均值均在3分以上，表明样本孤立恐惧感、匿名性、自我效能感、媒介素养和意见气候感知一致性程度均高于平均水平。不过样本的意见表达均值只有2.509，未达到平均值3分，这说明样本在微博上的意见表达程度较低，更多是对新闻微博的围观浏览。

表4　变量的描述性分析

变量名称	N	均值	标准差
孤立恐惧感	413	3.241	0.719
匿名性	413	3.535	0.886
自我效能感	413	3.417	0.555
媒介素养	413	3.764	0.574
意见气候感知	413	3.559	0.573
意见表达	413	2.509	0.679

(二)信效度检验

1. 信度检验

本文利用Cronbach α系数检验孤立恐惧感、匿名性、自我效能感、媒介素养和意见气候感知量表的内部一致性信度，结果见表5：

表5　信度检验

变量	项数	Cronbach's Alpha
孤立恐惧感	4	0.609
匿名性	2	0.731
自我效能感	6	0.651
媒介素养	6	0.690
意见气候感知	4	0.747

各量表的 α 系数均大于 0.6，说明此次调查中的量表具有较好的内部一致性，符合信度要求。

2. 效度检验

首先对问卷总体进行 KMO 和 Bartlett 检验，KMO 值为 0.719，p 值为 0.000($p<0.05$)，表明数据可以进行因子分析(表 6)。

表 6　KMO 和 Bartlett 的检验

取样足够度的 Kaiser-Meyer-Olkin 度量		0.719
Bartlett 的球形度检验	近似卡方	1361.287
	df	105
	Sig.	0.000

采用探索性因子分析(EFA)，使用主成分分析法抽取因子，进行方差最大旋转，保留因子负荷量大于 0.3 的项目，检验结果见表 7。

表 7　旋转成分矩阵分析

	成分				
	1	2	3	4	5
意见气候感知 3	0.776				
意见气候感知 4	0.763				
意见气候感知 1	0.734				
意见气候感知 2	0.681				
媒介素养 2		0.792			
媒介素养 3		0.761			
媒介素养 1		0.616			
自我效能感 1			0.784		
自我效能感 3			0.762		
自我效能感 2			0.662		
孤立恐惧感 2				0.800	

续表

	成分				
	1	2	3	4	5
孤立恐惧感 3				0.767	
孤立恐惧感 1				0.630	
匿名性 1					0.869
匿名性 2					0.826

依结果所示，从问卷中提出 5 个因子，累积方差贡献率为 62.358%，表明这 5 个因子对总体问卷的解释力度较好。根据旋转成分矩阵显示，提取出的 5 个因子与研究预设的 5 个变量一致，5 个维度下的各测度项之间均表现出相关性以及和其他因子间的非相关性。同时因子载荷量均大于 0.5，表明问卷具有良好的结构效度。

(三)相关性分析

相关分析主要是为了研究两个变量之间相互联系的密切程度，回归分析建立在相关分析的基础之上，对于没有相关性的变量则无须进行回归分析。

本文采用 Pearson 相关分析研究各影响因素和意见表达之间的相关性，结果见表 8：孤立恐惧感与意见表达呈正相关($r=0.183$，$p<0.01$)；自我效能感与意见表达呈正相关($r=0.117$，$p<0.05$)；意见气候感知与意见表达呈正相关($r=0.174$，$p<0.01$)。而匿名性、媒介素养与意见表达没有显著相关性，所以假设 H3、H5 不能成立。

表 8　相关性检验

		孤立恐惧感	匿名性	自我效能感	媒介素养	意见气候感知
意见表达	Pearson 相关性	0.183**	0.024	0.117*	0.086	0.174**
	显著性(双侧)	0.000	0.628	0.017	0.079	0.000

**：表示在 0.01 水平(双侧)上显著相关。

*：表示在 0.05 水平(双侧)上显著相关。

（四）回归分析

本文采用多元线性回归方法对意见表达的影响因素进行分析。在上文相关性分析中，匿名性和媒介素养与意见表达没有显著相关，无须再进行回归分析。所以文本以性别、年龄、学历、职业作为控制变量，以孤立恐惧感、自我效能感、意见气候感知作为自变量，以意见表达为因变量构建了两个回归模型。结果见表 9、表 10：

表 9　参数检验

模型	R	R 方	调整 R 方	标准估计的误差	F	Sig.
1	0. 104	0. 011	0. 001	0. 67847	1. 110	0. 351
2	0. 275	0. 076	0. 055	0. 65987	3. 670	0. 00

表 10　意见表达影响因素的多元回归分析

模型		非标准化系数		标准系数	t	Sig.	共线性统计量	
		β	标准 误差	β			容差	VIF
1	(常量)	3. 120	0. 301		10. 361	0. 000		
	您的年龄	−0. 059	0. 048	−0. 063	−1. 216	0. 225	0. 891	1. 123
	您的性别	−0. 063	0. 092	−0. 035	−0. 680	0. 497	0. 931	1. 074
	您的受教育程度	−0. 100	0. 061	−0. 083	−1. 649	0. 100	0. 950	1. 053
	您的职业	−0. 007	0. 020	−0. 019	−0. 359	0. 720	0. 845	1. 183
2	(常量)	1. 765	0. 403		4. 376	0. 000		
	您的年龄	−0. 066	0. 047	−0. 072	−1. 410	0. 159	0. 883	1. 132
	您的性别	−0. 080	0. 091	−0. 044	−0. 876	0. 382	0. 904	1. 106
	您的受教育程度	−0. 095	0. 059	−0. 079	−1. 603	0. 110	0. 936	1. 068
	您的职业	−0. 013	0. 019	−0. 037	−0. 699	0. 485	0. 836	1. 197
	孤立恐惧感	0. 155	0. 047	0. 164	3. 309	0. 001	0. 927	1. 079
	自我效能感	0. 121	0. 061	0. 099	1. 992	0. 047	0. 934	1. 071
	意见气候感知	0. 143	0. 059	0. 121	2. 422	0. 016	0. 917	1. 090

从表9可以看出模型1的p值为0.351，大于0.05，说明性别、年龄、受教育程度、职业变量对于意见表达没有显著性影响，模型2的P值为0，小于0.05，说明模型2中至少存在一个因素对因变量产生显著影响。对回归模型进行共线性诊断，发现各自变量的VIF值均小于临界值5，说明模型2中不存在多重共线性问题，即模型2是有效的。

模型2的回归分析结果显示，自我效能感($\beta=0.099$，$P=0.047<0.05$)和意见气候感知($\beta=0.121$，$P=0.016<0.05$)通过了0.05水平下的显著检验，并且标准系数均为正值，说明这两个变量对意见表达具有显著的正向影响，因此假设H2和H4得到证实。而孤立恐惧感($\beta=0.164$，$P=0.001<0.05$)对意见表达不仅没有抑制作用，反而具有显著的正向影响，因此假设H1没有通过检验。

五、结论和建议

首先，研究发现微博用户在新闻微博评论区中的意见表达水平不高。在意见表达的具体行为上，微博用户选择仅浏览新闻的频次最高，其次为点赞、转发分享行为，而在评论区对新闻发表评论的积极性最低。其次，微博用户意见表达行为在性别、年龄、学历、职业上不存在差异，即用户的意见表达行为不受人口变量控制。再次，样本的多元回归分析显示，孤立恐惧感、自我效能感、意见气候感知均对用户意见表达行为产生正向影响，而媒介素养和匿名性对意见表达无显著影响。样本的描述性分析显示，用户不进行评论的原因主要有“对于新闻没有深入了解”“与评论区网友观点不一致”“评论不能产生什么作用”“对新闻内容不感兴趣”“新闻内容不具有争议性”，其中“与评论区网友观点不一致”“评论不能产生什么作用”分别是意见气候感知和自我效能感的体现，这两点与回归分析得出的结论一致。“对于新闻内容没有深入了解”“对新闻内容不感兴趣”和“新闻内容不具有争议性”则是议题属性的体现。因此，本文认为，影响微博用户评论区意见表达的因素有孤立恐惧感、自我效能感、意见气候感知和新闻微博的议题属性。基于以上结论，本文从新闻媒体官方微博的角度，为引导微博用户充分发布评论、表达意见，从而把握社会舆情动态提出以下建议。

(一)加强与受众互动，注重对新闻阐释，提升用户的自我效能感

研究结果显示，微博用户的自我效能感对其在评论区的意见表达行为具有正向影响，这也意味着提高微博用户的自我效能感对促进其进行评论、点赞、分享等行为具有积极作用。要提高微博用户的自我效能感，一方面，媒体官微应该加强与受众的互动交流，对微博评论区的优质评论及时给予点赞、回复甚至转发等反馈互动行为。良性的互动不仅能够提升用户的参与度和黏度，还能正确引导评论区的舆论风向。官微的积极肯定将会使用户的观点进一步得到传播扩散，进而受到其他网民的关注和互动，使用户更易找到"志同道合"的人。官微加强交流互动在满足微博用户社交需求的同时，也让用户感受到自己的评论会受到重视并能够发挥作用，一定程度上满足用户的自我价值感，增强用户主动发表意见的信心。

另一方面，媒体官微应注重对新闻内容的阐释，增强用户在线获取信息能力的信心。学者 Hocevar 等将社交媒体情境下的自我效能感定义为用户在社交媒体内容生产水平和消费水平、感知社交媒体技能以及在线获取信息能力的信心。① 根据第 44 次《中国互联网络发展状况统计报告》，小学及以下、初中学历的网民群体占比超过 55%，可见网民群体整体的文化素养水平并不高。因此媒体官微在发布一些专业性较强的新闻时，如经济新闻、科技新闻等，应该对新闻中含有的一些专业术语进行补充解释。对于内容较复杂，数据较多的新闻，官微也可以视频、图表、三维动画等多样化形式来进一步阐释。总之，新闻官微应尽可能保障不同学历水平的微博用户都能对新闻有一定的了解，从而促使用户对微博信息的掌握，增强用户合理使用社交媒体的信心。

(二)积极引导不同观点，提升评论质量，打造多元理性的舆论环境

沉默的螺旋理论认为当个体感知到自己的观点与周围多数意见处于一致

① Hocevar K P, Flanagin A J, Metzger M J. Social media self-efficacy and information evaluation online[J]. *Computers in Human Behavior*, 2014(39): 254-262.

时，他们便倾向于积极大胆地表明自己的看法。本文的研究数据也证实了该观点在新闻媒体微博评论区中同样适用。用户的评论行为易受到评论区意见气候的影响，当微博评论区意见气候一致性程度越高时，用户进行意见表达的频率也越高。当用户观点与评论区的其他网民不一致时，为了避免与其他人发生争执，微博用户会选择不发表评论。因此，媒体官微应该积极打造良好的评论环境，促使各用户的多元观点能够主动放心表达出来。

媒体官微下的评论区多是网友对新闻事件的看法，由于网友来自不同的阶层和区域，对事物的看法也会产生差异。因此对于没有明显是非判断标准的新闻事件，媒体官微可以通过回复、点赞等行为引导评论区多元观点，促使用户从不同角度进行多方位的分析，营造多样化的舆论氛围。同时官微应经常观察评论区舆论风向，及时感知评论区内的优势和劣势意见，对少数意见给予适当鼓励，避免评论区内出现沉默的螺旋和群体极化现象，给与用户更多的表达空间。

除此之外，媒体官微应该加强对评论质量的把关，合理规范微博用户的言论。由于微博平台的无门槛、虚拟性、匿名性等特点，评论区往往会出现一些非理性表达，如情绪偏激、谩骂、侮辱、攻击他人的言论，这在一定程度上会抑制部分用户的表达意愿，也不利于多元观点之间的互动交流。因此，媒体官微应加大对评论区的监测力度，及时过滤和筛选掉情绪化表达、语言暴力和谣言，提升观点的理性程度，将微博评论区打造成友好健康理性的观点发布交流平台。

（三）注重新闻议题设置，激发用户表达意愿

已有研究表明，议题属性对网络意见表达意愿和行为产生一定的正向作用，新闻媒体官微可以从议题重要性、议题相关性、议题兴趣、议题知识等方面进行议题设置，以激发受众更广泛地参与公共话题讨论，表达自己的意见。

首先，媒体官微每日都应发布涉及国家政治和社会民生等重大新闻，如医疗、教育、物价、就业、官员腐败等具有讨论性的公共性问题，并且官微要紧跟社会热点和时事潮流，时刻关注微博热搜和话题榜上一些显要性的微

博议题。其次，媒体官微应该明确了解微博粉丝的用户特征，发布的新闻内容要贴近用户生活，从心理和地理层面让用户感到接近性。已有研究证明有争议性的新闻容易产生不同的观点，从而激发受众的表达意愿，因此官微可以结合实际新闻时间，适当发布一些有冲突性和争议性的观点或投票，吸引用户在评论区进行意见表达和交流讨论。除此之外，用户对新闻的了解度也在很大程度上影响着用户的发言，部分网民在不了解事情真相之前往往选择旁观沉默，而微博的短小、碎片化特点会影响网民对新闻事件的了解程度。因此媒体官微在发布新闻报道时，应该尽可能将新闻事件描述清楚，可以选择短视频、图文等形式来展开。对于连续的新闻报道，官微可在评论区附上以往的报道链接，方便受众查阅了解事情全貌，从而发表评论，表达观点。

在中国社会转型的过程中，伴随着社会阶级的分化以及社会利益的分化，① 各阶层的矛盾和利益诉求相差更大。而了解各阶层的不同需求、对社会事件的不同观点，有助于相关部门把握社会，推进社会问题的解决。因此，如何让各阶层充分表达意见也是当下的重要问题。本文以新闻微博评论区为意见表达场所，以微博用户为观察对象，在实证研究后发现自我效能感、意见气候感知、议题属性等因素对微博用户的意见表达行为具有显著影响，并依据研究结论从媒体官微的角度提出建议，以期为如何引导社交媒体用户充分表达意见，把握社会舆情动态提供参考。

① 廖圣清. 新媒介技术环境下上海大学生的意见表达研究［J］. 新闻大学，2017（6）：104-112.

附件

微博用户使用行为调查

您好：

我们是华中科技大学新闻与信息传播学院的媒体研究团队，正在进行一项关于微博用户意见表达行为的研究。我们将以匿名方式处理这份问卷，问卷结果仅用于学术研究不会外传，请根据您的真实情况进行回答，答案没有对错之分。最后感谢您于百忙之中参与本次调查，祝您身体健康、万事如意！

1. 您的微博使用情况［单选题］

○从未使用过（请跳至第 12 题回答，并提交答卷）

○曾经用过，但现在不用（请跳至第 12 题回答，并提交答卷）

○一直在使用

2. 下列哪些是您经常浏览的媒体官方微博［多选题］

□人民日报微博

□新京报微博

□澎湃新闻微博

□央视新闻微博

□南方都市报微博

□新浪新闻微博

□环球时报微博

□头条新闻微博

□中国新闻网微博

□中国新闻周刊微博

□封面新闻微博

□界面新闻微博

□Vista 看天下微博

□中国日报微博

□新闻晨报微博

☐财新网微博

☐地方性报纸微博(湖北日报、南京日报等)

☐其他 ________ *

3. 与其他新闻发布平台相比，新闻媒体的官方微博的主要优势是什么［多选题］

☐发布新闻的权威性较强

☐发布新闻的真实性较强

☐发布新闻的时效性较强

☐有针对地推送，获取信息便捷

☐比较关注有价值的新闻

☐其他 ________ *

4. 当您在媒体官微浏览新闻时，您会［单选题］

○如果微博评论区的网友观点是冲突的，我会去发表评论

○如果微博评论区的网友观点是多样的，我会去发表评论

○如果微博评论区的网友观点是一致的，我会去发表评论

○微博评论区其他人的观点不会影响我发表或不发表评论

5. 请您在下面每条陈述中选择与您实际情况或真实体验相符合的选项［矩阵量表题］

	完全不同意	不同意	不一定	同意	完全同意
如果有人不同意我的观点，我会感到不安或担心被孤立	○	○	○	○	○
当我发现我的观点与大多人不一致时，我会避免公开表达我的观点	○	○	○	○	○
我很希望自己的观点被其他人关注和认可	○	○	○	○	○
对我来说，融入我所在的群体很重要	○	○	○	○	○

6. 请您在下面每条陈述中选择与您实际情况或真实体验相符合的选项[矩阵量表题]

	完全不符合	不符合	一般	符合	完全符合
我更愿意在匿名的情况下表达我的观点	○	○	○	○	○
我更容易在匿名的情况下表达直接和批判性的观点	○	○	○	○	○

7. 请您在下面每条陈述中选择与您实际情况或真实体验相符合的选项[矩阵量表题]

	完全不同意	不同意	不一定	同意	完全同意
我有信心能有效地应付任何突如其来的事情	○	○	○	○	○
如果我付出必要的努力，我一定能解决大多数的难题	○	○	○	○	○
面对一个难题时，我通常能找到几个解决方法	○	○	○	○	○
当我在微博上看到新闻时，我觉得自己能够很好地理解其中的信息	○	○	○	○	○
我有能力对新闻中的社会问题提出建设性的建议	○	○	○	○	○
我认为微博上的新闻评论有助于推动事件或问题的解决	○	○	○	○	○

8. 请您在下面每条陈述中选择与您实际情况或真实体验相符合的选项[矩阵量表题]

	完全不符合	不符合	一般	符合	完全符合
我能够获得足够有用的媒介信息用于生活和学习	○	○	○	○	○
我能够熟练使用软件工具进行信息检索	○	○	○	○	○
我能够通过寻找佐证资料判断信息的可信度	○	○	○	○	○
我能够通过标题、内容等判断信息的可信度	○	○	○	○	○
我经常通过网络参与社会公共事件的讨论	○	○	○	○	○
我能够对图像、音视频素材进行格式转换、压缩与增强等	○	○	○	○	○

9. 您觉得自己对新闻事件的看法与下述对象的观点相比较，有多大差别[矩阵量表题]

	差别很大	不太一致	一般	比较一致	基本一致
我与现实社会中绝大多数人的观点	○	○	○	○	○
我与身边多数朋友的观点	○	○	○	○	○
我与微博上主流媒体的观点	○	○	○	○	○
我与微博评论区中多数网友的观点	○	○	○	○	○

10. 当您在微博上浏览新闻时，一般情况下您会：[矩阵量表题]

	从不	偶尔	有时	经常	总是
在微博评论区对新闻进行评论	○	○	○	○	○
点赞该新闻	○	○	○	○	○
快转或转发该新闻	○	○	○	○	○
分享新闻到私信和群、QQ、微信等其他社交媒体	○	○	○	○	○
不评论、点赞或转发，仅仅浏览新闻	○	○	○	○	○

11. 您认为人们在微博上浏览新闻时，不进行评论的主要原因是 [多选题]

□新闻内容不具有争议性，没有评论的需要

□与评论区网友观点不一致，不想和别人争论

□对于新闻没有深入了解，无法发表评论

□对新闻内容不感兴趣，所以不愿意评论

□评论不能产生什么作用，所以不愿意评论

□评论需要花费时间和精力，所以不愿意评论

□其他 ________ *

12. 您的年龄 [单选题]

○18 岁及以下

○19~25 岁

○26~30 岁

○31~35 岁

○36~40 岁

○41~45 岁

○46~50 岁

○51 岁及以上

13. 您的性别［单选题］

○男

○女

14. 您的受教育程度［单选题］

○初中及以下

○高中/中专/技校

○大学本科/专科

○研究生

15. 您的职业［单选题］

○党政机关公务员

○事业单位工作人员

○企业单位工作人员

○私营企业主、个体户及小雇主

○自由职业者

○农民

○学生

○未从事工作

○其他 ________ *

课题负责人：牛　静，华中科技大学新闻与信息传播学院教授、博士生导师

课题组成员：王冰晶，华中科技大学新闻与信息传播学院硕士研究生

新媒体时代，网络评论话语转型研究

——以《人民微评》为分析个案

顾建明　王利民

一、引言

因数字、网络、移动技术广泛应用而造就的新的媒体形态，改变了社会传播格局，造就了社会信息传播的新媒体时代，特别是在手机终端普及、大量社交 APP 的创设，使得自媒体扩张成势，形成以自媒体为主导的传播格局，社会信息传播又回到“人际化”形态。

人人都是传媒的主体、重新“人际化”的传播形态，使得人们交流的话语也发生转型，话语形态由此发生改变，即由体制性话语转向社交性的个人话语。

话语是语言的运用，是思想交流活动，即人与人之间交流的具体语言行为。话语是思想的直接现实，是生活中文化思维的实际呈现，是时代精神的体现。一定媒体格局，一定时代，都必然要求相适应的话语形态。

新闻评论是公共领域意见交流的主要形式，是媒体表达意见的重要方式，其作用的发挥直接影响着媒体舆论功能的实现。

在新媒体时代，新闻评论面临着新的传媒环境，新的社会传播结构，也必然出现话语转型。传统媒体评论正在被倒逼着进行话语转型，原来的话语方法已经失效，无法适应自媒体所造就的对话环境。因此，适应新媒体时代话语转型的要求，改变新闻评论的话语方法，成为紧要的时代课题。这里的“话语方法”是指人们生产话语，进而传播交流的原则和技巧。

实际上，这种话语转型一直在发生着，并且以一种内在张力制约着新闻评论的影响力，甚或公信力，但是，这种转型还处在盲目不自觉状态中，有时以反传统的话语形式呈现着，如娱乐化、二次元、黑色幽默等。人们对之还缺乏理性的、清醒的认识，造成新旧两种话语方法不协调，出现传统媒体和自媒体两种意见场的撕裂。

我们需要观察、思考这种适应新媒体时代的话语转型，找到内在机制，把握规律，从而解释正在发生的话语转型，认识并且改变话语方法，构建新的、适应时代要求的话语形态，为提升新闻评论写作水平提供方向性、方法性指导，以切实提高新闻评论的影响力和公信力。

关于新媒体时代话语转型的研究，宏观理论上的阐述已经有很多了，但是，具体的个案分析还稍显缺乏。只有通过个案分析，解剖麻雀，才能深入透视新闻评论话语转型的具体情形、规律，并通过比较，提炼出具有解释力的观点和能够指导实践的方法。

为了深入透视我国主流媒体新闻评论面对新媒体环境的话语变化，并为主流媒体新闻评论话语方法的改进提供参考，本研究选取人民日报官方微博《人民微评》为个案进行分析。

《人民微评》作为人民日报官方微博固定评论栏目之一，历经八年发展，不仅构造了独特的连接社会大众、媒体及意识形态权力机关的话语通道，同时也形成了介于传统媒体话语和新媒体话语间的过渡话语形态。

本研究通过对人民日报官方微博子评论栏目(#人民微评#)进行样本抽取，因《人民微评》第一篇博文发布于2012年3月17日，因此将2012年3月17日作为抽样初始时间，截止日期为2020年12月31日(2021年后《人民微评》博文发布频次降低，稳定性下降)。本研究将每个月样本分为三个时间节点，即月初(每月1日)、月中(每月15日)、月末(每月最后一天)，以每一篇微评作为一个研究单位，总共得到274条有效样本。为能有效准确分析《人民微评》转型期间话语形态，研究编码由研究者本人进行，并在正式研究前仔细研究《人民微评》所有博文，并多次完善编码原则，进行编码样本信度检验。

对于《人民微评》新闻评论的话语形态，本研究从四个向度展开分析，即主题内容、思考方法、作者的主体人格及精神特质、话语风格特征。通过这四个维度，立体呈现新闻评论话语形态特征，并通过总结《人民微评》话语形态的优势和不足，为主流媒体评论话语方法的改进提供参考。

二、《人民微评》栏目创设及其文化传统

（一）《人民微评》栏目形式与定位

据《2020年全国党报融合传播指数报告》显示：2020年，377家党报开通了287个微博账号，党报微博账号平均粉丝量超过163万。@人民日报的粉丝量最高，超过1.2亿，同比增长36%，是唯一一个粉丝量过亿的党报微博账号。在移动化生存的时代，不可否认，微博回归了新闻生产—消费的本质，"实时"与"社交"构筑了移动化时代新闻不可逾越的壁垒。依靠庞大深厚的资金背景、技术支持、人才招募，人民日报官方微博成为新的主流思想宣传高地。

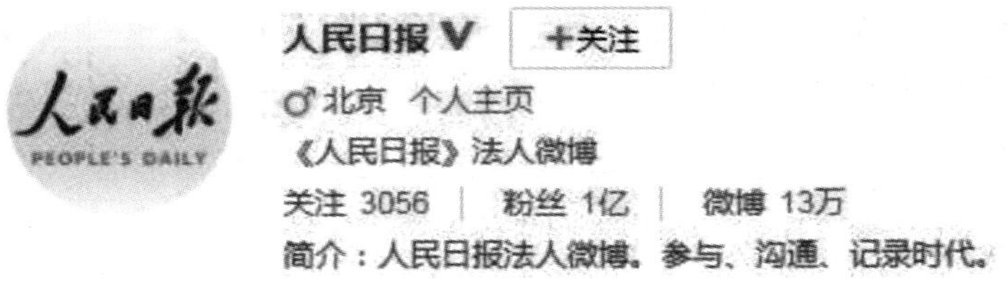

图1 人民日报官方微博图

早在2012年4月，人民日报社酝酿筹备上线人民日报微博。原计划在2012年7月26日上线。但人算不如天算，7月22日北京迎来了61年最大暴雨，人民日报微博于是提前四天上线（图1）。"运行几天后，人民日报内部有一个8个字的总结，就是'早产四天，活得很好'。"①

"过去7天，一场暴雨让我们感到生命的无常与重量，也看到周遭的种种不足与缺陷，同样铭记于心的，是灾难中爱的赠与和传递，是对责任的坚守

① http://news.sina.com.cn/m/2012-07-30/061924868894.shtml.

和护卫。想起最近很流行的一段话：你所站立的地方，正是你的中国。你怎么样，中国便怎么样。你是什么，中国便是什么。你有光明，中国便不黑暗。”在上线七天之后，人民日报官方微博发出了开通以后最引人注目的一条评论，共获得15000条的评论，超过7万余次的转发。

人民日报微博由《人民微评》《人民锐评》《夜读》《你好，明天》《微议录》五个固定栏目构成。截至2021年1月4日，人民日报法人微博发博文13万，粉丝1.2亿，微博简介为“人民日报法人微博。参与、沟通、记录时代”。每天发博数量在15~25条，内容涉及政治、经济、文化、社会、民生，主要是以视频+文字、图片+文字、转发图文+文字的形式呈现。

《人民微评》是人民日报的法人微博“人民日报V”下设的子栏目之一。《人民微评》原名《微评论》，从2013年3月起，更名为《人民微评》。《人民微评》从2013年至2020年保持每天或间隔一天发文频次。笔者发现从2020年11月份起，《人民微评》发文频率骤然下降，每隔一周左右发一篇博文。随着《人民微评》发文机制逐步完善，目前主要针对人民日报微博所报道的国家焦点、社会热点、人民痛点问题简明扼要表明态度，分析原因(图2)。

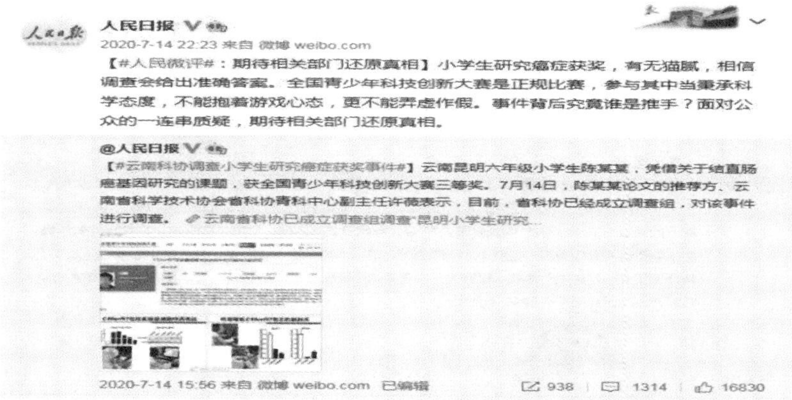

图2　《人民微评》栏目图

《微议录》重点在“录”，选取微博网友针对人民日报报道，选取5~6条典型评论。与《人民微评》不同的是，《人民微评》时事政治、社会热点的官方色彩浓厚，《微议录》则个体色彩鲜明，所选主题积极向上、温暖有趣。在这个栏目中，栏目编辑“看门人”作用显得更为突出(图3)。

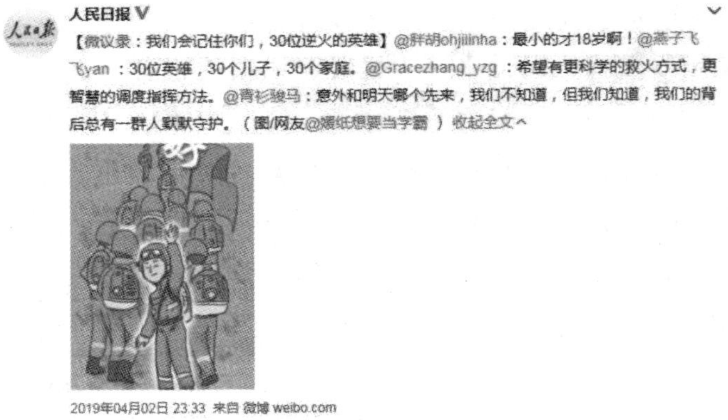

图3 《微议录》栏目图

《人民锐评》相比于《人民微评》的平和，字句犀利深刻，焦点集中，评论的内容主要是国家稳定、政治清明、司法公正等方面。评论内容针对国内重大政治经济事件，评论态度以批判性态度居多，字数在140字以内，每周2~3条。文如其名，锐利直白，直指痛点(图4)。

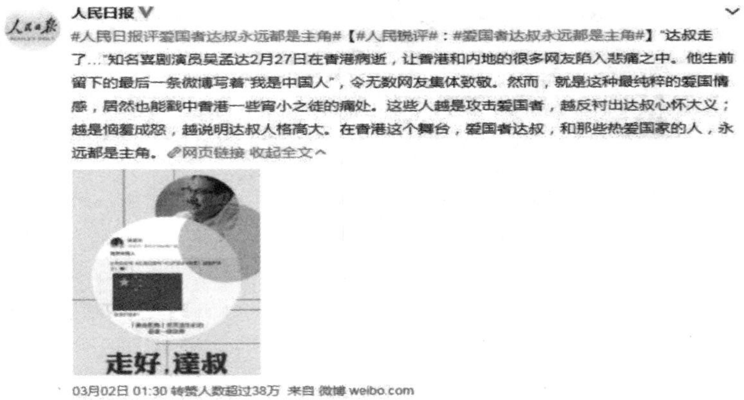

图4 《人民锐评》栏目图

《夜读》栏目与人民日报微信公众号上《夜读》栏目共用同一内容源，发布频率为每天一篇，发布时间为22～23点，立足于普通人日常生活，关注生活、工作、学习、情感问题，推送谆谆教诲、鼓励指引、温暖励志的美文。

图5 《夜读》栏目图

《你好，明天》是人民日报微博一天之内发的最后一条博文，发布时间在每天23时50分左右，内容有纪念日特发、励志暖事、经济科技新成就等聚焦正能量，传递新发展之事，呈现形式以“视频+文字”和“图片+文字”为主，不同于《人民微评》《人民锐评》，其多是转发评论事件博文，再根据转发内容

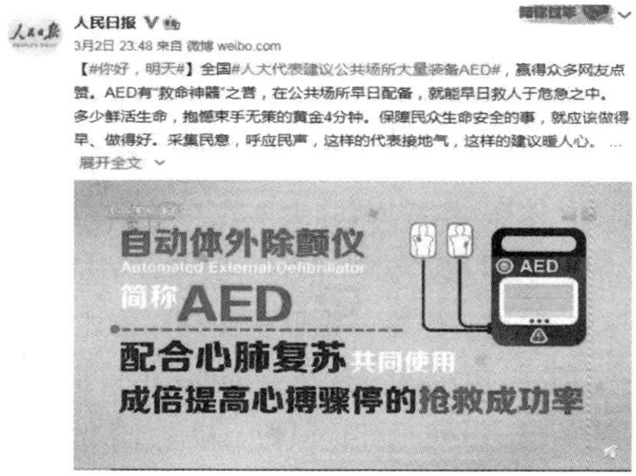

图6 《你好，明天》栏目图

进行二次评论，《你好，明天》原创视频和图片居多。

（二）《人民微评》的文化底蕴

自近代报刊传入中国以来，现代意义上的评论才有了切实的物质承载体。在20世纪沉沉暗夜里，正是王韬、梁启超、邵飘萍、张季鸾、鲁迅、毛泽东等评论家振聋发聩的呐喊，才叫醒古老陈旧而又昏聩的中国。近代中国史，也是百年风雨飘荡言论史。笔者试图在史料中搜寻，给新媒介背景下的微评论寻找传统历史根基，给微评论发展以新视角和新思考。

类似《人民微评》的“小言论”发展史可以追溯到20世纪30年代邹韬奋所创办的《小言论》专栏，两者所承载媒介形式不同，但就评论内容、评论风格、评论受众而言，两者具有相似性特征，《人民微评》在适应时代发展的基础上完成了对《小言论》专栏的继承与创新。聚焦到人民日报上，可以上承名扬半个多世纪的《今日谈》。《今日谈》的文章，长则500～600字，短则与如今《人民微评》字数相当。《今日谈》作者来源广泛，普通工农，先进知识分子，专业领域行家，党政机关领导等，人人有话可谈，有观点可议。与《今日谈》不同的是，《人民微评》评论员多是来自中央媒体专职评论员，以专业为主。

从纸质媒体时代走过电子化媒体时代，如今迎来了移动化媒体新浪潮。人民日报作为纸质媒体不可忽视的代表，在PC时代、移动时代依旧毫不逊色，甚至在关键领域引领着时代变革。究其原因，是人民日报尊重时代潮流，顺应思想变革，这一特质可从人民日报新闻评论栏目迭代中可见一斑。

1. 邹韬奋《小言论》启蒙引导

1926年，邹韬奋接任《生活周刊》主编时，是一个深受梁启超汪洋恣肆思想和文字洗礼的青年，他在《生活周刊》上率先开辟的《小言论》专栏，与当时动辄千字的文章形成鲜明对比，长则千字、短则百字的篇幅令人眼前一亮。篇幅虽短，每期只有一两篇，但每一篇思想深刻，论述清晰，条分缕析，犹如戴着枷锁跳舞。邹韬奋（1978）曾言：“每期的《小言论》虽仅仅数百字，却是我每周最费心血的一篇。”①可见评论虽短，确实字斟句酌，耗尽心力。

① 邹韬奋．韬奋文集（第三卷）［M］．上海：三联书店出版社，1978：73.

以邹韬奋在20世纪30年代发表的作品《呆气》为例，可见其功底。此文开篇便旁征博引曾子和孟子的话说明人们对勇气和正气的敬畏和推崇，也灵活化用孟子通晓古今的名言指出自己所指呆气的意蕴。下承开篇，首句点明题旨，即做学问需要呆气。采用牛顿煮手表、爱迪生将自己新婚妻子丢在实验室门外说明科学研究最高境界莫过于呆气，即废寝忘食，埋头不知天之明亮与黑暗。第三段认为呆气不仅仅适用于做学问，革命事业也需要有冒险精神呆，有不顾万难呆。将文中呆气所适用领域和范围进一步提升和拔高。要是普通的百姓，既不做学问，也不干革命事业，那呆气怎么说？邹韬奋同样考虑到了这一点，对工作兢兢业业不自作聪明，对朋友真心相待，不以贫富相交友，这样的呆气普通人也是值得旁人尊敬的。短短百字评论，由浅入深，层层剖析，通篇读下来酣畅淋漓，通俗晓畅。

之所以称《小言论》是《人民微评》的溯源之头，可以从两者的主旨、内容、读者定位等比对，《小言论》选择趣味的、有价值的材料作为评论由头，而《人民微评》虽然并没有将自己选择评论材料标准文字化，但是从人民日报官方微博“参与、沟通”宗旨可以看出，符合中国民众口味，能吸引不同行业、不同领域人参与的评论本质上就是有时代趣味性、具有时代鲜明特色价值的材料。两者读者定位都是将一般的民众作为自己的读者，编辑在内容选择、篇章立意上通俗直白，无高深专业门槛。所涉及问题都是民众关心的教育、生产、生活安全、婚恋等。不同的是，《小言论》母报最初是面向职业教育领域的专业性报纸，后虽经邹韬奋改进，但是教育类评论依旧举足轻重。《人民微评》则随着时代变革，在官员廉政、生产安全、环境保护等方面着墨颇多。

在20世纪风雨如磐黯故园的岁月里，邹韬奋和一般民众对话，解决民众生活不解和心理困惑，这是多么抚慰人心的专栏评论。一个百字小专栏如同撬动地球的杠杆，带来了《生活周刊》前所未有的增长和火热。在邹韬奋之前，报刊固然有面向一般民众言论的传统，但只有到了20世纪30年代以后，邹韬奋才为这一传统注入了新形式，赋予了新生命力。

2. 人民日报《今日谈》承上启下

改革开放是中国社会转型的大事件。人们思想空前解放，对新信息需求空前高涨，以传递信息和传播思想为天职的报人们，再次捡起了“短平快”言论形式。十一届三中全会之后，《今日谈》乘着改革开放春风在人民日报上扎下了根。直到今天，《今日谈》栏目依旧存在，固定于人民日报“01”版上。同时在人民网人民日报重要言论库里也可以看到《今日谈》往期文章。《今日谈》目前并不是一个固定专栏，根据当日事件和版面编排灵活调整，少则一月 2 篇，多则一月 12 篇。

《今日谈》特点之一是文章主题丰富，涉及城市治理、时代精神、生活健康、生产安全、环境保护、制度建设、文化传承与保护、扶贫攻坚等内容，评论主题与国家发展、时代进步相照应。特点之二是《今日谈》以“今”为核心，内容是当下最新发生的社会热点，即大众热点社会痛点和焦点。特点之三是短，在方寸之地写出微型评论。正如人民日报在召开有关《今日谈》读作编座谈会上提到的：“文章短，口子小，可以在某一方面开掘深一些，给人以启迪。”①

以 2021 年最新发表的文章《在平凡中成就不平凡》为例，文章短短三百多字，为 2021 年开年第一篇评论，在 2020 年新冠肺炎疫情大背景下，这篇小言论鼓舞激励之意流淌其中。仅仅三段，第一段以人民日报发起温暖之夜演出活动为由头，视频中是一个个努力奋斗的平凡个体努力打拼故事。第二段是提升主题，延伸观点，平凡个体闪耀不平凡精神。最后一段是国家主席在 2021 年贺词中对普通人深情礼赞，深化主旨，在平凡的岗位上做好每一件平凡小事，就是不平凡人生。于方寸之地挥洒思想，可谓是纸短情长。

邹韬奋开辟《小言论》专栏，有助于各行各业专家学者发表己见，指点江山。同时他也开设了《读者信箱》，打通了作者与编者单向沟通围墙，培育了普通人在公共媒体上进行讨论的习惯和氛围。改革开放以来，人民日报《今日谈》再次将其发扬光大，言论思想在新时期以新形式出现，如今依旧熠熠生辉。随着网络数字化媒体发展，通过小言论连接官方和个体的公共领域从纸质媒体转移到了新媒体平台，语言形式更加灵活，评论字数更短，但“短

① 黄幸群. 用方寸之地 办微型言论——人民日报召开《今日谈》作者座谈会[J]. 新闻战线，1984(6)：21-22.

平快”言论形式和思想值得传承。可以预见，在不远的将来，会有意想不到的崭新媒体出现再次打破现有媒体格局和形式，但利用三言两语表达深度思想的追求则永远不变。

三、《人民微评》主题内容及其特点

（一）《人民微评》评议对象特点

1. 评议对象概念界定及特征

对象，在中国汉语词典中是指“行动或思考时的目标事物”，也特指恋爱中的双方，即客观世界中存在的人或事。我国著名学者唐震（2015）在其著作《接受与选择》中提出了“对象视域”的概念，提出人是主体的，对象是客体的，人与对象互动形成了“理性人”。在人的个体视角下，将对象看做可接受、可选择的不同阶段客观环境或客观事物的合集。

在传统新闻评论中，新闻评论开篇所议多是客观发生的事实材料或是与事件紧密联系的当事人材料，起到知悉背景，挑起话头作用。材料内容丰富而多面，并不是所有的材料都可以用作评论话题，评论者通常择其一面进行评论。以新近新闻材料为基础，择其中核心事件或核心人物为关键字作为评论的头，即本文所指的评议对象。

2. 评议对象类型分布

2013 年至 2020 年是《人民微评》发文较为稳定的七年，《人民微评》平均每 1~2 天发一篇博文。笔者选取 274 篇微评文章，通过阅读分析第一手资料，将评议对象分为事件型、人物型两大类，并进一步细化，事件型评议对象包括国内国际时政事件、突发公共事件、法治事件、社会生活事件、环境保护事件。人物型评议对象分为正面榜样类、反面典型类以及社会弱者类（具体分布情况见表 1）。通过分析，笔者发现《人民微评》评议对象类型分布有以下两个特征：

一是以法治事件和社会生活事件为重。通过表 1 可以看出法治事件和社会生活事件作为评议对象的文章共计 163 篇，约占所选样本的 59%，可见

《人民微评》在选取评议对象时将与人民生活息息相关的社会生活事件，具有重要社会影响或社会典型意义的法治事件作为评议对象。

表1 《人民微评》评议对象分布表

微评年份	国家时政	公共安全	法治事件	社会生活	环境保护	正面榜样	反面典型	社会弱者
2013	4	—	12	10	1	2	—	—
2014	3	1	6	10	—	4	7	5
2015	4	1	7	16	—	2	3	3
2016	1	—	5	13	—	12	2	3
2017	3	—	6	13	1	9	—	4
2018	3	1	13	14	—	4	—	1
2019	3	1	4	15	—	6	7	—
2020	2	2	7	12	—	3	1	2
总计(篇)	23	6	60	103	2	42	20	18

二是正面榜样类人物偏多。从表1中我们可以看出，从人物类型方面来看，正面榜样约占样本总数的15.2%，负面典型约占样本总数的7.3%。其中在2016年正面榜样约占样本总数的4.4%。在所选样本中，这一年的正面人物涉及影视明星莱昂纳多、济公游本昌，专家学者袁隆平、梁思礼，还有普通人如消防战士、修表匠人、拟音师、抢修水管工人、考上北大靠打工支付学费的河北状元等。

表2 《人民微评》2016年评议对象总结表

微评时间	微评评议对象
2016/1/2	记者采访北京站“车耗子”
2016/1/15	贵州毕节留守儿童失踪一事
2016/1/31	西双版纳导游谩骂游客
2016/2/2	山西高三教室出现另类标语
2016/2/15	限塑令在中国名存实亡

续表

微评时间	微评评议对象
2016/2/29	莱昂纳多获得奥斯卡最佳男主角奖
2016/3/1	沈阳上大学零首付买房
2016/3/15	消费者维权60个投诉电话
2016/3/31	政府规定医疗纠纷责任未认定不能赔钱
2016/4/1	中国男足国家队教练高洪波
2016/4/15	一门三院士的梁启超家族
2016/4/30	大学生因情感纠纷杀人
2016/5/1	武汉洒水车遇人关水
2016/5/15	上海草地音乐节散场片纸不留
2016/5/30	猥亵女孩的哥被除名
2016/6/2	西安学霸班31人全员考研成功
2016/6/15	1岁女童遗忘车内窒息而亡
2016/6/30	宜家未召回中国的夺命柜
2016/7/1	清华北大凌晨抢河北高考状元
2016/7/15	抗洪战士刘景泰母亲放弃寻找
2016/7/31	六旬水管工四次抢修供水
2016/8/1	滴滴出行收购优步中国
2016/8/15	致敬日本抗战老兵
2016/8/31	《西游记》音乐会开始筹备
2016/9/1	国足2：3败于韩国
2016/9/14	国产手机挡南非子弹救命
2016/9/30	拟音师魏俊华
2016/10/1	成都机场车站违规使用安检仪被处理
2016/10/15	浙江跨省偷埋垃圾于安徽
2016/10/31	新华社呼吁供暖时间不宜固化
2016/11/1	姑父性侵四川六岁女童被刑拘
2016/11/15	中国消费者协会查询苹果公司

续表

微评时间	微评评议对象
2016/11/19	支付宝圈子上线大尺度照片被质疑
2016/12/3	“济公”扮演者游本昌
2016/12/15	袁隆平用海水种出“红色水稻”
2016/12/30	西安坚守63年的修表人张守仁

（二）《人民微评》选题特征

评论是一种社会权力。媒介组织及信息个体通过传播观点，促进社会成员共享信息并帮助社会达成共识，提供价值规范以减少个人对社会的疏离感、漂泊感，引导大众审美品位和兴趣，并在一定程度上改变社会阶层力量对比。在移动社交媒体时代，受众被赋予内容生产权利，其能够在网络开放空间较为自由地表达自己的观点和意见。在微评论场域下，每个人都可能成为议程设置的发起者和促进者，但并非每一个人都是意见领导者和社会议程促进者。于新闻评论生产流程上追溯根因，承载评论个体政治诉求、道德伦理、情感观点、个人经验的选题是不可避免的。好的选题是一篇好评论的起点。

1. 选题的概念界定及区分

到底什么是选题？在学界虽不至于千人千面，但是至今尚未形成一个稳定概念界定。例如新闻评论教育者赵振宇（2009）认为：“新闻评论的选题，说的是新闻评论的评说和论述的对象。”从定义来看，其将新闻评论的选题等同于新闻评论的评议对象。而丁法章（1997）认为：“选择新闻评论的所要评述的事物或论述的问题，它规定着新闻评论的对象与范围”，他认为新闻评论选题层次要高于评议对象和评议范围，两者并非是等同关系。

笔者赞同后者的观点，同样的评议对象，由于评议者思考层次、价值取向、生活经验的不同，针对事件性新闻可以关注事件的不同细节，针对非事件性新闻，可以选择不同问题。例如，2019年轰动全国的“淳安女孩章子欣失踪案”受到多方关注，面对这场悲剧，人民日报围绕“章子欣事件”提出选题该如何筑牢儿童安全教育堤坝，整篇文章围绕儿童安全教育进行深入剖析。而同样评论对象，上观新闻平台则从事件本身跳脱出来，选题立足点是网友的二元对立观，来自二手信息网络暴力给受害者家人带来的痛苦甚至是二次灾难。由此可见，选题和评议对象是不同的，选题是从大范围、宽领域、广视角论述评议对象，而评议对象是在具体直接事物和问题上确定评议由头。评议对象是客观存在的事实，选题则是评议者对评议对象思考的第一步。

2. 选题类型分布特征

评论选题内容是多方向的，从评论领域划分有扶贫攻坚、反腐倡廉、抗击疫情、生产安全、环境保护、素质教育、乡村发展；从专业学科领域划分有政治、经济、文化、社会、外交等；从经济发展水平上划分有东部发达地区、中部发展地区以及西部不发达地区等。划分标准和范围不同，就有多种不同选题类型。著名新闻学者马少华根据选题是否为事件或非事件类型，将选题理解为“选事件”或是“选问题”。笔者认为，事件类选题同样也是选问题。无论是事件性新闻还是非事件性新闻，选题本质上就是选择重要的、关键的、痛点的问题以引起读者关注、追问原因或张扬正义等。

笔者将《人民微评》的 274 篇文章根据所针对问题的类型，分为因果导向型、结果导向型、行为导向型以及其他类型，试图从中总结《人民微评》选题的模式和思路，具体情况见图 7。

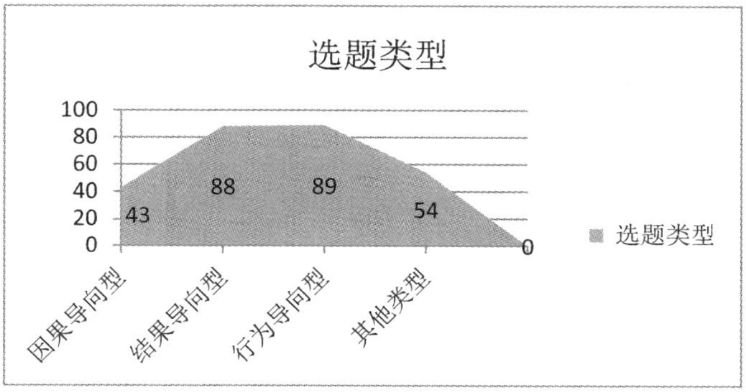

图 7 《人民微评》选题类型图

《人民微评》选题或是循事而发，或是解当下困惑，归根结底是评论者针对评论对象提出问题。因果导向型选题是指选题是对当下发生的热点事件或是长期存在人们生活中的问题原因进行追问，引发思考。例如在2018年，武汉市一名年轻女子不慎摔倒，脖子卡在了路边的护栏上而丧命。针对这个新闻事件，《人民微评》以疑问句作为标题，质疑守护安全的护栏为何成为安全杀手的原因。首先追问护栏本身设置是否存在故障？其次是护栏设计是否考虑了安全因素，从一个公众熟视无睹的护栏入手引出人们对护栏设置和护栏设计的思考。

结果导向型选题指选题聚焦于事件结果，正面事件的积极意义、负面事件的反面影响或是不良后果，都是以结果为导向提出问题，并在评论中针对问题进行回答。如在2020年初，四名战士要集体购买上百张车票，车站售票员在接力为战士们办好了车票后，军人向售票员行以庄严军礼。评论者思考这样小小的军礼体现了怎样的意义，又会给社会带来怎样的正向反馈？

行为导向型选题典型特征是在评论中提出解决问题的措施，以政府、企业、个体等为主体，以主体行为为导向。从图7中可以看出，行为导向型的选题在274个样本中所占比例为32.5%，在四个类型中所占比例最高。近年来医患冲突事件频增，陕西一医院为医生配了报警器，《人民微评》思考如何让医生在治病救人时有安全感，提出了建立和谐医患关系的措施。

在传统长篇评论中，由于评论篇幅宽裕，多数评论文章中涉及事件起因、发生发展结果、针对相关事件处置措施或当事人态度。《人民微评》核心在“微”，由于字数有限，评论者在撰写时只能选择其中一个问题，并且所选问题具有固定性，即以问题出现原因、问题带来结果及问题的解决措施作为选题的三个固定方向。

（三）《人民微评》立论取向

1. 立论的概念界定及区分

所谓立论，就是评论者围绕评论对象，就与评论对象相关问题提出自己的观点，表达个体看法，形成评论的核心观点。独特立论是评论的灵魂。立论是议论类、评论类文章独有的概念。立论与我国古人常说的“立意”并无二致。赵振宇(2009)教授提出：“立意，是作者对所评论的对象，包括人物、事件、现象及问题提出自己的看法，表达自己的意见，确定评论的主要思想。”立意即指立论。

从古至今，写文首立论，清代著名文学大家袁枚曾在《续诗品三十二首》中提到：“意似主人，词如奴婢，主弱奴强，呼之不至。”将主旨比做主人，论说比做奴婢，虽有时代局限性，但形象说明了立意的重要性。立论与立意一样，评论文章无论长短，即使是只有三四行文字如《人民微评》，也有明确论点。可以说，论点是一篇评论之主帅，无论点之文，犹如群龙无首，四处散落，再好文字也丧失了原本逻辑与灵性。

2. 立论特征分析

笔者通过整理274条《人民微评》的立论观点，分析出《人民微评》立论高频词，将其制作为图8所示词云图，所显示字体大小与该词频率高低成正相关。即词字体越大，该词在《人民微评》274条核心论点中出现的频率越高。从词云图可以分析出《人民微评》立论特征主要有如下两点：

图8 《人民微评》立论词云图

一是立论起点微小。《人民微评》立论起点是微小人物，是大时代下命途多舛个体，也有经历相似群体。《人民微评》立论起点以人为边界。评论是为了抵达人心，以人为起点，《人民微评》剥离了晦涩理论和干枯套路，让回归人性成为一种共识。在评论立论中，父母是要有资格的、劳动者是需要得到尊重的、老百姓要放在心上、英雄家人值得关爱、儿童是最先关照者、老兵虽走但精神永存等，形形色色普通人物身上却印照着波澜壮阔的中国发展景观。

二是立论落脚宏观。所谓宏观，是指《人民微评》的最终落脚点常为中国、法律、制度等。这一点可以从《人民微评》立论词云图中分析得出。在词云图中，可以看到中国、精神、法律、制度、依法等频率最高。《人民微评》核心观点中法律、制度等反复出现，可以理解为《人民微评》对国家体制不完善、法律不健全的反复呼吁。

四、《人民微评》观察思考方法及理念

（一）《人民微评》观察视角

1. 视点与视角的区分

《现代汉语词典》第六版对“视点”的解释为：观察或分析事物的着眼点。“视角”的解释为“观察问题的角度”。在实际的研究应用中，“视点”一词多应用于语言文学及戏剧与电视艺术领域，在语言文学领域，是叙事焦点和叙事角度；在戏剧与电视艺术领域，借用文学领域的视点概念，强调依赖镜头呈现出的拍摄焦点及拍摄角度。外文表达中，视点和视角并无其他区别，多定义为同一个词语。

视点和视角到底有什么区别？目前学界并无定论。笔者认为视点是静态的，意味着一个视点与另一个视点是非连续的、割裂的、距离的。而视角是动态的，一个视点位置旋转到另一个视点位置所形成的范围是视角范围。某种程度上，可以理解视点是点，视角是面，但不可忽视的共同点是两者都与主体有关。由于本文《人民微评》研究着眼于评论者观察问题的主观思路，在整体上强调主观化，强调评论者主体独立性，为了研究方便，在视角和视点层面并不作严格区分。

2. 视角的特征

研究《人民微评》作品过程中，视角与丰富人称变化紧密相关。人称变化

并不局限于不同评论中，在同一篇短评中人称变化丰富多样，呈现出观点层次感。同一篇评论按照视角数量进行区分，可以划分为单个视角及多个视角。按照视角所涉及的人物角色可以分为：百姓视角、媒体视角、政府视角。其中百姓视角是位于平民立场，媒体视角是基于媒体角色，政府视角是从政府工作人员角度出发执行角色任务。按照上述分类对样本进行整理可得到图9、图10，从中可以鲜明看出《人民微评》的视角特色。

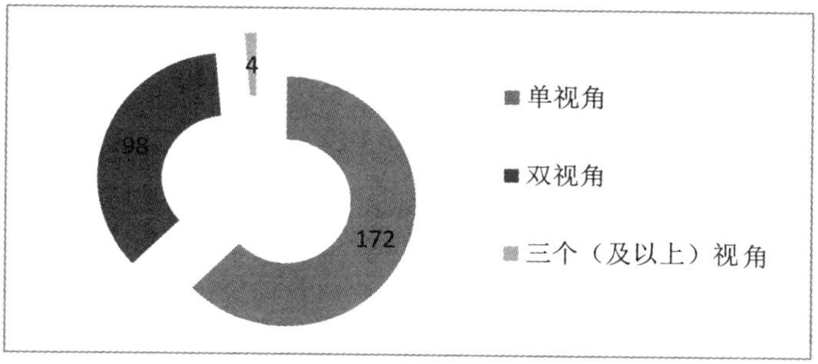

图9 《人民微评》视角在样本中的构成（N = 274）

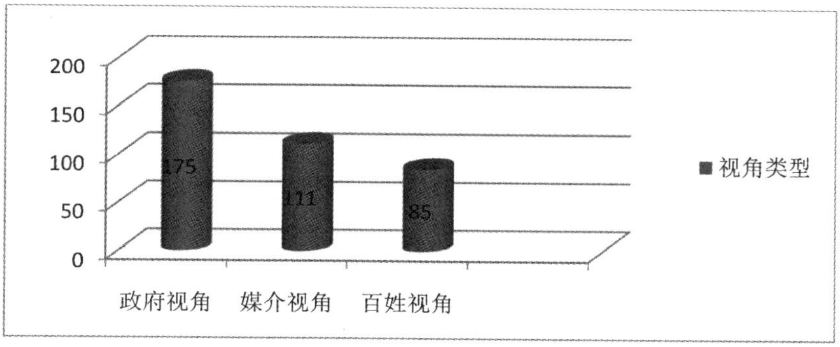

图10 《人民微评》视角在样本中的构成

一是多视角反复出现。我们按照每篇文章视角数量，将视角分为单视角和多视角。从图中我们可鲜明看出，《人民微评》短短几句评论中，多视角交错出现，在评论文章中呈现出鲜明特色。2020年2月1日，正是新冠肺炎疫情爆发时期，口罩等医疗防控物资短缺。杭州市医疗保障局免费发放口罩，市民通过微信公众号领取口罩。针对这样的暖心事件，《人民微评》发表看法。短短三句话中，视点不断转换，第一句话口罩免费发放解决了老百姓没口罩难处。站在普通杭州市民角度体现小小口罩意义。第二句话是杭州公共服务措施接地气，视点从普通市民转移到了政府视角，“公共服务”“制度设计”都属于政府等政策提出和执行部门特有的叙事话语。最后一句是疫情防控措施中，政府怎样去执行政策，回应诉求。视角再次转换至媒体监督视角。在评论中“民众”是特殊话语代表，话语表述者超越了普通百姓范畴，将自己置于第三者位置。同时并没有扮演政府决策者角色，具有明显的“建议者”“监督者”特色，《人民微评》评论员恢复本身角色定位，自此视角落定，在方寸之地发挥千钧之力，多视点突破局限，不同社会角色分工者都具有话语代表，增强评论宽度。长久在评论领域深耕，不可避免出现评论对象重复、立论观点重复、话语形态刻板问题，多视角在某种程度上可以避免这种重复，在新的平台上增强评论厚度。

二是以政府视角为主。在三种主要视角变换中，相比于百姓视角和媒介视角，政府视角明显处于优势。某种程度上意味着，《人民微评》并未改变母报政治视角为主的话语特色，依旧保持了母报人民日报的格调和品性。

(二)《人民微评》的站位及态度

1.《人民微评》的站位

“站位”一词最初是指运动员在运动场上所处的位置。近些年来，站位成为中国政治话语体系的常见词。“提高站位”“政治站位”屡屡出现，但“站位”一词仍然没有明确而固定定义。笔者认为站位可以放在语境中去理解，在中国政治话语体系中，基层执行人员为确保工作的合法合理性，在实际工作中，会向上寻找政策法律相关规定，将政策法律作为执行行为的可靠背景，寻求政策中的正当性，即站位正确。

在各种评论生产过程中，评论员及其所属媒体机构应主动选择位置，在选择位置上思考评议。位置并非是固定不变的，每次位置变化，评论者的思想境界、媒体机构的宗旨传承都会随之而变。某种程度上，评论思想是评论主体(包括评论个体、评论者所属媒体机构)的一种表达。

笔者认为评论者站位与评论视角的选择具有紧密相关性。政治视角是评论者扮演着政策执行者、法律代言人角色，在事件评论过程中寻求政策法律支持，即居高临下指导者站位。而以媒介视角发问，评论者回归到媒介舆论监督身份，上传下达，扮演着监督舆论、引导舆论的角色，即处于和社会大众、国家政府相互独立平等站位。而借助微博社交化平台，人民日报一直尝试俯下身子接地气，试图融入新群体，《人民微评》和社会大众成为相互合作的共同体站位。

2.《人民微评》的态度

《人民微评》评议者态度是指评议者生产评议思想过程中针对评议对象所采取的态度。态度体现作者情感，反映评议者的评价立场。不同媒介组织、不同新闻评议者对同一评议对象态度是复杂而多变的。在民国时期红极一时的电影明星阮玲玉自杀事件中，《大公报》和《申报》具有截然不同的两种态度，《大公报》秉持了“大公”之原则，理性批判不辨真伪舆论之可怕，怀念阮玲玉对电影事业所做出的积极贡献，针对阮玲玉，秉持着赞扬欣赏怀念态度。同为民国之大报，《申报》则对阮玲玉秉持批判态度，认为她用情不专。同一件事，两者态度天壤之别，由此可见评论态度之多样。评论体现写作者情感，体现媒介组织整体风向，在评论中少见完全中立、客观的新闻评论，所以在本研究中我们将评论态度分为三种：积极肯定、批判质疑、客观中立。

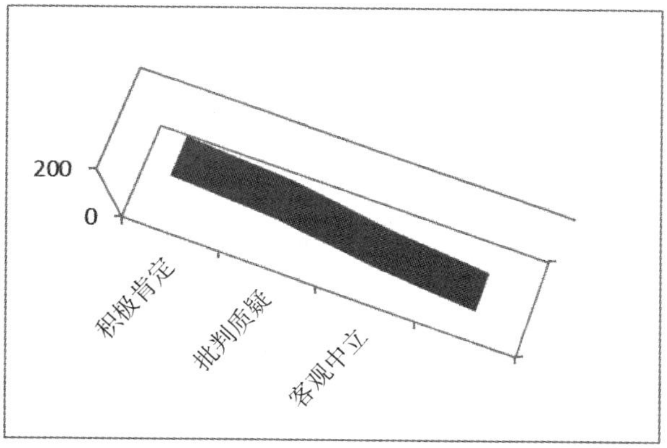

图 11 《人民微评》评议者态度取向三维折现图

在所选的样本中，对所选评议对象持赞扬态度的有131篇，约占47.81%；持批判态度的有104篇，约占37.96%；中立态度的有39篇，约占14.23%。在赞扬对象中，主要以时代先进人物或平凡人物为主，包括敬礼军人、良心医生、航空英雄、消防队员、清洁工、手艺人等。另一类是基层公共服务中所体现的为人民服务的行为，包括杭州发放免费口罩、高中开展抑郁筛查、控烟较真等。所批评者主要是官场贪污腐败行为，违反公共社会道德行为，违反法律法规行为。所质疑者主要集中于当事人的敷衍塞责。质疑批判以现象为主，个体为辅。由此可见，《人民微评》作为官方新闻监督平台，批评违法违规行为，树立榜样弘扬时代精神，依旧是《人民微评》任务之所在。《人民微评》态度鲜明，少有中立态度。

（三）《人民微评》立论的一般理论观照

评论之于社会的意义主要有三层：第一层是对社会主流意识形态反复强调和突出重点。第二层是在信息繁杂中打捞核心信息，在认清社会发展现实后，培养社会公民对公共空间建设保持积极有效思考和行动。第三层是开拓视野，突破舒适区。在自媒体和体制内评论写作者的博弈中，新闻评论形成一种更有广度、更为平衡的价值引领。而在这种价值主张之下，《人民微评》形成了具有边界、克制的评论话语表达。虽然就评论内容本身延展性和可塑性而言，评论话语是无边界的，但《人民微评》话语边界显在。在《人民微评》八年历史变迁中，评论者代际变迁，旧话语淹没，新话语创生，但评论话语边界并不随着媒介形式变迁而拓展，一代一代不断承袭。

值得一提的是在本研究中提出的一般立论观照，并不局限于狭窄意义上社会科学学术理论，包括构建中国特色社会主义理论、中国特色社会主义法治理论等，此外还包括中国各级政府在实践中所颁布的政治、经济、文化、民生等领域的方针政策，工作中所遵循的方针原则。我们将所选的274个《人民微评》样本进行理论溯源，并形成理论图谱，得出了表3。

表 3 《人民微评》理论依据来源在样本中的构成(%，N=274)

理论依据来源	频数(N)	百分数
党的路线政策	91	33. 22%
行业法律规定	138	50. 36%
道德伦理准则	10	3. 65%
思想人本精神	35	12. 77%

从表 3 中可以看出，《人民微评》在评价事件性质、揭示事件原因、张扬事件意义时，所使用的价值遵循和理论标尺。《人民微评》常常采用国家法律，如红十字会法、刑法、国家教育考试违规处理办法、教师法、治安管理处罚法等；党的路线方针政策，如共产党根本工作路线、住房不炒方针、乡村教师支持计划；传统伦理道德理念，如孟子民本思想、诚信传统理念、敬畏生命意识等。在表格中可以看出《人民微评》的政治理论遵循和人文理论遵循并重。政治上理论遵循以传播政治理念，规定政治秩序为己任，在评论上追求政治正确性；以人文观念为主要理论依据，评议者抓住评议对象，强调独立个体特殊境遇，以人为核心，以伦理道德准则做出最终决断(图 12)。

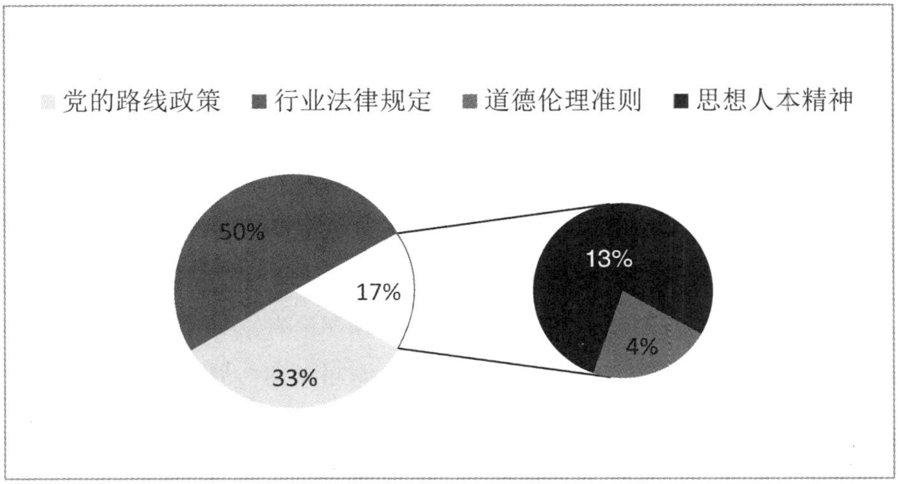

图 12 《人民微评》理论来源对照图

五、《人民微评》作者主体人格及其精神特征

时势造英雄，百年中国言论史，从来都不缺以笔明志的文人评论家。这些评论家竭力挖掘与事实接壤价值资源，为民众提供新思考。在现代中国，同样不缺乏“意见领袖”式评论员。白岩松从自身直观感受出发，关注社会热点，剖析热点背后的前因后果，擅长在时间和空间维度上展现人性，评论内容严肃而话语平实，用词严谨，表达近人。曹林的评论内容新鲜，视角独到，表达犀利大胆，用词新潮而不乏专业素养，具有极鲜明个人标签。每一位新闻评论者都具有个性化文字风格标签，在评论的文字中重新塑造“我”，重新定义“你”。笔者在对《人民微评》进行立体化、多维度研究时，对作者主体人格和精神特征的分析是其中的关键环节，同时对分析路径也进行了更新，从客观内容分析到主体人格分析，从实质物质到虚拟对象分析，力图从新的维度展现《人民微评》特点。

（一）《人民微评》作者在意见场的角色定位

《人民微评》是体制内媒体借助以微博为代表的社交媒体平台与受众进行互动的产物。评论员作为机构性媒体重要代表，在传递媒体话语中具有不可替代的作用。与纸媒时代单向灌输不同的是，以微博为代表的社交媒体构建了公众和公共媒体的对话通道。

本文将借助清华大学史安斌教授对新闻记者角色的分类，将《人民微评》作者在意见场中的角色定位为守望者、释疑者、局外人三类。

在《人民微评》场域中，作为守望者的新闻评论者，对社会公共事务持有天然批判和质疑态度，特别是对于游走在法律和道德边界的社会行为，守望者成为灰色行为的揭露者和批判者。批判不是跟风，也不是炒作，而是对新闻所反映的事实进行理性客观剖析后，得出有利于社会发展的良性意见。如在 2014 年广东省卫计委拒绝向全社会公开社会抚养费，引起了社会质疑。评论员此时即担当社会守望者角色，直接批判卫计委不尊重公民知情权，质疑

社会抚养费是否真正用到了社会民生身上，是抚养了社会？还是“抚养”了某些社会既得利益者？

释疑者目的是在评论意见场域中，向迷失在意见纷杂中的受众解释事件重点，引导受众进一步追问事件发生原因和事件处理结果。例如近些年来社会伤医事件频出，医患关系紧张，《人民微评》评论员作为社会解惑者，分析为何医院保护医生措施不断完善，医生被伤害案例并未下降？原因在于医院采取的措施都是只治标不治本。医患冲突与社会良好医患环境塑造分不开，更深层次医疗体制改革问题才是矛盾的根源。

局外人是评论者秉持着客观理性态度，站在第三方立场之上，在新闻评论中以旁观者身份进行评论，并没有立场偏向。比如针对国家公布的65个投诉电话，《人民微评》评论客观，提出投诉电话开设不是关键，关键是电话要打得通，人民投诉的问题要及时得到回应和解决。

无论是守望者，还是释疑者，《人民微评》意见领袖地位并没有改变，并且相比于传统报纸而言，《人民微评》评论者显然是一个积极发声、主动担责的意见领袖。无论是守望者，还是释疑者，都减少了意见领袖的强硬感，增加了人格化天然情感。

(二)《人民微评》所引入的虚拟谈话对象的特点

社交媒体、移动媒体、融媒体等新媒体形态进入新闻传播领域，及时有效与受众对话成为崭新传播图景下的制胜之道。无论是体制内媒介组织还是野蛮生长的自媒体组织，忽视、放弃、抵抗对话，实际上是与自身发展、与时代潮流背道而驰。《人民微评》也不例外，在《人民微评》评论内容中，我们发现传统纸质媒体高高在上的、强硬的、干涩的、具有模板范式评论样态，转变为平民的、新鲜的、充满人性关怀的对话样态。在这种崭新对话样态中，在新传播平台上互动的双方早已不是刻板的传播者和面目模糊的受众者之间的关系。

表 4 《人民微评》所引入虚拟对话者部分样本整理表

医院管理者	被误导的网友
红十字会负责人	普通民众
基层工作者	普通民众
辅警	自媒体从业者
普通民众	教育部
普通民众	相信半仙的农民
隐瞒者	OFO 公司
办案单位人员	外婆家餐厅
外国人	景区管理者
普通民众	普通民众
施虐者	消费者
年轻演员	莆田出售假货的商家
企业管理者	普通民众
中国人	普通民众
网络炒作者	为官者
冒名顶替者	普通民众
网约车	撒泼女
高考考生	明星
事件相关部门	年轻人
老师学生	青年学子
司法工作者	炒房客
围观民众	飙车女子
跷腿的官员	香港年轻人
教育局工作者	乱港势力
基层工作者	高校管理者
卫健委	普通民众
虐童者	张超烈士女儿
凤凰古城商家	中国人

笔者通过对微评内容分析，试图寻找评论者所引入的“对话者”特征，即对谁评论、要谁看评论，将存在于网络中模糊的“节点”个性化、具体化，还原成真正的“人”。改变过往受众统一化、概念化论述，形成来自不同职业、不同社会阶层、不同知识结构的对话者图谱。《人民微评》中所引入虚拟对话者形象主要分为三种。

第一种是话语权力代表者。即在所属行业领域内具有话语权，同时是制度政策制定者角色，具有支配其他低权力者的执行权力。比如政府机关负责人，某一企业管理者，学校校长。他们都具有分配工作、支配下属、服务他人属性。《人民微评》评论者与高等级者对话，潜意识将自己定位于与上层权力主体同等地位。

如杭州政府在疫情期间发放口罩时，评论者与公共服务管理者人员对话，提出基层服务要有刚性措施，也要有柔性关怀。在《焊实电梯安全的每个环节》一文中，与政府管理层对话样态更为明显，评论者认为被困电梯报警五分钟后就可得到救援的制度安排是值得提倡的，显然对话者是制度敲定者、制度倡导者。之后进一步提醒人文制度关怀初心是值得提倡的，好制度关键在落地，高效落地措施才能使高高在上的制度安排惠及每一个使用电梯的人。再进一步提醒相关制度安排者，在落地上要精心打算，步步到位。最后从电梯生产制造，使用维护全流程上强调安全。显而易见，无论是电梯生产者，还是电梯安装者，都仅关注整个链条某一环节的生产，只有相关部门高层管理者才会思考电梯全流程安全。评论者具有明显与管理者、高层对话的特质。

第二种虚拟对话者是底层大众。在《人民微评》观照的成千上万人物中，不乏与处于社会底层、弱势群体进行对话。在与弱势群体、边缘人物的对话中，彰显出复杂深邃的人性。

如张超原是部队飞行中队长，2016 年在执行任务的过程中突然遇到险情，为了挽救战机，他壮烈牺牲。《人民微评》转发了张超烈士女儿手捧着爸爸奖章的视频。在整个评论中，也是与孩子对话的过程，“孩子，你的英雄爸爸……”一声孩子，道明了对话者身份，也道尽了评论者的不尽敬意和情深。在短评结尾，更是呼吁大家善待英雄家人。在这个评论中，所引入对话者形象鲜明而具体，体现了社会对英雄和对英雄后辈的关注和爱戴。在这则短评背后，折射出《人民微评》对勇于奉献、敢于担当精神的赞扬和推崇。《人民微评》善于通过对小人物、平凡人物的评论和审视，构筑起积极向上、勇于追梦、不怕牺牲、敢于承担社会职责的主题。

第三类泛指社会大众。比如在投诉电话的短评中，开篇就是“65个实用投诉电话，总有一款适合你”。这里“你”是泛指，泛指每一个消费者，每一个看到评论的普通读者，每一个投诉者。鼓励消费者勇于维护自己的合法权益，不让投诉电话沦为摆设。平民群体代表在《人民微评》中并不少见，比如每年的“五一劳动节”，与普通劳动者对话，提出尊重劳动者，就要保障劳动者的权益，提高劳动者的工资水平。每年“十一国庆节”，与全体中国人对话。在《人民微评》评论中，读者在与自己相关事件、相关话题中，能够看到自己的身影。

（三）《人民微评》作者的主体人格及其精神特质

《人民微评》的短评，言简意赅，言有尽而意无穷。笔者认为一个评论家、评论集体，总得要有人格精神或集体遵循。《人民微评》评论员所倡导的精神人格特质，某种程度上代表着体制性媒体所观照的主流人格特质。

1. 自尊独立

鲁迅先生曾大力赞颂具有中国脊梁的人，笔者认为，《人民微评》评论员直面现实，思想独立而敢于批判，人格坚定而勇于质疑，无疑也是当代中国脊梁之一。如针对交警在马路上靠罚款生财，《人民微评》评论员质疑交警是否把公共路变成了私有路，究竟是执法者还是劫匪。“劫匪”一词，重而厉，评论员愤怒可见一斑。在特供酒一文中，时人迷信特供酒，评论员直接指出所谓对特供酒迷信，实际上是对特权向往，直指现实中特殊权力，令人为之叫好。演员高片酬演烂片，昆明暴力伤人案，交通厅长屡屡落马等影响范围广、影响力大的事件中，都可以看到《人民微评》作者的坚定立场，鲜明的批判态度。

可以说《人民微评》作者们，在方寸之地，以只言片语不向特权势力低头妥协，为人为文堂堂正正，宠辱不惊，大气中保持着自我独立人格、独立报格，稳重中不攀附权贵，不流于世俗。

2. 正直刚劲

在孟子心中，浩然正气与正义和道义相匹配，正义之气充盈于天地之间，凛然而不可侵犯，是由坚定信仰凝聚成社会倡导的精神支撑。在《人民微评》字里行间，我们看到了作者对正义行为的高度倡导，对时代道德和精神品质的赞颂。作者呼吁好医生，认为好医生不仅仅体现在医术高超，还体现在高尚医德之上。他们尊重劳动者，让劳动者有尊严。在《人民微评》栏目所设立的近十年间，可以看到作者们不断地为劳动者权益呐喊。在 2013 年，提出企业不能将劳动者当做机械工具，抛弃劳动者价值和情感；2014 年倡议严格执行八小时工作制，不欠薪，不拖薪，保障每一个劳动者梦想；2015 年在各地纷纷出台高温补贴大背景下，呼吁监管部门走出小办公室去为没有享受到合法权利的劳动者维权；2016 年是对劳动者的美好祝福，当拾荒老人路遇洒水车，洒水车避开老人之后继续工作小小案例，让微评作者感叹期望每一个人都被世界温柔以待；2017 年平凡劳动者需要的不是廉价赞美，无病呻吟式抒情，提高待遇、改善就业环境是实实在在的措施；2018 劳动者依旧不缺席，提倡关注劳动者中边缘群体，如环卫工人、快递员、边防战士等；2019 年转换角度，以一张张不同行业劳动者双手图片作为评论引子，体现劳动者的艰辛与不易，同时将劳动者个体梦想融入国家前进的梦想中，认为是一双双个体的手撑起了大国发展的根基；2020 年继续强调劳动者尊严，提出每一个再渺小之人都值得被敬重。在劳动者这一议题上，可以看出《人民微评》作者作为一个充满理性精神的道德主体，对正义、尊严、人性持之以恒、不厌其烦的坚守和追求。

独立自守的精神，刚劲的浩然正气，持之以恒的仁爱之心，《人民微评》作者的主体人格精神正是我国古代所倡导士子风骨的现代传承。在《人民微评》的作者言语行文之中，回答了为民者当正、为官者当仁、为人者当义、为文者当清之风范。在《人民微评》百字文中，构筑了自己所信仰的理想主体人格的精神范式。而正是这种为国为民、不卑不亢的主体人格塑造了《人民微评》独特的价值观文化。作者超越小我和小家个体利益，通过《人民微评》载体传递对宏观社会的人文关怀。他们以成文法律以及伦理道德作为自己评论的行文准则，通过评论承载作者以天下为己任的情怀。

六、《人民微评》的话语风格特征

“风格”一词，在我国最早出现于魏晋时期，这个词的流行与当时建立的九品中正的官吏选拔制度密不可分。即在选拔官吏的过程中，要用“风格”来审查候选人礼仪是否得当，言行是否端庄，品德是否正直。“风”就是人的外表体貌，“格”就是人的道德品性。南朝梁代的刘勰在其《文心雕龙·议对》中对应劭、傅咸、陆机三位学者的作品作了“亦各有美，风格存焉”的评价，“风格”也首次被引入文学领域。

“新闻评论”和“风格”两个概念，都呈现出极强的个人性格特质和气质。新闻评论风格是在“风格”这个大范畴之内的，即新闻评论员个人的语言特色和言论色彩，从选题、立论、论点提炼、材料驾驭到文字写作或口头表达等方面的特点，是内容与形式统一的表现。

新闻评论风格的形成是多要素博弈的过程。评论者独立人格在位使他们在外来思潮和新媒体多元文化的冲击中占据主动。新闻评论者往往是介入社会事物的积极行动派，他们具备专业的知识、敏锐的文字感受力和表达才能，更具有对公共事物的关怀和介入的热情。某种意义上，独特的评论风格是思想的“庙堂之高”和情怀的“江湖之远”互动的产物。

别具一格的新闻评论风格如同精心打造的庭院小墅，起伏多变但错落有致。邹韬奋善于书写小人物的“小言论”。邓拓则擅长知识性杂文，有“小百科”之称。而每个时代都必须再创自己独特的灵性，力图解决人类生存中痛苦的结构性矛盾，力图完善人的思想，深沉的静默和轻微的热闹是评论员独特存在的风格。笑谈之间纵横捭阖，在崩溃绝望之处建立起希望，在心无归依的时代找到信仰，倔强坚守着失落的秩序。

《人民微评》亦不例外，《人民微评》在多年评论实践中形成了自己稳定而具有鲜明特色的风格。它不同于体制性媒体如人民日报静肃，也不同于完全脱胎于新媒体平台的评论，嬉笑怒骂皆成文章。

（一）使用网络流行语迎合新媒体话语风格

党的十八大后，我党领导人提出要转作风，改文风，避免说假话、大话、空话，要切切实实为群众讲真话，讲实话，讲有用的话。作为党和国家宣传阵地，《人民微评》不仅仅代表媒体风向，也关涉国家人民的切身利益。《人民微评》率先垂范，接地气评论风格体现了求真务实要求。《人民微评》平实质朴的语言风格主要体现在大量使用日常生活中随处可见的口头语言，包括流传于百姓民间的谚语、顺口溜，以及网络流行语、网络热词等，语言鲜活灵动而又不失分寸感。

比如每年中秋节前北京交通管理局便会提前通知防堵车攻略，让市民节假日出行注意调整出行时间。《人民微评》用到了“送礼大军”“中秋节前堵”等表达。某一地方的交警利用交通罚款为己敛财，《人民微评》质问“是执法者还是劫匪”“如同割韭菜，割掉一茬又一茬”。“控烟令”出台之后，《人民微评》形容控烟是为了在公共场合不再见到“吞云吐雾”。随着城镇化开展，许多城镇青年涌入大城市求发展，由此造就了许多过年回不去家乡的跨地青年、跨地夫妻，《人民微评》安慰这些背井离乡的青年“回不去的春节后补偿，老人会理解的”。

网络热词或网络流行语，某种程度上是一个地区人们关注事物的风向标，常来源于社会热点事件，反映人们对事件的态度。有的幽默讽刺，有的直白抒情，有的含蓄深沉，具有鲜明时代特征。根据每年发布的网络十大热词榜单，对比所选的样本，能够看出《人民微评》对社会热点事件的关注、对网络热词的灵活运用。2013 年的“凤凰古城景点”“雅安地震”，2014 年的“社会抚养费”，2016 年的“壁咚”“人丑就要多读书”，2017 年的“碰瓷”“达康书记”“慰安妇”，2018 年的“临时工”“丁义珍式窗口”，2019 年“扶不扶”“套路”“硬核”等。《人民微评》将网络流行语和书面语相结合，语言鲜活，表达亲切，适应了微博“轻阅读”阅读氛围和平台特点。某种程度上，《人民微评》和网络流行词呈献互相借势的关系，《人民微评》需要利用网络流行词吸引网民，同时网络流行词借用《人民微评》平台又形成新一轮传播热潮。

（二）借典和运用修辞继承母报话语风格

笔者在前文中提到，《人民微评》的作者身上体现了典型的中国传统士子的人格风骨。在《人民微评》的“大俗”中，依旧不失“雅”文。在力求应和大众阅读旨趣的大众文化时代，《人民微评》力求在世俗文化包围下，传递出“尚雅”的审美意味。

《人民微评》庄雅之风可从内容和形式两个方面体现。在内容上托古为雅，即借用化用古典诗词，字里行间意蕴深厚。在形式上多用排比、比喻等修辞手法。在《人民微评》几近质朴直白语言中，恰到好处地运用了古典诗词、排比句式，在坚持微评本色前提下，把握好雅俗之度，形成雅俗互动之妙趣。

如每一年“五一国际劳动节”前后，《人民微评》都会发布关于劳动者的短评。在 2014 年 5 月 1 日的短评中。《人民微评》借用了“民生在勤，勤则不匮”“人生在勤，不索何获”的短句，鼓励劳动者要努力打拼经营自己的梦想。其中，前一句出自陶渊明的《劝农》一诗，意思是百姓之生计在于勤劳，勤劳就不会缺少衣食，劳动是财富之源。后一句出自《后汉书》：“昔有文王，自求多福。人生在勤，不索何获。曷若卑体屈己，美言以相克？鸣于乔木，乃金声而玉振之。”所引用句子的意思是人生关键是要勤奋，不积极求索的话就什么也收获不到。人民日报曾报道湖南一名老人，有七个儿女，本应阖家欢乐，颐养天年，却被自己的儿子赶出家门，困死于牛栏之中。《人民微评》转发这篇文章，认为子女并未尽到赡养义务，除了道德上谴责，更应该有法律补位。在该短评的第一句引用了“父兮生我，母兮鞠我”一句。该句子出自《诗经》的《蓼莪》一文，意思是父亲生下了我，母亲养育了我，赞颂父母对儿女养育之情。

除了尚古写作风尚，排比、比喻等多种写作手法运用，也增强了《人民微评》雅俗共赏评论主调。如在 8 月 15 日，日本天皇无条件宣布投降的这一天，《人民微评》为了纪念中国人民艰苦抗战发出了一篇微评，核心主题是铭记历史是为了更好前行。在短小精悍的百字之中，运用了两个排比：“我们不会忘记……我们不会淡忘……铭记历史不是为了……而是……也不是……而是……”排比句式整齐，字字泣血，字字落地千钧。2018 年 3 月 1 日为纪念即将来临的周恩来诞辰 120 周年，《人民微评》赞颂这位伟人为国家鞠躬尽瘁死而后已爱国为国情怀，连用排比“周恩来，一个光荣的名字，一个不朽的名字，一个被视为完人的伟人……”运用排比寄托哀思，辞藻庄重丰厚。

其句雅驯，其词典丽，其思宏阔，整体审美格调雅致不脱俗，承袭了人民日报评论的庄雅之风。

（三）政治性表达体现党媒话语风格

《人民微评》是人民日报在新媒体平台上的实践，始终坚持为国发声、为民立言是人民日报不懈追求，也是《人民微评》一贯价值主张。其在微评中反复宣传党的方针政策及法制建设，充分展现党报媒体权威性、宏大性。我们不得不承认，与人民日报社论相比，《人民微评》以更平和面孔去面对民众，但骨子里的矜持谨慎、权威强势并未改变。

以 2020 年张玉环案件为例，在张玉环故意杀人案件再审判决无罪时，微评立足点并非张玉环失去的 26 年，而是落实到健全党和国家的监督体系上。评论员从不同角度论述加强司法权力监督的必要性和重要性。而这条论述最早源于国家主席习近平于 2013 年在全国组织会议上的讲话。党的十八大以来，习总书记在多个场合、多个地区、多个领域反复告诫全党，让权力在阳光下运行，加强对权力的管理和监督等。在这样的背景下，《人民微评》“有权必有责，用权受监督”的政治性鲜明显现出来。2020 年 5 月 7 日，中国珠峰测量小队登上了珠峰之巅，《人民微评》认为珠峰登顶不仅仅是人类敢于挑战极限，更是中国力量和中国精神的体现，进一步拔高了文章的立意，认为登顶珠峰显示了“中国敢于攻坚的壮志”。这其中，中国精神是社会主义核心价值体系的精髓，是民族精神和时代精神的鲜明写照，蕴含着深刻丰富而宏大的内涵。文中所指的“中国力量”，珠峰登顶不仅仅是团体抗争，更是鼓励中国人民在疫情中锲而不舍、舍身为他精神，同时在实现中华民族复兴道路上也需要这种敢于攻坚、敢于攀登精神。

在法治轨道上勤于思考也是《人民微评》一大特色。典型例子是 2019 年 6 月 1 日《人民微评》关于童年的评论，提出对童年最好的缅怀，就是切实保障儿童权利，呵护儿童成长。将耳熟能详的节日放在法治轨道上思考，真正还原节日本身意义与价值，将法治思维与新媒体文字适配，融入普通受众日常浏览中，潜移默化推进中国法治社会，法治国家建设，或许是《人民微评》作者不为人知的评论情怀。自改革开放以来，中国城镇化加速推进了农民向市民身份的转换，但人的城镇化远远落后，多数人依旧习惯于乡土社会，依靠自觉自发伦理道德标线去解决生活问题，虐童、家暴等违法事件在“清官难断家务事”刻板话语遮蔽下，法律失去了原有地位。在《人民微评》评论中，大量法治相关新闻事件、热点评论，作者都在呼吁法律补位，以及法治观念增强和完善等。

七、《人民微评》对主流媒体新闻评论话语转型的启示

（一）新媒体时代主流媒体新闻评论面临的问题

数字技术和移动互联网变革了新闻传播环境，传播环境的变化为主流媒体新闻评论发展带来了极大挑战，主流媒体新闻评论无法继续沿用传统的写作内容与写作模式，否则，新闻评论的发展空间愈发狭窄。在新媒体时代，主流媒体新闻评论所面临的问题主要体现在以下几个方面。

1. 评论写作模式固定

我国主流媒体不同于其他自媒体，它的存在与发展与我国政治、经济、文化等息息相关。我国主流媒体掌握庞大的媒介资本，面向各个地区受众发布权威信息，弘扬主流价值观，具有社会影响力大、公信力强、权威性强的特点。主流媒体担负着传递信息、传播知识、弘扬风气的社会责任。因此，相对于其他媒体评论，主流媒体新闻评论政治性强，评论内容严肃。随着主流媒体新闻评论在新媒体平台上不断尝试，可读性与贴近性有所增强，但是与新媒体平台上受众追捧的评论还有很大差距。与此同时，主流媒体新闻评论写作模式具有模式化特征，长期以来，对于新闻评论的写作，许多体制内媒体与评论员形成了固定“偷懒式”评论模式，不考虑评论对象的特殊性，也不深入调查问题出现的背景与原因，针对不同问题的解决措施高度雷同化、格式化、模板化。

2. 与受众缺乏互动

移动互联网的普及，彻底改变了以往单向灌输传播模式，受众获取信息渠道多元，由原来消极被动信息接收者转变为积极信息传播者、观点表达者。

在人人都是麦克风的传播背景下，社会大众与媒体互动的渴求愈发强烈，而主流媒体新闻评论版显然无法与受众形成及时、高效互动。主流媒体新闻评论无法与受众形成互动，其原因主要有两点：

其一是内容政治性强。主流媒体评论内容多为党的方针路线，社会受众对政治性评论难理解、难传播、难消化，自然无法与评论者有效互动。以人民时评《以系统思维推进“放管服”改革》为例，在时评中出现“最前一公里”“最后一公里”“中梗阻”等大量政治性话语，评议者将其认为是受众应知常识，并未进行延伸解释。受众阅读时需具备大量政治理论、法治知识等知识储备。而根据中国互联网络信息中心发布的第46次《中国互联网络发展状况统计报告》显示：在网民的学历结构上，初中占比最大。网民知识结构不完善与评论内容理论深矛盾突出，受众无法在现有知识基础上进行互动。

其二是互动渠道匮乏。以人民网为例，人民网在观点频道下储存大量人民日报评论，如《人民观点》《人民论坛》《人民时评》等，但所有栏目下都未设置互动渠道。受众又回到了被动接受信息状态，无法与评论员互动，无法与其他受众交流观点，极大阻碍了人民日报评论版的观点传播。

在媒介技术不断革新时代，主流媒体新闻评论使命依旧是传达党的声音、引导社会正能量、弘扬时代风尚。在这个过程中，要不断扩大主流媒体评论舆论影响力。要实现这一目标，主流媒体新闻评论在媒介变革浪潮中不能置身事外，而是要充分利用新媒介、新技术形成自己的观点影响力。《人民微评》作为人民日报评论版在新媒体平台上的探索，形成了介于传统媒体和新媒体之间的过渡型话语形态。在这个过程中，既有值得传统媒体借鉴的有益探索，也有需要在实践中不断改进的不足之处。

（二）《人民微评》过渡型话语形态的优势及不足

人民日报评论发展历经了不同阶段。在本研究中，我们将《人民微评》称为过渡型话语形态，下文主要探讨为什么称为过渡型话语形态？

《人民微评》之所以被称为过渡型话语形态，是因为《人民微评》具有新媒体的话语特征，如引入虚拟谈话者增强对话氛围，话语风格具有网媒特色。

同时又坚守着体制性媒体写作范式，如评议对象上以社会法治类和正面榜样类为主，在选题上坚持问题导向，在立论上以小人物映照宏观大势，形成了《人民微评》过渡型话语形态。在这个过程中，既为主流媒体话语转型提供了范例，也为自媒体话语形态规范化及对传统理念的归流提供了范例，存在的不足也具有借鉴意义。

1.《人民微评》过渡型话语形态的优势

从 2013 年到 2021 年八余年时间里，人民日报不断尝试借助新媒体平台提升自身舆论引导力，先后在微信公众号、微博、抖音等平台发表观点。《人民微评》是人民日报评论在移动社交媒体上尝试转型的典型案例之一，从评论内容到评论风格都具有鲜明新媒体特色。但是，《人民微评》并没有随着传播媒介的改变而丧失其固定写作思考范式，其中既有可以学习优势，也有需要避免的劣势，主要体现在以下几个方面。

(1)打造人设，增强互动意识

以微博为代表的社交平台具有极强社交性、公开性、不可预测性。在微博平台，观点来源广泛，质量参差不齐，网民很难理性辨别。在社交媒体平台上发表的言论，为了赢得网民关注，往往容易偏离主流意识形态。意见领袖在引导舆论和稳定舆情中起到非常重要的作用。在《人民微评》中，评论员将自己打造成一个积极发声、主动担责的意见领袖人设，及时与网民分享自己对国家政治、社会法治、典型人物的观点，地位权威且具有丰富知识储备量。《人民微评》评论员不仅是党和国家发言人，同时将个体的价值观念和利益诉求，甚至是个体情感，通过个性化语言呈现出来。评论员借助平台表达个体观点，通过人设感召力获取粉丝。

互动氛围塑造增强了《人民微评》的亲和力，提高了社会大众的阅读兴趣，这主要体现在虚拟谈话对象引入上。《人民微评》所引入的虚拟谈话对象身份多样，如医生、辅警、网络炒作者、高考冒名顶替者、虐童者、炒房客、来自雪乡女导游等。通过虚拟面对面对话氛围塑造，无形中放低姿态，形成与受众交心的特点，增强了互动性，提高了《人民微评》评论传播效果。

(2)迎合新媒体话语风格

《人民微评》迎合新媒体风格主要体现在对网络流行语言的娴熟运用上。

网络流行语作为互联网平台特殊话语形式，迎合了网民宣泄压力、放松娱乐、个性表达需求。《人民微评》在评论中灵活借势网络流行语，不仅改变了评论文本的枯燥单一，同时也引起了受众对评论内容的大规模转发，提高了《人民微评》的影响力，扩大了影响范围。

2.《人民微评》过渡型话语形态的不足

完整的评论文本场域由众多元素构成，评论文本是一个逻辑环环相扣的复杂体，媒体技术作为新元素进入人民日报评论所搭建的稳定安全场域，新技术和旧评论博弈交互必然产生影响，《人民微评》既具有新媒体特色，又不可避免带有人民日报为代表的传统新闻评论的印记。《人民微评》呈现出似旧非新过渡型话语形态，在向新媒体平台发展过程中，存在着明显的不足。

(1)评论对象与选题狭窄

《人民微评》评议主题内容主要由三个部分构成，即评议对象、选题以及立论。通过前文数据分析发现，《人民微评》在主题内容上存在固化倾向。

在评议对象上，《人民微评》评议对象偏重社会法治事件及正面人物宣传。评议对象显示《人民微评》以着重宣传各项制度、法律以及政策为主，努力树立正面人物典型。极具偏向性的评议对象突出了《人民微评》党报平台特点。在《人民微评》刚刚开设之时，受众对其产生的新鲜感随着评议对象规律化而消失。《人民微评》想要获得进一步发展，吸引受众，就要适当扩大评议对象范围。

在选题上以问题为导向，措施笼统化单一化。因选题受到平台篇幅限制，每一篇选题都倾向于追问原因，提出措施。在《人民微评》提出问题解决措施中，以制度完善和法律完善为主。随着受众对《人民微评》栏目的逐渐熟悉，选题上高度相似性，基本问题的笼统化，加剧了受众对评论内容的疲倦化。

(2)延续母报说教倾向

《人民微评》母报人民日报作为国内具有绝对影响力的党报党刊，评论员多从政治视角，采用居高临下的领导者角色宣传党的方针政策，成为党代言的典范报纸。移动互联网的发展，前所未有地提高了受众的平等性、自主性。

人民日报过去话语权中心地位面临威胁，传统高高在上说教式评论挑战着新媒体时代个体对媒体的忠诚度。这也是《人民微评》并没有彻底向自媒体评论转型，成为介于传统评论和新媒体评论的过渡型评论形态的重要原因。

对母报的延续主要体现在评论视角和评论站位上。在评论视角中，相比于百姓视角，《人民微评》评论者多以政治视角抒发议论，并没有摆脱母报鲜明的政治色彩。在评论站位上，《人民微评》评论员是居高临下的指导者站位。在以"传者为中心"的纸媒时代，受众选择有限，人民日报成为党的代言人，顺应时代定位，以领导者身份说教。随着移动互联网技术发展，技术赋权下个体平等意识、自我意识觉醒，在人人平等新媒体平台依旧延续母报居高临下领导者说教式评论，违背了新媒体平台人人平等的传播规律。这也是其他主流媒体尝试话语转型所要避免的问题。

（三）对主流媒体新闻评论话语转型的启示

如前文所述，《人民微评》小言论虽是新媒体样态，但传承了人民日报为党代言、为民发声的话语内核。它具有居高临下的政治站位、为民代言，以政治理论和社会伦理道德理论作为立论的一般依据。在论证中，塑造了为民者当正、为官者当仁、为人者当义、为文者当清之风范。在《人民微评》百字文中，构筑了"士大夫"式理想的主体人格精神范式。在话语风格上，雅俗共赏，在时政评论中大量运用网络热词增强评论生动感。评论者情感直白呈现，官方形象色彩减弱。

1. 表达主体均衡化

移动互联网改变人类接收信息方式，移动网络对网民赋权超过以往纸媒时代、广播电视时代，甚至是 PC 端时代。无论是社交媒体上引领风尚的"网红"，还是在基层乡镇为民代言的"扶贫干部"、借势互联网的"意见领袖"，无权者在社交媒体公平普惠的逻辑下地位得以改变，个人角色在社交媒体上得到强化延伸，这就意味着新闻评论员所代表的不仅仅是居高临下的指导者角色，而是应代表更多社会主体发声。

《人民微评》意识到了表达主体均衡化的话语转型路径：媒介视角、政府视角、百姓视角泛视角多角色呈现；在所引入谈话者对象中，不仅有各层级权力代表者，更有底层社会大众。但从数据中我们可以鲜明看出，政府视角依旧是主视角，所处站位多是居高临下政治领导者站位，所引入虚拟谈话对象以权力代表者为主。《人民微评》竭力成为人民代言者，但仍与平民底层话语保持距离，这也是其成为过渡型话语形态表征之一。其坚持为高位者、领导者发声，在适应新媒体路径中不能完全俯下身子，导致转型成为“夹生”的转型。

主流媒体在转型中可以建立自己的评论人才库，容纳多种话语角色表达者的评论员。以央视为例，不仅有以白岩松为代表的平民发声评论员，更有以海霞等央视主持人为代表的为党立言者。主流媒体在向新媒体平台转型中，应丰富评论员人才库，让社会不同圈层、不同地位的人才都能找到自己所属的群体。

2. 表达路径共情化

移动化媒体传播时代，普通受众在事实难以识别的舆论场中，极易被情感裹挟，处于情感夹击中摇摆不定。新媒介技术既是社会价值观传播载体，也是受众被情感蒙蔽的主要场所。在《人民微评》中，可以看到评论者对疫情期间隐瞒境外回国事实之人被拘留事件直道“实属活该”，对于外国人不守规则插队直接询问“谁给的底气”等，受众读起来酣畅淋漓，评论者情感直白呈现，官方形象色彩减弱，更像是一个活生生的人。在后真相时代被情感裹挟前进的受众，放下了对情感包围的戒心，《人民微评》鲜明感知到了这一点并熟练应用。这也是当代主流媒体值得借鉴的一点。

当前主流媒体想要占领网络空间，强化权威价值引领，表达路径需共情化，实现从“冷硬评论”向“温度评论”转型。2020 年 9 月，央视新闻官方账号在 B 站发布了名为《总台记者王冰冰：快乐小草再也不用担心会“秃”了》一文，报道内容为宣传草原环保，当天便冲上了 B 站热搜榜单首位，播放量超过 500 万。身穿白色衬衣的王冰冰笑容甜美报道央视新闻，被网友称为“央视最美女记者”，与王冰冰相关新闻报道视频达到上千万次播放量。央视抓住网友们对王冰冰温暖风格的喜爱，接连在 B 站、微博等上传多个新闻报道视频，实现了现象级传播。

现代主流媒体新闻评论可以借鉴央视新闻的做法，丰富评论内容传播载体，增强情感性语言表达力，打通评论员和受众共情路径。在新闻评论中，让受众体会到情感共振，观点共鸣。

八、结束语

话语是无边界的，但《人民微评》话语边界显在。在人民日报评论历史变迁中，评论者代际变迁，旧话语淹没，新话语创生，但评论话语固定边界并不随着媒介形式变迁而拓展，而是代代承袭。新闻评论话语形态转型是人民日报新闻评论改革的重要一环，《人民微评》历经数年嬗变，构造了链接民众、媒体、权力机关话语通道，既彰显了媒体意见领袖话语权力，同时也成为国家方针路线隐性表达渠道。本文对《人民微评》话语形态转型探讨时，试图提出话语形态研究新范式，塑造立体化新闻评论话语研究方法，挖掘《人民微评》话语形态衍变规律。

《人民微评》话语形态分析可分为两个方面：内容建构规则和外部话语特征。内容建构规则分为三部分讨论，即从微评话语内容、观察思考路径、作者的主体人格及精神特质方面研究，认为微评话语内容中评议对象以社会法治类和正面榜样类为主，评论选题以问题为导向，抓住核心问题重点论证，立论上用小人物观照时代宏大命题。微评观察思考路径是评论者从多视角出发，以居高临下的政治站位，表达态度鲜明的观点，以政治理论把握政治立场，人文理论拉近与群众距离。此外《人民微评》评议者构建了独立正义的自我形象，并引入第三者虚拟对象增强对话氛围。《人民微评》话语形态转型是一个完整场域，话语风格既有母报的庄雅，又迎合了新媒体话语风格，两者兼备。文章最后试图总结新媒体场域下主流媒体新闻评论面临的问题，通过总结《人民微评》过渡型话语形态优点及不足，为主流媒体新闻评论话语转型提供可借鉴路径。

《人民微评》作为党媒评论话语形态转型的先头兵，形成了过渡型话语形态。在研究中也有很多问题值得探讨：《人民微评》转型是否成功，承上启下的话语形态能持续多久，会不会随着平台的消亡而湮灭？《人民微评》话语如何平衡传统评论范式和新评论范式之间的博弈？同时本研究有许多不足之处，例如提出话语形态转型研究范式和路径稚嫩生涩，虽然提出创新分析范式，但理论支持薄弱；本文对话语形态外部呈现表征从微评风格上论述，也可以从字词句等语言学领域进行探讨。笔者会在不断修改中完善这些不足，同时也希望本论文能对其他话语形态分析提供思路和框架上的参考和启发。

课题负责人：顾建明，华中科技大学新闻与信息传播学院副教授、华中科技大学新闻评论研究中心主任

课题组成员：王利民，华中科技大学新闻与信息传播学院硕士研究生

基于框架理论的评论类短视频研究

付　蔚　杨淑君　王　溥

一、绪论

随着互联网渗透力明显加强，移动互联技术颠覆性不断加速，传播形态经过重新“交配”、传播产品经过技术“孵化”，呈现为全新的业态和样态，评论类短视频就是新媒介环境下正在风行的样态之一。

评论类短视频为何能异军突起、具有哪些主要特征、怎样看待与网络评论的关系、未来发展趋势如何，客观解析和深入探讨这些问题，对评论类短视频产业发展具有重要的现实意义。

（一）研究缘起

根据中国互联网络信息中心发布的第47次《中国互联网络发展状况统计报告》，截至2020年12月，我国网民规模达9.89亿，互联网普及率达70.4%，手机网民规模达9.86亿，网民使用手机上网的比例达99.7%。移动互联网的普及和短视频平台的增加也进一步推动了网络短视频的不断发展，截止到2020年12月，我国网络视频用户规模达9.27亿，其中短视频用户规模达8.73亿，占网民整体的88.3%。

这组数据背后，反映了人类社会正在经历有史以来最为深刻的媒介技术和媒介格局变革，以计算机为核心所建构的全新系统全面颠覆了传统传播逻辑和传统行为。作为互联网技术应用的领先者，我国媒介环境的变化尤为深刻，媒体转型和融合发展上升为国家重要战略。在十九届中央政治局第十二次集体学习中，习近平总书记特别强调主流媒体要加速推动建设全媒体，运用新技术、新机制、新模式，加快媒介融合发展。

移动互联网技术不断发展和普及不断催生新的传播形态，传统的电视评论和文字评论也开始寻求转型。2015 年，“短视频+评论”形式在我国开始兴起并逐步引起社会关注。2018 年后，随着短视频爆发式发展，评论类短视频的数量和形态也呈现加速增长态势。评论类短视频在发展过程中呈现出移动互联时代独特的传播特点，为传统评论节目注入新的元素和活力。但与此同时，评论类短视频在发展过程中也暴露出一些问题与不足亟待完善。

本文充分结合我国评论类短视频发展脉络，从媒介框架理论视阈，对三种不同类型的案例进行分析，试图发掘评论类短视频的共同特征与现存问题，提出发展完善对策。

（二）研究意义

目前国内对于评论类短视频研究集中于 2018 年后，研究主体主要是主流媒体，侧重研究新闻类评论类短视频的运作方式和传播效果，对其他类型评论类短视频和从其他维度展开的研究均较少。本文以主流媒体、专业媒体评论员和社会名人等三种不同主体以及其不同内容短视频为分析案例，丰富了研究对象和视角。

同时，本文基于媒介框架理论，分析评论类短视频产生的框架，对框架产生的影响因素进行分析，进一步探究评论类短视频发展背后的机制，挖掘问题产生的深层原因，对不同媒体完善同类产品形态具有针对性服务价值。

最后，针对评论类短视频现存问题提出的解决策略，有利于评论类短视频的持续发展，也有利于进一步推动传统媒体的融合发展。

（三）研究方法

本文运用框架理论，在阅读相关文献和对样本视频进行详细分析后，将研究的样本案例按照臧国仁老师的高层结构、中层结构和低层结构三层结构分类法进行类目的建构，分析三个案例的特点及问题。

1. 内容分析法

内容分析法是一种对传播内容进行客观、系统和定量描述的研究方法。

内容分析法是将研究的文本通过编码、量化得出相应的数据，量化的数据往往用于对文本的分析。本文的内容分析主要体现在对视频高层结构和中层结构的量化分析上，我们将按照已建构的类目统计数据，对其进行数据分析。

2. 文本分析法

文本分析是指对文本的表示及其特征项的选取，文本分析是文本挖掘、信息检索的一个基本问题，它把从文本中抽取出的特征词进行量化以表示文本信息。本文在研究过程中，主要将文本分析用于低层结构，从标题、文案、叙述结构、叙述语言和字幕等方面，对视频的语言文本进行分析，通过词频的抓取和分析来探求评论类短视频在语言表达方面的特征。

3. 案例分析法

本文基于评论类短视频的公认定义，选取三个具有代表性的样本案例，分别是央视的《主播说联播》，专业媒体评论人胡锡进的《头条锡评》和历史文物专家马未都的《马未都快手短视频》，三个样本案例的传播主体不同，评论的内容和形式也有较大差异，通过对三个案例的具体分析，发现和归纳评论类短视频的主要特点和现存的问题，进而尝试提出解决策略。

二、评论类短视频的历史进路

评论类短视频是媒介融合背景下一种高速发展的全新评论形态，呈现形式主要为“短视频+评论”。传播平台日益广泛，以移动互联网平台为主。

评论类短视频在我国的发展大致可以分为两个阶段：初步萌芽阶段和高速发展阶段。

评论类短视频时长在不同历史时期表现不一，受网络技术和平台规则限制，时长相对较短，通常严格控制在20分钟以内。在短视频爆发初期，大量作品甚至控制在一分钟以内。

相比于传统文字评论，其呈现形式更加直观生动，与电视评论相比，评论类短视频时长更短，传播平台更广，更适应碎片化的传播模式。

进入高速发展阶段后，评论类短视频不再限于独立传播，与文字和图片融合一起的传播路径极大拓展了其应用场景。

(一)评论类短视频初步萌芽阶段

早在2015年，我国就出现了评论类短视频形态，2015年至2017年，评论类短视频节目断断续续出现，这一时期称为评论类短视频的萌芽阶段。

这一阶段的评论类短视频主要分为两种形态，一种是基于电视评论节目剪辑后的评论类短视频，另一种则是基于网络传播平台自制的评论类短视频节目。

第一种形态的评论类短视频主要是剪辑的电视评论节目，其内容仍和电视评论节目一致，只是时长有所压缩，传播平台由电视转为移动互联网平台，其本质是传统电视评论节目的二次利用，是传统电视评论节目“化整为零”的一种营销创新。

第二种形态的评论类短视频则是根据互联网传播特点自制的节目，这类评论类短视频节目的内容和形式更符合网络传播特点。早期评论类短视频多是纸媒和地方电视台向互联网方向转型的“探索品”或“试验田”。2015年，《环球时报》主编胡锡进创办《胡侃》节目，聚焦国际和社会议题，基调乐观，观点鲜明，时长在20分钟以内，主要在其微博账号和优酷土豆上播发。2017年全国“两会”期间，四川广播电视台打造了一档脱口秀评论节目《洋洋大观》，该档节目在“四川观察”客户端首发，将脱口秀融入时政新闻评论中，以年轻活泼的风格为观众解读时政热点，一时大受欢迎。

初步萌芽阶段的评论类短视频主要是地方党媒和纸媒向互联网转型的探索与尝试，其特点如下。

首先，评论类短视频的传播主体为传统主流媒体，包括地方电视台和传统纸媒，视频的主体则是电视台的主持人和纸媒的评论员。

其次，传播内容上以财政热点和社会热点的新闻评论为主，形式上以主持人口播为主，画面比较单一，风格上已经粗具互联网的传播特点，但是仍处于初级发展阶段，不够成熟。

这一时期的评论类短视频的传播平台包括传统媒体的手机客户端和互联网视频平台，传播平台由传统的电视媒体和纸质媒体转向互联网平台，因此更能适应碎片化即时性的传播特点。

评论类短视频的目标受众也发生了改变，以互联网年轻用户为主，作为网络原住民，新一代的年轻用户更加注重传播内容的有趣性和传播形式的多样性。

再次，这一时期的评论类短视频的“制作元素”不够丰富，无论是话语表达还是一些新颖技术元素，都未能充分植入，导致节目吸引受众流量有限。

最后，这一时期的评论类短视频传播效果一般，虽然在时长上有所压缩，在传播平台上有所改善，但是萌芽阶段的评论类短视频的形式和内容仍处于探索阶段，与受众偏好的网络短视频仍有一定的差距，此外评论类短视频的数量有限，整体影响力较小，传播效果一般。

（二）评论类短视频高速发展阶段

2018 年被称为短视频元年，短视频在这一年明显提速，基于短视频平台传播的评论类短视频进入高速发展阶段。这一时期的评论类短视频形态越来越丰富，传播主体更加多元化。2018 年 8 月 31 日，《新京报》时评作者陈迪在其开通的微博账号《陈迪说》上上传了第一条评论类短视频。同时，《新京报》和腾讯视频合作，《陈迪说》在腾讯视频同步上传评论类短视频。《陈迪说》作为《新京报》旗下《我们视频》的子栏目，评论主体本身是《新京报》知名时评作者，评论形式由纸媒形态中的文字评论转向视频类评论，每期节目时长稳定在 3~5 分钟，评论内容以社会热点为主，视频短小精良，受到年轻受众欢迎。

瞄向这块新阵地的不只《新京报》，一股短视频风潮这一年在全国各地媒体酝酿。2019 年全国“两会”期间，各大媒体的短评和快评产品集中爆发，掀起一股“短视频热”，形成一种“传播现象”。“四川观察”APP 推出竖视频栏目《快嘴幸儿 60 秒盘“两会”》，《湖北日报》推出“两会”特别短视频栏目《楚楚说“两会”》，央视则和微博、抖音和快手短视频平台合作推出了《主播说联播》栏目。随着短视频平台的快速发展，个人开始参与评论类短视频的创作。2018 年 8 月 30 日，马未都以个人的快手账号发布了第一条文化类评论视频，以评论历史事件和文物产品为主。

高速发展时期的评论类短视频数量上激增，内容和形式更加丰富，评论类短视频逐渐走向成熟。首先，这一时期的评论类短视频传播主体更加多元，主流媒体开始加入评论类短视频的浪潮中来，个人和自媒体也开始加入评论类短视频的创作中来，主体的多元化为评论类短视频的多元发展注入了活力。

其次，评论类短视频的内容更加丰富，更加关注社会民生。这一阶段的评论类短视频不再是单一的时政新闻评论，视频的内容更加多样，关注社会热点和历史文化的评论类短视频数量增加，尤其是影响人民群众的热点事件评论增加迅速。

评论类短视频的传播平台更加广泛，短视频平台为评论类短视频的发展提供了更广泛的传播渠道。抖音和快手短视频平台的发展推动了短视频的传播，相比于传统媒体的手机客户端，短视频平台的受众更广。相比于互联网视频平台，短视频平台对视频的时长有所限制，因此评论类短视频的时长更加精简，传播范围更加宽广。

最后，评论类短视频在这一阶段的传播效果转好，影响力增加。在高速发展阶段，评论类短视频的数量增加，主流媒体加入评论类短视频的制作与传播中来，短视频平台基于互联网多平台传播，种种因素推动了评论类短视频的成熟发展，增加了评论类短视频的影响力。

(三)评论类短视频研究现状

国内关于评论类短视频的研究在2018年就开始了，此时正处于评论类短视频高速发展阶段，评论类短视频数量不断增加，国内学者开始注意到这一新的传播形态，开始对这一新生事物投以关注目光。

首先是对评论类短视频的概念界定。最早房加兴(2018)将评论类短视频称为“新闻评论的媒体融合初体验”。廖熠佳(2019)认为评论类短视频是传统主流媒体向移动端为传播平台的短视频方向的转型。谢菁(2020)总结了新闻评论类短视频的主要特点，主要包括内容设置上以新闻评论为主，时长短信息量大，传播平台以新媒体平台为主，呈现时效性、趣味性和广泛性等特点。

其次是对评论类短视频发展状况的研究。李玥(2020)指出评论类短视频目前已经取得初步成效，数量和规模不断扩大，但仍存在精品较少的问题和诸多局限性。陈婷婷(2020)指出评论类短视频已经进入快速发展期，通过社交平台传播能够很好地发挥舆论的影响力，但同时也存在受阅率不高、时效性不足等阻碍其发展的深层问题。杨柳(2020)认为评论类短视频正处于发展机遇期，短视频行业和主流媒体的领先作用都推动了评论类短视频的发展，同时也指出评论类短视频存在不少问题，如内容低质化，侵蚀用户思维，形成“信息茧房”等。

最后国内研究议题集中在评论类短视频的发展策略及模式上。程诚(2018)针对传统新闻评论的转型，提出要在坚守新闻评论价值基础上融入非新闻因素，创新使用新媒体技术。刘苗苗(2020)从评论类短视频叙事平台和受众角度出发，提出要开展跨媒体叙事，将受众粉丝化，增加主播的影响力。庄莹(2020)认为主流媒体的评论视频转型要以5G技术为驱动，实现主流话语表达的多元一体。

总而言之，目前对于评论类短视频的研究主要以新闻评论类短视频为对象，研究面向侧重于将评论类短视频作为传统主流媒体转型发展的“创新物种”对待，因此研究者大多从主流媒体应对互联网冲击出发，试图为传统主流媒体寻找新的融合产品，为传统媒体转型发展找到新的入口。

三、评论类短视频内容框架

《主播说联播》《头条锡评》和《马未都快手短视频》在目标受众、生产主体、内容设置、话语风格等方面虽无交集，但这些差异性无法掩盖它们提供的代表性价值。简言之，它们为研究评论类短视频的基本架构和功能作用，提供了难得的典型性样本。

基于此，本文以上述三个实际产品为样本，根据臧国仁框架理论从三个层面对评论类短视频的内容展开分析。

首先是高层结构框架，对应新闻的主旨框架，从导言、标题和引句来分析新闻的主旨。根据研究的需要，我们将高层结构框架定义为评论类短视频的主题框架，分析短视频的主要议题。

其次是评论类短视频的中层结构，根据研究需要划分为以下两个类目：视频主体，本研究主要指视频的叙述主体，通过对叙述者的分析以把握视频的主要叙述风格及特点；视频互动，包括视频的播放量、转发量和点赞量，主要用于衡量视频传播者和受众之间的互动，分析评论类短视频的传播效果。

框架理论的低层结构主要从微观角度入手，即从视频的语言入手，分析语言的修辞、文法和比喻。本研究将评论类短视频的语言分为声音语言和文字语言，声音语言由视频叙述者讲述，文字语言包括视频的标题、文案和字幕，分析其叙述风格，分别从语言的修辞方法、关键词和文法特点等方面分析。

（一）评论类短视频特点与优势

目前评论类短视频已经成为内容传播的主要形式之一，人们也越来越依赖从具有深度性、差异性的评论类短视频来获取信息。基于框架理论，评论类短视频具有议题多元化、叙述主体明星化、声音和文字符号影响作用大、传播范围广、受众认可度高等特点。

1. 主题框架构建：议题多元化，定位精准

高速增长的短视频行业已经形成以商业平台为主的传播格局，主流媒体生产的评论类短视频也逐渐受到用户认可。评论类短视频议题选择多元化，内容丰富。比如，《主播说联播》中新闻评论类短视频的新闻主题可分为8类，分别是国际、时政、资讯、社会、人物、文教、体育、军事。不同类型的议题选择有侧重性，基于用户的兴趣观看大数据为基础，评论类短视频议题涉及面较广，定位也较为准确。

2. 主体框架构建：叙述主体明星化，影响力较大

首先，在评论类短视频中，主播自身拥有难以替代的优势，主播有专业媒体评论员、央视主持人、文物专家等，他们或许在全网粉丝量上无法和网红们相提并论，但在节目所覆盖地域的影响力和公信力上却是普通流量网红无法相提并论的。叙述主体明星化，影响力也较大。其次，在重大突发事件中，官方的发布通报由于要注重表达的规范性、严谨性，更多地带着“公文腔”，容易引发网民的逆反情绪，而在官方通报的基础上，由网民熟悉、认可的主播为大家答疑解惑，说理交心，不仅能更好地缓解矛盾、凝聚共识，也能让正能量、好声音更多地传播到不同阶层的网民群体中间，有效弥补传统媒体在互联网传播力、影响力上的短板。

3. 语言框架构建：声音和文字符号共同作用

评论类短视频声音语言符号生动有趣，精简直白，有很多谐音梗和网络用语，语言精练，态度明显。这些带网感、接地气的评论类短视频一经节目官方账号发布，就引发了热烈反响，频频收获“100万+”。比如，《主播说联播》用了很多网上流行的梗，运用了一些能够引起网友共鸣的“热词”“金句”：将西方政客比作“霸道总裁”；行为做事“我不要你觉得，我要我觉得”；“硬核力量”等。这些来自网络的词句形式鲜活，入脑走心，大大增强了评论的感染力和说服力。

短视频平台对时长有限制，根据互联网碎片化阅读(收看)的特性，评论类短视频要做到逻辑清晰、观点鲜明，避免模棱两可的套话、废话，因此语言一般比较精简直白，句式上以短句为主，注重语言的韵律和节奏，画面形式上主要采用适配手机的竖屏，同时运用字幕、配乐、特效等，让网民可以准确无误地明白主播想要表达的观点。比如，在评论香港市民怼乱港分子的视频评论中，海霞评论道，香港大爷“上了做人的一课”，并称“大爷还是香港的大爷”“该出手时就出手”，语言直率精简，一针见血，痛斥乱港分子的不法行为。

4. 效果框架构建：传播范围广，受众认可度高

目前，我国短视频市场处于快速发展时期，而且短视频市场格局已经趋于稳定，各短视频平台的定位逐步明朗，播放量高。国家级主流媒体除了在商业平台开设官方账号之外，还建设起一批具有广泛影响力的短视频平台，有效拓展了短视频新闻的传播范围。大众对短视频的认可程度逐渐增强，随着大量PGC内容的涌入以及主流媒体的入驻，短视频的内容质量较之前有了大幅提升，大众对短视频平台的信赖度也在逐渐提升。评论类短视频传播范围广，受众认可度高。

(二)评论类短视频的问题与不足

评论类短视频作为主流媒体短视频产品的一种新形式，也存在一些较为突出的问题，比如形式单一、视频低质化、互动低频化、侵蚀用户思考能力等，这些问题使得评论类短视频无法实现更加高效的传播。

1. 叙述结构单一，形式兼容度低

虽然主流媒体积极探索新闻类短视频的生产，但是从目前效果来看，优质的评论类短视频产品仍是凤毛麟角。新闻评论类短视频主要集中于时事政治，符号较少，形式单一：以主持人符号和语言符号为主，口播新闻评论，主持人居于视频中心，采用单人画面加口播的形式，形式单一化。

其次，有些评论类短视频未能完全适应竖屏形式，由于画面和清晰度原因并不适合“小屏观看”，未能给受众带来良好的视听体验。比如，《马未都快手短视频》由脱口秀评论节目《都嘟》截取而来，为横屏视频，占据屏幕中央，上下部分留白，其中细节不易放大，屏幕空间大量被浪费。

2. 视频质量参差不齐，内容深度不足

评论类短视频质量参差不齐，虽然有《主播说联播》的阶段性成功案例，但是有代表性的新闻评论类短视频仍然是凤毛麟角。比如，马未都的视频基本上都是从节目中剪辑出来的，剪辑而成的评论类短视频结构不太完整，和短视频平台风格特点不太一致。

受短视频平台属性限制，短视频以短、小见长，迎合了微时代语境下的碎片化传播和网络用户的移动化发展趋势，适合在社交平台上快速裂变传播。但是受到时长、体量制约，观点的逻辑叙事空间被大大压缩，用户已习惯被动接收信息，缺乏对内容的深入思考而变得浅薄。目前新闻评论类短视频常用两种形态出现：第一，电视新闻评论部分的二次剪辑；第二，新闻相关画面配文字评论。除了部分二次剪辑加工的视频画面与文字简单粗糙外，其制作内容受限于时间和碎片化的传播特点，和传统的评论节目相比，深度远远不够。

3. 受众互动较少，传播效率较低

互动是社交媒体的优势，但是目前各大媒体新闻评论类短视频普遍缺乏互动，视频传播主体和受众的互动较少，点开评论区只有用户评论，媒体回复较少。相较于浏览量、转发数、点赞数等数字化的呈现，用户评论代表用户对内容更明确的态度与观点，是舆论引导的另一重要阵地，如果不能及时有效地引导用户的情绪，主流媒体的议程设置效果和舆论引导能力将大打折扣。

同时，评论类短视频的传播方式效率不高。大多数媒体多渠道布局的方式是同样内容多渠道分发，这种“一鱼多吃”没有对平台进行深入分析和了解，内容与平台的用户特性及传播规律不相融，无法达到高效传播效果。

(三)评论类短视频的制约因素

评论类短视频在发展的过程中显现出一些缺陷与不足，本文分别从研究主体、内容、平台和受众几个方面具体分析这些问题产生的制约性因素。

1. 传播主体传播观念和传播习惯固化

评论类短视频的传播主体多为传统主流媒体，在传播理念上仍保留传统的单向传播特点，传播方式上仍是一对多的传播，缺乏移动互联网时代双向互动的传播理念。传统的传播理念影响了评论类短视频的发展，传播主体在与受众互动方面存在很大的欠缺，因此评论类短视频呈现的仍是单向的一对多的传播，与移动互联网时代的短视频传播存在较大的差异，不利于增进和受众之间的互动和联系。

另外，评论类短视频的传播主体在传播的过程中，仍保留了传统的评论类节目的特点，形式上比较单一，视频的符号和元素比较简单，部分评论类短视频保留了传统评论节目的横屏设置，在形式的呈现上仍以横屏为主，没有适应竖屏化的短视频发展趋势。

2. 传播内容和传播平台“错位”

评论类短视频传播的内容以评论为主，评论是对新闻事件深入、具体的剖析。传统的评论节目时间长，内容丰富，观点也更加深入，评论的内容大多是国家时政，因此，传播的内容偏向严肃性和深刻性。但是短视频平台是泛娱乐时代的产物，传播的内容偏向娱乐性和趣味性，由于平台的特点，视频的时长也有所限制。严肃性的内容和娱乐化的平台之间一定会存在偏差和错位，一些评论类短视频保留了传统的严肃性内容，并不适合移动互联网平台的传播，从而导致传播效果差。此外，如果过分迎合娱乐化的平台特征，将自身定位为娱乐化短视频，又会导致评论类短视频质量下降，内容深度欠缺。

3. 受众观看习惯与内容偏好多变

随着移动媒体的快速发展，受众的观看习惯趋向碎片化、移动化，相比于传统的长视频，短视频更适合现在的生活节奏，受众更加倾向短时间快节奏的内容，评论类短视频在缩短时长的同时，一定程度上也影响了内容的深入。社交网络的飞速发展，受众的表达欲增加，在观看视频的同时更加注重自己意见的输出，更加注重与传播者的互动，而评论类短视频在与受众互动方面仍有不足，受众缺少互动的机会，一定程度上会降低观看欲望。

另外，年轻受众作为“网络原住民”，在对内容的选择和偏好上更加偏向娱乐化趣味性，更加强调形式的创新，而评论类短视频在发展的过程中仍存在形式单一的问题，其内容质量也存在参差不齐的情况。传统的评论节目的受众和评论类短视频的受众存在较大的差别，因此评论类短视频应该明确自我的定位和目标受众的确定，调整自身的内容和形式。

四、评论类短视频发展策略

针对评论类短视频存在的问题，本文主要从媒介环境、传播议题、传播形式和传播策略几个方面提出一些发展策略。

(一)创新评价机制，筛选优质内容

近些年来，随着媒介融合的不断推进和短视频平台的迅速发展，媒介环境发生了巨大的改变，移动社交媒体为用户自制内容提供了传播渠道，一定程度上造成了短视频内容参差不齐的现状。另外，传统媒体在媒介融合的大环境下开始寻求转型之路，传统主流媒体通过短视频平台传播视频也一样面临着挑战，主流媒体的严肃性和移动互联网平台的娱乐性存在不兼容的问题，评论类短视频和传统的评论节目的评价机制也存在一定的差别。

在移动互联网时代，评论类短视频必须适应媒介大环境，创新自身的观念和评价机制，筛选优质的内容，一方面，评论类短视频在观念上应进行创新，坚持移动优先，抓住受众，占领主战场，充分利用互联网平台助力自身的发展和传播，不断扩大自身的传播力和影响力。另一方面，创新对评论类

短视频的评价机制，逐步建立以受众满意度、节目质量为核心指标的评价体系，在关注受众需要的同时，也应该注重自身内容的质量，坚持内容为王，尤其是主流媒体，在保证自身权威性的同时，注重对形式风格的转变，在适应互联网平台的同时，也要注重自身的公信力和舆论的导向作用。

(二)创新议题供给，融入大众文化

我国的评论类短视频正处于高速发展阶段，主要通过移动互联网平台传播，相比于传统的电视媒体和纸质媒体，互联网平台的用户更加广泛，所接收的内容信息更加丰富，因此，评论类短视频更应该考虑受众的需要，面向更广的受众群。相比于传统的电视媒体的评论节目，评论类短视频在议题的选择上应该更加紧贴民生，关注受众的需要，尤其是主流媒体的评论类短视频，更应该关注民生问题，发挥自身的权威性，起到正面的舆论导向作用。

另外，随着互联网技术的发展和移动终端的普及，媒体不再是少数专业机构发声的渠道，移动社交媒体为大众赋权，用户不仅是信息的接收者，也开始参与内容的创作，移动互联网时代，媒介的融合一定程度上也带来了文化的融合。因此，以主流媒体为代表的评论类短视频创作者应该改变以往严肃专业的叙事风格，在叙事的过程中融入大众文化，以更为大众化的叙事语言与用户沟通，拉近与受众之间的距离，加强与受众之间的联系。

(三)创新应用模式，多符号共同展示

移动互联网时代，评论类短视频大多通过移动终端进行传播。移动类终端的屏幕较小，大多是竖屏设置，而传统电视终端的屏幕相对较大，且为横屏设置，屏幕的转变对视频的内容形式也产生了一定的影响，大屏幕中所展示的内容更加丰富，而小屏则应突出细节。首先，评论类短视频在制作过程中应该更加注意突出主体，在景别的选择上更多地选择近景和特写，减少全景和远景镜头的呈现。其次，移动终端的屏幕虽然更小，但是移动终端的便携性和私人性加强了受众与视频的连接，因此视频主体应该注重和观众之间的互动，增加眼神和肢体语言。最后，竖屏在呈现效果上更加简洁，重点更加突出，评论类短视频应该充分利用竖屏的留白位置，利用字幕来强调重要

观点，增强受众对视频内容观点的印象。

目前的评论类短视频普遍存在形式单一的问题，缺乏对符号综合应用的观念，因此评论类短视频在制作过程中应当注重多种符号的配合和共同呈现。符号包括视频的主体、文字、声音、画面等多个部分，符号之间的相互配合对视频的呈现效果有着重要的作用，同期声和音响的配合、文字与画面的配合都影响着情绪的渲染和内容的呈现。评论类短视频应该增加对画面符号的应用，减少单一口播画面的呈现，丰富视频的元素。另外，评论类短视频节目应该打造自己的品牌符号，在视频中呈现专属自己的品牌特色，进一步加强辨识度，增加与受众之间的连接。

（四）创新分众传播渠道，沉淀转化用户

评论类短视频目前的传播渠道集中于短视频平台和社交媒体平台，不同平台的传播特点和目标受众也不尽相同，因此评论类短视频内容形式的呈现应该根据平台的特征分众传播。短视频平台以视频为主，因此在短视频的制作上应注重形式的丰富和声画符号的配合，而社交媒体平台以文字传播为主，评论类短视频在传播的过程中也要注重对视频内容的文字描述。不同的短视频平台的风格和受众群体也有差别，抖音平台的年轻受众较多，因此评论类短视频应该适应平台特征增添年轻化的元素。B 站平台的受众大多热爱小众文化、流行梗文化，评论类短视频可以增加该平台的特色，加强和平台的兼容性。

另外，媒介融合时代，传统媒体正在积极寻求转型，评论类短视频正是媒介融合背景下的产物，然而，目前影响力较大的评论类短视频多是通过短视频平台传播，主流媒体的融媒体平台发展受到限制，因此，主流媒体在传播评论类短视频的同时需要沉淀转化自己的用户，加强自身融媒体平台的建设。传统媒体在传播评论类短视频的同时，应注重和用户之间的互动，加强和用户之间的黏性，“培养”自身的忠实用户，推动自身融媒体平台的建设。

五、总结

短视频是媒介融合背景下视觉至上理念的再次张扬，它不仅更新了传统

媒体“大而全”的思维定式，为传统媒体尤其是传统平面媒体跨界发展提供了新的历史契机，而且因其“小而活”特色，深受 UGC 生产模式青睐。评论类短视频作为跨形态融合新品，兼顾评论底色和视频形态，享受了视频时代发展红利，评论类短视频快速发展顺应了媒介革命的滚滚潮流。

历经多轮磨合和洗礼，评论类短视频基本形成了较为稳定的内容框架和行业格局。在快速壮大的同时，它也暴露出质量参差不齐、内容缺乏深度、叙述结构过于单一、与受众的互动较少、生产主体冗杂等问题。随着 5G 时代的到来，中长视频可能迎来超预期爆发和消费环境改善，短视频“蜻蜓点水”“深度欠缺”等问题会进一步凸显，评论类短视频的生命力将迎来严峻挑战。

为进一步提升质量，推动持续健康发展，评论类短视频一方面需要更加注重优质内容产出，坚决淘汰哗众取宠的肤浅之作、粗制滥造的低劣之作、丧失理性的煽风之作，更加强调议题面向，切实提升贴近性、服务性、可议性和互动性，充分彰显这一新型产品的黏性和魅力，更加注重形式创新，避免评论类短视频走向模式化、格式化和程式化，积极尝试多元话语表达风格和综合元素利用，不断增强吸引力。特别是相关传输播送平台，需要紧紧围绕品质提升，不断优化内容系统生态。另一方面，评论类短视频是重要的跨形态“杂交物种”，传统主流媒体在投身评论类短视频的生产过程中，需要充分结合自身转型发展，利用固有内容供给优势增加与用户黏性，有效转化沉淀用户，推动自身业态拓展和融合发展。

◎ 参考文献

[1] 王振业，李舒. 新闻评论与电子媒介[M]. 北京：中国广播电视出版社，2004.

[2] 臧国仁. 新闻媒体与消息来源：媒体框架与真实建构之论[M]. 台北：三民出版局，1999.

[3] 房加兴. 主笔变主播，新闻评论媒体融合初体验——以齐鲁壹点评论短视频栏目《小强说》为例[J]. 青年记者，2018(18)：52-53.

[4]袁梦. 新华网评如何打造新闻评论新样态[J]. 传媒，2019(7)：72-74.

[5] 程诚. “融评”：融媒体时代时政新闻评论的突围之道[J]. 出版广角，2019(12)：

70-72.

[6]刘苗苗. 短视频新闻评论栏目《主播说联播》的传播策略[J]. 新媒体研究，2020，6(16)：95-97.

[7] 李玥. 新闻评论短视频发展的现状、问题与策略[J]. 中国记者，2020(7)：24-29.

[8] 成晓雨. 新闻评论视频节目《陈迪说》中的“错位”分析[J]. 西部广播电视，2020(10)：87-88.

[9] 谢菁. 新闻评论类短视频栏目主持人的语言传播特点分析——以《主播说联播》为例[J]. 新媒体研究，2020，6(10)：42-44+52.

[10] 苏妍. “融评”：融媒体时代新闻评论突围的新路径[J]. 新闻世界，2020(5)：34-36.

[11] 陈婷婷. “融评”：媒体融合时代新闻评论发展新形态[J]. 青年记者，2020(8)：61-62.

[12] 陈婷婷. 短视频新闻评论的特点、现存问题与发展策略[J]. 今传媒，2020，28(2)：53-55.

[13] 肖珉. 短视频在新闻评论教学实践中的构建与应用[J]. 视听，2019(12)：234-235.

[14] 郭雪玲. 《主播说联播》和新媒体平台的融合与冲突——以《新闻联播》进驻抖音为例[J]. 新媒体研究，2019，5(22)：65-67+76.

[15] 王小芬. 时效与真实兼备，个性与深度相融——《评新而论》的新闻评论样式创新[J]. 出版广角，2019(17)：74-76.

[16] 章晨曦，董立林. “融评”，给评论更多可能性[J]. 传媒评论，2019(4)：9-12.

[17] 荣翌. 可视化“融评”产品 给评论更多创新空间——人民日报评论可视化产品浅析[J]. 传媒评论，2019(4)：13-15.

[18] 周梦莹，杨光志. 《小屏论》：以融立评，让评论可看可听[J]. 传媒评论，2019(4)：23-25.

[19] 廖熠佳. 传统媒体评论转型策略探析——以短视频时评专栏《陈迪说》为例[J]. 传媒论坛，2019，2(4)：95-96.

[20] 钟晓霞. 从《洋洋大观》看融媒体下电视新闻节目主持人的创新[J]. 西部广播电视，2018(6)：97-98.

[21] 曹天静. 全媒体时代主流媒体新闻评论发展策略探析——以《主播说联播》为例[J]. 今传媒，2021，29(2)：45-47.

[22] 杨柳. 主流媒体评论类短视频存在的问题与突破[J]. 青年记者，2020(35)：52-53.

[23] 顾波，董寅寅. 让“正能量”出圈 为“好声音”扩音——地方广电评论类短视频的探索与尝试[J]. 声屏世界，2020(18)：95-96.

[24] 桑翔．5G时代的新闻评论视听化表达与创新[J]．中国传媒科技，2020(8)：22-25.
[25] 庄莹，黎双．评论表达与生态重构：5G背景下主流媒体的挑战与提升路径[J]．现代视听，2020(6)：5-8.
[26] 宁新雅．《新闻联播》中新闻评论的创新发展研究[J]．卫星电视与宽带多媒体，2020(6)：185-187.
[27] 徐利原．智媒时代电视新闻主播角色定位多元化研究[D]．河南大学，2020.

课题负责人： 王　溥，华中科技大学新闻与信息传播学院教授、博士生导师
课题组成员： 付　蔚，华中科技大学新闻与信息传播学院硕士研究生
杨淑君，华中科技大学新闻与信息传播学院硕士研究生

后　　记

作为网络时代大众意见和公共情绪的表达载体，网络评论高度活跃成为网络社会的重要景观。如何科学引导网络舆论和意见表达，是社会治理体系和治理能力现代化建设的重要内容。

2020年上半年，华中科技大学新闻与信息传播学院中标湖北荆楚网络科技股份有限公司服务采购项目。毫无疑问，这不仅是一次强强联手的"佳偶天成"，也是网络评论产学研共同体建设的积极探索。

荆楚网(湖北日报网)是湖北最大、全国知名的新闻网站，其评论久有特色：评论作品多次荣获中国新闻奖；创办的全国大学生评论大赛，中央网信办网络传播局今年起将担任指导单位，一跃升级为名副其实的全国性赛事；2020年在全国新闻媒体中率先成立专门研究机构——楚天网络评论研究院；评论员队伍结构和体系日趋完整，覆盖各类社会主体。

华中科技大学是全国最早专设新闻评论专业班的高校，拥有一流的教研体系，核心教研团队实力超群，在全国享有盛誉。

于是，分居于东湖东西两侧的两个团队有了这次"天作之合"。按照合作基本框架，课题组将整个项目进一步细分为六个具有单独编号的子课题(最后实际提交了七个子课题)。

在完成既定目标基础上，双方团队不约而同想到了网络评论研究的"诗和远方"，决定采取公开结集出版的形式，将相关研究成果分享给更多网评爱好者。当然，这些研究或许存在无法避免的局限和缺陷，我们诚恳接受读者的批评指正。

基于对网络评论研究的价值共识和使命驱使，我们将努力创造合作的后续机会。

作风务实的武汉大学出版社聂勇军编辑，不仅是这次合作的重要见证者，也是本书能及时出版的重要协作者，在此深表感谢。

感谢双方团队中的每一位成员，本书是集体智慧和行动的结晶。

编者

2021 年 7 月